365 d

acompa

por los

SANTOS

365 días
acompañados
por los
SANTOS

Volumen 1

CARMEN F. AGUINACO

LOYOLA PRESS.
UN MINISTERIO JESUITA
Chicago

LOYOLA PRESS.
UN MINISTERIO JESUITA

3441 N. Ashland Avenue
Chicago, Illinois 60657
(800) 621-1008
www.loyolapress.com

Los textos bíblicos corresponden a *La Biblia de Nuestro Pueblo* © 2009 Pastoral Bible Foundation
y © 2009 Ediciones Mensajero. Textos impresos con los debidos permisos. Todos los derechos
reservados.

Diseño de la portada: Loyola Press
Ilustraciones de la portada: Rafael López

ISBN: 978-0-8294-4857-3
Número de Control de Biblioteca del Congreso USA: 2019938008

Impreso en los Estados Unidos de América.
19 20 21 22 23 24 25 26 27 28 Versa 10 9 8 7 6 5 4 3 2 1

En memoria de mi abuela Virginia, que, sin darse cuenta, me empujó al conocimiento de los santos. Y de su amiga Josefa, que dio lo que tenía y sabía.

En memoria agradecida a mi madre, que, con su vida, me enseñó el sentido de la fidelidad y la generosidad.

En agradecimiento a mi tía Carmina, que me inculcó el gusto por la liturgia desde muy pequeña.

A todos los miembros de la Institución Teresiana que entregan su vida diariamente en misión con la convicción de que los hombres y mujeres de Dios son inconfundibles, no por su brillantez, sino por el ardor de sus corazones al escuchar la Palabra.

A los niños Miguel, Álvaro y Rut. Que siempre escuchen la llamada a la cercanía y el amor de Dios.

Y, sobre todo, a mis hermanas, Pilar y Virginia, que viven su llamada a la santidad intensa, sincera, apasionada y alegremente desde las cosas pequeñas de la vida diaria y desde un servicio generoso y sacrificado a los demás.

Índice

Introducción

Cuando tenía unos ocho años, decidí firmemente no ser santa. Fue una decisión totalmente contraria a decisiones anteriores, de cuando tenía cinco o seis años y sentía grandes deseos de ser amiga de Jesús... Tan rara decisión de apartarme de la fe fue provocada por una estancia en una casa de campo de una amiga de mi abuelita; mi abuela y la buena señora pensaban que el aire del campo les haría bien a mis delicados pulmones y tuve que marchar de la ciudad, en una especie de exilio no deseado. La señora Josefa era una bellísima persona, pero, a mi infantil entender, estaba totalmente obsesionada con los rezos y las devociones. En aquel lindo lugar no había más niños y el único entretenimiento, aparte de paseos por la huerta, eran vidas de santos. Las historias se presentaban de manera dulzona; los santos eran ridículamente austeros, excesivamente piadosos o absurdamente milagrosos. Era la suya una virtud totalmente inalcanzable y para mí nada atractiva, lo cual me hizo incluso dudar de la verdad y la solidez de la fe.

Parece que, de todas maneras, la estancia allí y la vida de esos santos raros me marcó, porque el interés por la auténtica virtud, la heroicidad de vida, la intensa y apasionada amistad con Dios de los santos se quedó conmigo por muchas décadas, y, a los dos o tres años, la decisión de no ser santa desapareció... aunque no me parece que mi nueva decisión de serlo se haya cumplido en absoluto. Ni hace ninguna falta. Porque, después de leer y entrar en las vidas de muchos santos, por fin he llegado a entender que la santidad no consiste en una decisión personal, sino en una llamada, una relación de amistad, una serie de gracias y de hitos en el camino de la vida, que dependen casi totalmente de Dios.

A lo largo de los años, el ejemplo de los "amigos fuertes de Dios", tanto los canonizados como los vivos y cercanos (que son muchos), ha sido estímulo, razón de esperanza, desafío, y motivo de conversión una y otra vez. Aunque muchos de ellos siguen siendo inimitables y cada uno es muy distinto de todos los demás en su momento histórico, con su personalidad, su estilo de vida y sus grandes o pequeñas hazañas —su gloria o su humildad escondida— todos tienen en común algo que parece ser el núcleo de su santidad: la atención dirigida únicamente a la voluntad de Dios para ellos; la pureza de intención en sus obras; la convicción profunda de no tener nada propio, sino todo de Dios, la salida de ellos mismos en amor a los demás.

Conocía a algunos de los santos que se presentan en este libro. Otros me resultaron totalmente desconocidos. Reyes, mártires, amas de casa, niños, religiosos, monjas, ermitaños, predicadores, fundadores, misioneros, grandes intelectuales y personas de baja capacidad intelectual, enfermos y personas de gran energía, de todos los tiempos y lugares del mundo iban apareciendo sucesivamente y trayéndome a la memoria aquellos días en el campo, que para mí habían sido grises y algo tristes. Ahora, sus vidas de amistad, generosidad, y pasión se me hacían llenas de color y alegría. Y abiertas a toda clase de posibilidad alcanzable. Alcanzable porque no hay límite de espacio, tiempo y condición a la llamada a la santidad, ya que ellos respondieron en su propia medida, en su propio tiempo y circunstancias, con los muchos o pocos talentos que se les habían entregado, a la constante llamada de Dios a andar por sus caminos. Al ir escribiendo, cada figura se hacía viva y desafiante para el momento presente, haciendo puentes entre momentos muy distintos a los míos y a los de hoy y al mismo tiempo, señalando una profunda relación.

Estas 365 vidas, entre los miles de vidas dedicadas a Dios y abiertas a la gracia, hablan, una y otra vez, de una vida diaria orientada a Dios en medio de dificultades y triunfos, de dificultades de relación e intensa amistad y amor, en oscuridad y luz, en muerte y dolor, y en fiesta. A veces en el fuerte contraste con la vida de hoy y otras, en el asombroso parecido de circunstancias sociales, políticas y religiosas. . . ¡Entre los primeros siglos y el siglo XXI! Son 365 vidas para 365 días, pero al leerlas, podemos darnos cuenta también de que esos 365 se multiplican y reaparecen en las personas más cercanas, en quienes han tenido y tienen una fuerte influencia en nuestras vidas. Es la encarnación de la Palabra de Dios, la gracia inmensurable de su misericordia, repetida una y otra y otra y otra vez. Millones de veces, pero para cada uno de nosotros.

Enero

San Telémaco

Proclama la palabra, insiste a tiempo y a destiempo, convence, reprende,
exhorta con toda paciencia y pedagogía.
—2 Timoteo 4:2

San Telémaco fue un santo asiático y eremita del siglo IV. Sin embargo, no estaba tranquilo en su soledad. Le preocupaban los problemas del mundo y sobre todo, le repugnaba la idea de los espectáculos sangrientos e inhumanos de gladiadores. Sentía, sobre todo, que algunos cristianos cedían a las presiones de su sociedad y llegaban a pensar que todo estaba bien.

Telémaco sintió la llamada a hacer algo. Salió de su soledad para ir a Roma y confrontar a los grandes poderes y exigir que se abolieran esos espectáculos en los que se atentaba contra la vida humana y contra la verdad y la voluntad de Dios. Habló, denunció, insistió, y eso le costó la vida.

❦ ✤ ❧

Hoy día hay muchos espectáculos violentos o inmorales a los que poca gente se opone. Basta con encender el televisor para encontrarse con cosas que, en un tiempo pudieron parecer ofensivas y hoy se han vuelto casi normales. Más profundamente escondidas para algunas personas, están las imágenes y los mensajes que a menudo pueblan las páginas de internet y que quizá los más jóvenes absorban sin mucho pensamiento crítico. En la actualidad, es prácticamente imposible, e incluso desaconsejable, aislarse de todo y no entrar en contacto con imágenes, espectáculos o realidades ofensivas que desfiguran la imagen de Dios en las personas. Telémaco podría haberlo hecho. Pero no se quedó en su aislamiento, ni en su propia comodidad. A veces es necesario salir, hablar, denunciar.

¿Qué estamos dispuestos a arriesgar?

San Gregorio Nacianceno

*[. . .] y entrando en las almas buenas de cada generación, va haciendo amigos
de Dios y profetas.*
—Sabiduría 7:27

Fue un santo entre santos, ya que sus padres, Gregorio el Viejo y Nonna,
también fueron canonizados. Era una familia acomodada de terratenientes,
del siglo IV en Capadocia (Asia Menor). Parece ser que el padre de Gregorio
se convirtió al cristianismo por influencia de su esposa y luego fue ordenado
obispo. El padre de Gregorio veía en él un potencial, que quizá el propio joven,
que hubiese preferido el silencio y la soledad, no veía. Por la presión de su padre
y de su amigo Basilio, que estaba de acuerdo con el padre de Gregorio, al fin
accedió a ser ordenado. Desde entonces, predicó brillantemente, escribió obras
magníficas sobre el Espíritu Santo y la Trinidad, fue obispo y lideró el Concilio
de Constantinopla. Hizo un gran bien a la Iglesia y ha tenido una profunda
influencia en la teología y espiritualidad cristianas, tanto de oriente como de
occidente, pero todo a costa de renunciar casi continuamente a lo que él mismo
hubiera querido.

ᔕ ❖ ᙅ

No es fácil encontrar y seguir la propia vocación. A menudo, Dios se vale de las
circunstancias y de influencias de amigos y familiares para usar a las personas
como instrumentos para su misión. Pero no siempre es fácil.

*¿Qué personas han influido más en las decisiones más importantes de tu vida? ¿De
qué maneras han sido esas mismas personas los mayores apoyos para seguir el
camino que parecía ser la voluntad de Dios para ti? ¿En qué momentos ha sido eso
una sorpresa y marcado un cambio de planes?*

Santa Genoveva

Sabemos que, si esta tienda de campaña, nuestra morada terrenal, es destruida, tenemos una vivienda eterna en el cielo, no construida por manos humanas, sino por Dios.

—2 Corintios 5:1

Era solamente el siglo V y Genoveva, una niña de apenas quince años, ya tenía una visión del futuro. Vivía en París, y organizó una comunidad de jóvenes laicas misioneras en la propia ciudad. Vivían tiempos muy difíciles: los guerreros de Atila amenazaban con invadir París y la gente quería huir, pero Genoveva los convenció de quedarse y orar. Inesperadamente, Atila cambió de rumbo y la ciudad se salvó. Más tarde hubo una gran escasez y, de nuevo, fue Genoveva quien logró reunir víveres y ayuda para la ciudad. Era muy admirada en la ciudad y su bondad le valió también el que los gobernantes de la ciudad liberaran a los presos políticos. Murió a una edad muy avanzada, pero ya hacía tiempo que la ciudad la había considerado su patrona.

❧ ✣ ❧

Dios, Padre nuestro, tú nos has colocado en este mundo para que hagamos el bien de las maneras en que seamos capaces. Miramos a nuestro alrededor y vemos conflicto, división, falta de respeto a la dignidad de cada persona, abuso de poder por parte de algunos. No permitas que nuestra "ciudad interior" sea invadida por las fuerzas del desánimo y la falta de esperanza. Sigue guiándonos, como a santa Genoveva, en nuestra búsqueda de modos de superar las dificultades para el bien de tus hijos y de tu pueblo. Y llévanos, al fin, a tu morada eterna, que nada puede destruir.

Santa Ana Isabel Seton

Sé lo que es vivir en la pobreza y también en la abundancia [. . .] Todo lo puedo en aquel que me da fuerzas.
—Filipenses 4:12–13

Ana Isabel Seton nació en Filadelfia en 1772. Su padre era un rico banquero episcopaliano que siempre enseñó a sus hijos a ser caritativos. Ana Isabel era muy bella y resultaba ser un gran partido para muchos pretendientes. Se casó joven con un negociante acaudalado, y fueron felices, pero la pareja pronto tuvo que soportar desgracias y dolores. Él perdió su fortuna, cayó enfermo y murió, dejando a Ana Isabel viuda a los treinta años y con cinco hijos. Durante la enfermedad del esposo, la familia había estado en Italia con una familia católica amiga, y Ana Isabel regresó a Estados Unidos resuelta a ingresar en la Iglesia católica. Sufrió rechazos por parte de algunos de sus parientes y, para poder mantener a su familia, abrió una escuela católica en Boston. Pronto, llena de entusiasmo, fundó la Congregación de Hermanas de la Caridad, abrió el primer orfanato católico en el país y rápidamente su obra se extendió con la fundación de escuelas que habrían de ser la semilla de la red de escuelas católicas actuales.

ಐ✤ಐ

Un gran rasgo de madurez y entereza, que podría parecer algo bastante extraordinario en una persona tan joven como Ana Isabel, es saber vivir en la abundancia y en la escasez, y siempre ser capaz de convertir las circunstancias en una oportunidad de servicio, de generosidad y de entrega a los demás.

¿Qué momentos difíciles de mi vida he podido convertir en algo positivo para mi familia y las personas a mi alrededor?

Santa Genoveva Torres

Porque cuando soy débil, entonces soy fuerte.
—2 Corintios 12:10

Genoveva nació en 1870 en España y de niña pasó muchas privaciones. Siendo muy pequeña, quedó huérfana de padre, y tuvo que dedicarse desde los ocho años al servicio doméstico. En las noches, Genoveva leía los libros piadosos de su mamá, pero no podía ir a la escuela. A los trece años, debido a una grave enfermedad, le tuvieron que amputar una pierna. Algo más tarde, volvió a enfermar gravemente, por lo que tuvo que ser asilada en la Casa de la Misericordia que llevaban las Hijas de la Caridad. Allí profundizó en su espiritualidad y quiso ser carmelita, pero no pudo ingresar en el convento por su enfermedad. Con dos de sus compañeras fundó la Sociedad Angélica, para dar acogida a mujeres solas y pobres. Su obra se difundió rápidamente por toda España, y Genoveva, siempre con muletas, visitó cada una de sus fundaciones. Durante la guerra civil española se destruyeron todas, y cuando finalizó, Genoveva, con entusiasmo, se dio a la tarea de reinaugurar las seis casas. Nunca perdió la libertad de espíritu ni el sentido del humor, y su vida entera fue un testimonio de bondad y de apertura a todos.

❧ ❖ ☙

No sorprende mucho que una persona que sufre dolores físicos constantes esté algo amargada. Sorprende mucho más que, con todos los dolores, se mantenga en pie, activa y con buen humor. Debe haber algún secreto para esa alegría extraña que, ciertamente, no es el resultado de las posesiones materiales, ni de una vida fácil. Ese secreto únicamente puede ser su unión con Dios.

San Juan de Ribera

Vende cuanto tienes, repártelo a los pobres y tendrás un tesoro en [el] cielo.
—Lucas 18:22

Juan de Ribera, un joven noble español del siglo XVI, estudió en la mejor universidad de España con profesores excelentes y fue hombre de estado. Siendo muy joven sintió la llamada al sacerdocio, y muy poco tiempo después de su ordenación fue nombrado obispo, cuando solo tenía treinta años. En España se vivían tiempos muy revueltos, tanto religiosamente (la Contrarreforma), como políticamente por el alzamiento de los moriscos. Escribió mucho y apoyó al Papa Pío V en sus esfuerzos por mantener la fe católica. Supo unir su brillante inteligencia a una profunda humildad que lo llevaba a atender él mismo a los pobres, pasar horas en el confesonario escuchando al pueblo, predicar en parroquias y escuchar las necesidades y preocupaciones de todos los que acudían a su oficina. En tiempos de escasez, varias veces vendió todos sus muebles y las posesiones de su familia para dar de comer a los pobres.

৪০ ❖ ৫৪

Señor Jesús, tú miraste a Juan Ribera con cariño y él no se fue triste, sino que te siguió, poniendo a tu servicio todos sus talentos, sus conocimientos y sus posesiones materiales. Míranos con amor, Señor, y conquístanos con esa mirada, de manera que lo que somos y tenemos, lo que sabemos y lo que desconocemos —poco o mucho— esté a tu servicio para el bien de los demás. Que en nuestros trabajos y ocupaciones demos lo mejor de nosotros mismos, no porque somos grandes, sino porque tú nos lo das todo y nos sostienes con tu mirada. Míranos, Señor. Amén.

San Raimundo de Peñafort

Quien entre ustedes quiera llegar a ser grande, que se haga servidor de los demás; y quien quiera ser el primero, que se haga sirviente de los demás.
—Mateo 20:26–27

Nacido en España en el siglo XII, Raimundo era hijo de un noble catalán. Fue un estudiante brillante y desde muy joven fue profesor de Derecho Civil y Canónico. A los 40 años ingresó en la orden de predicadores (dominicos). Era un gran predicador: recorrió España y maravilló a muchos por el poder de su palabra y el número de conversos que lograba. Por su gran capacidad intelectual y espiritual, sus superiores trataban de darle puestos y honores, pero siempre se resistía, considerando que el orgullo era un gran peligro para el alma.

Escribió mucho sobre el sacramento de la penitencia, insistió para que santo Tomás de Aquino escribiera un compendio apologético, fundó escuelas de árabe con el fin de acercarse a los musulmanes y extender la evangelización, y no tuvo temor de confrontar al rey por su escandalosa conducta. Pero, en medio de todo, siempre conservó una gran sencillez de vida. Es patrón de los juristas canónicos.

ഗ ❖ ന

Tenía mucho, tanto material como intelectualmente. Y es cierto que Raimundo supo utilizar los dones y talentos que Dios le había dado y los llevó al más alto grado que pudo; no los guardó. Desarrolló su pleno potencial. Pero a veces es difícil hacer eso sin llegar al profundo convencimiento de que es mérito personal y enorgullecerse de los propios logros. Para Raimundo, lo importante no eran los puestos ni los honores que él mismo pudiera alcanzar, sino la proclamación de la gloria de Dios y el Evangelio de Jesús.

Santa Gúdula

Yo haré todo lo que pidan en mi nombre para que por el Hijo se manifieste la gloria del Padre. Si ustedes piden algo en mi nombre, yo lo haré.
—Juan 14:13–14

Gúdula nació en Bélgica, en una familia aristocrática, en el siglo VII. Su madre y sus hermanos también fueron canonizados. A la muerte de su padre, su madre abrazó la vida religiosa. Después de un tiempo en la escuela de un monasterio, Gúdula regresó a su casa, desde donde se dedicó a la oración y a las buenas obras. Se cuentan varias leyendas y relatos milagrosos sobre ella. Lo que es cierto es que vivió su vida diaria en servicio y oración.

☙ ✤ ❧

A menudo los grandes sufrimientos y problemas nos acercan más unos a otros y a Dios. Cuando nos vemos enfrentados con algo que no podemos controlar por nuestras propias fuerzas, acudimos a Dios y a la unión con los demás. Son, sin embargo, las pequeñas cosas diarias —manías, costumbres domésticas, falta de escucha o interés, malos humores, etc.— tan normales en todos nosotros, las que pueden hacer que poco a poco nos distanciemos unos de otros. El esfuerzo por vencer cada una de estas cosas, la generosidad, el adelantarse a las necesidades de los demás, hacen todo eso más llevadero. Esa santidad está al alcance de todos nosotros.

¿Qué cosas se te hacen difíciles en la convivencia? ¿Cómo puedes sobrellevarlas?

Santos Julián y Basilisa, mártires

Estén siempre dispuestos a defenderse si alguien les pide explicaciones de su esperanza, pero háganlo con modestia y respeto, con buena conducta; de modo que los que hablan mal de su buena conducta cristiana queden avergonzados de sus propias palabras.

—1 Pedro 3:15–16

Julián nació en Egipto a finales del siglo III. Desde muy joven anheló entregarse a Dios en cuerpo y alma, pero, cuando tenía dieciocho años, por no desobedecer a sus padres, contrajo matrimonio con Basilisa. Antes del matrimonio, Julián oró y ayunó, porque le costaba mucho romper su decisión de entrega a Cristo. Al encontrarse con Basilisa, ambos descubrieron que tenían el mismo deseo. Se casaron, pero inmediatamente entregaron todas sus posesiones a los pobres y se retiraron a dos casas distintas, que se convertirían en monasterios de hombres y mujeres respectivamente. Julián y Basilisa atrajeron a muchos a la vida religiosa. Durante la persecución de Diocleciano, fueron arrestados e invitados repetidamente a abandonar su fe. Luego fueron torturados cruelmente y por último ejecutados. Pero fue tal su perseverancia, que incluso quienes contemplaron su muerte, llegaron a la fe por su testimonio.

ℰ❖ℛ

Señor Jesús, solo tú eres nuestra esperanza y nuestra fuerza. En cualquier momento o estado de vida al que nos llamas, nos muestras tu rostro y nos concedes todo lo que necesitamos para responder a tu llamada. Las circunstancias y las presiones de nuestro alrededor pueden tratar de motivarnos a buscar otros caminos más seguros y más cómodos. Pero sabemos que, si acudimos a ti, nos darás la fuerza que por nosotros mismos no tenemos.

Beata Ana Monteagudo Ponce de León

*Y todo aquel que por mí deje casas, hermanos o hermanas, padre o madre,
hijos o campos, recibirá cien veces más y heredará la vida eterna.*

—Mateo 19:29

Ana Monteagudo nació en Perú en el siglo XVII en una familia acomodada. Estudió en un monasterio dominico. Cuando llegó a la edad de contraer matrimonio, regresó a su casa. Sus padres deseaban casarla con algún joven rico o noble, pero ella había decidido entregarse a Dios en la vida religiosa. Contra la voluntad de sus padres, se hizo dominica, pero en un principio, la propia superiora la trató con aspereza para que decidiera regresar a su casa. Al no conseguirlo, supo ver el buen espíritu y la auténtica vocación de Ana, y la aceptó. Más tarde, Ana fue maestra de novicias y priora del convento. Pronto emprendió la reforma del inmenso convento donde, además de las monjas, vivían unas trescientas personas, no todas con grandes sentimientos religiosos. Durante una epidemia de peste en Arequipa, Ana salió valientemente a las calles a asistir a las víctimas. Vivía, además, una vida de intensa oración y devoción al Santísimo Sacramento.

ಌ ❖ ಙ

A veces los padres encuentran difícil permitir a sus hijos seguir una vocación religiosa, quizá porque piensan que eso les corta las posibilidades de construir su propia familia, gozar de la maternidad o paternidad, o tener una vida segura y cómoda. Pero cuando Dios marca un camino, por difícil que pueda parecer, ese es el verdadero camino de la felicidad de la persona llamada. Lo mejor que pueden soñar los padres para sus hijos es, en realidad, que encuentren y sigan su vocación.

San Paulino de Aquileya

Pero ahora, libres de la ley, muertos a todo aquello que nos tenía esclavizados,
servimos a Dios con un espíritu nuevo, y no según una letra envejecida.
—Romanos 7:6

Paulino de Aquileya nació en el siglo VIII, en una familia de agricultores. De niño y adolescente pasó mucho tiempo en el campo, haciendo los trabajos propios de la granja, pero a la vez lograba reservar un tiempo para el estudio. Fue un autodidacta con éxito, ya que llegó a ser un reconocido gramático. Fue ordenado sacerdote y más tarde nombrado obispo de Aquileya. Dedicó sus esfuerzos a combatir algunas ideas erróneas y a procurar una buena formación catequética para su pueblo. Aspiraba a que los conversos adoptaran la fe cristiana libremente, no como algo impuesto. Le escribió al gobernador de los hunos una excelente exhortación, invitándolo a buscar la santidad y dándole consejos sobre la práctica de las virtudes y el deseo de agradar a Dios.

❧ ✢ ❧

El líder, al igual que el pastor de ovejas, suele caminar detrás de su pueblo o rebaño para ver si el camino que toman es el adecuado, o si sería mejor corregir el rumbo. Pero el verdadero líder nunca impone, sino que más bien invita. Es lo mismo que hacía Jesús, invitando y dejando la puerta abierta a la libertad personal. Eso es lo mismo para padres, maestros y cualquier tipo de directivo. Lo mejor de cada persona viene de adentro, del convencimiento libre de que la acción propuesta es la correcta.

¿A qué buenos líderes, padres o pastores conoces? ¿Cómo acompañas a tus hijos y a los miembros de tu familia en su acercamiento a Dios?

Santa Margarita Bourgeoys

Así, no ahorren esfuerzos por añadir a su fe la virtud, a la virtud el conocimiento, al conocimiento, el dominio propio, al dominio propio la paciencia, a la paciencia, la piedad, a la piedad el afecto fraterno, al afecto fraterno el amor.

—2 Pedro 1:5–7

Margarita nació en Francia en 1620. Desde los veinte años supo que su misión en la vida era trabajar con los más necesitados. Al principio hizo eso en su ciudad natal, pero luego se trasladó a Montreal, donde fundó la primera congregación femenina sin clausura dedicada a la educación cristiana en escuelas y parroquias. Fundó la primera escuela de Montreal, como también las primeras escuelas para jóvenes indígenas. Algunas de las jóvenes que se educaron en sus escuelas se unieron a la congregación, la cual se extendió hasta tener más de doscientas casas.

ಬಿ❖ಐ

Hay personas que se sienten muy religiosas, pero de las que no se puede decir que sean virtuosas. . . en ocasiones, las malvadas de las novelas son así. La llamada cristiana es a la integración de muchas cosas: fe, virtud, conocimiento. Es una llamada a la persona total, a ser todo lo que Dios quiere. Margarita de Bourgeoys es un ejemplo excelente de esta unión: una mujer de fe que se esfuerza por la virtud de la caridad y la generosidad, y que busca el conocimiento y la educación de todos. Y una mujer que, en su vida de comunidad, extendió el afecto fraterno de la vida comunitaria en Cristo. Todo eso no se adquiere de la noche a la mañana, sino que se practica día tras día.

San Hilario de Poitiers

"Yo soy el camino, la verdad y la vida. Nadie va al Padre si no es por mí".
—Juan 14:6

De una familia acomodada francesa del siglo IV, Hilario recibió una buena educación, pero su familia no era cristiana. Fue bautizado hacia el año 345, y elegido obispo de su ciudad en el 353 o 354. De Hilario nos ha llegado el comentario más antiguo en latín del Evangelio. Combatió las herejías arrianas que negaban la divinidad de Cristo. Los arrianos convencieron al emperador de enviarlo al exilio e Hilario tuvo que partir a Turquía, donde encontró también un ambiente dominado por el mismo error. Decidido a restablecer la unidad de la Iglesia, Hilario escribió varios tratados de gran profundidad teológica. Es especialmente importante su tratado sobre la Trinidad, basándose en las Escrituras y en particular en los Evangelios, para dar testimonio de la divinidad del Hijo.

❧ ✥ ☙

Señor, Dios nuestro, que diste a san Hilario la profunda luz de la fe para contemplar tu unidad de ser en tu Trinidad, concédenos a nosotros luz, fuerza y valentía para defender lo que creemos incluso en medio de un mundo y una sociedad que nos presenta la tentación de otras ideas y otras creencias que a veces parecen estar hechas a medida de quien las propone. Tú, que eres el camino, la verdad y la vida, ayúdanos a caminar por tus sendas. Llévanos a tu verdad en un mundo plagado de mentira y confusión. Danos esa vida abundante que no se acaba ante la dificultad o la muerte, sino que sigue en ti para siempre, porque esa vida eres tú mismo. Amén.

Santa Macrina la Mayor

Su madre guardaba todas estas cosas en su corazón.
—Lucas 2:51

Nacida en Cesarea la Nueva en el siglo III, no conocemos mucho de su vida, excepto por el testimonio de sus nietos, Basilio y Gregorio de Nisa. Pero además fue la madre de Basilio, Gregorio y Macrina la Joven, todos ellos santos. El testimonio cristiano de Macrina y su esposo tuvo fuertes consecuencias para ellos: durante el tiempo de los emperadores Galerio y Máximo, padecieron persecución como cristianos y tuvieron que esconderse en los bosques durante siete años, pasando hambre y buscando modos de sobrevivir. Macrina debió ejercer una gran influencia en la formación religiosa de sus hijos y nietos, sembrando en ellos la fe que los llevó a dar frutos abundantes para la Iglesia.

☙ ❖ ❧

Debido al ritmo agitado de los trabajos y las profesiones, muy a menudo son las abuelas las que más tiempo pasan con los niños más pequeños, y por tanto, las principales transmisoras de la fe y maestras de las primeras oraciones que aprenden los niños. Quizá ellas mismas a veces no sean conscientes del gran trabajo de evangelización que hacen en la transmisión de la fe a las siguientes generaciones, pero lo cierto es que tienen una influencia enorme. Además de esa labor callada, y que a veces se da por descontado, las abuelas muy frecuentemente son testigos de una generosidad y fidelidad heroicas, dejando un impacto duradero en los niños y jóvenes.

¿Qué recuerdos guardas de tu abuelita? ¿De qué maneras agradeces la transmisión de la fe que pasa de generación en generación por medio de estas grandes mujeres?

San Francisco Fernández de Capillas

"Vayan por todo el mundo proclamando la Buena Noticia a toda la humanidad. Ellos salieron a predicar por todas partes, y el Señor los asistía y confirmaba la palabra con las señales que la acompañaban".

—Marcos 16:15, 20

Francisco nació en España en el siglo XVII. Cuando tenía diecisiete años, sintió la llamada de Dios e ingresó en la orden de predicadores (dominicos). Siendo solamente diácono, fue enviado a Filipinas en misión, donde permaneció durante diez años. De ahí pasó a China, con otros treinta jóvenes dominicos. Allí se desató una gran persecución contra los cristianos, porque se sospechaba, sin fundamento, que pretendían apoderarse del poder e imponer una cultura extraña. Francisco se distinguía por su gran bondad e integridad. Fue arrestado cuando regresaba a su refugio después de atender a enfermos. En la cárcel, hasta los mismos carceleros admiraban su testimonio, entereza y generosidad. Incluso en prisión repartía entre los demás lo poco que tenía. Es el primer mártir en China.

☙ ✦ ❧

A veces se imagina la santidad como una heroicidad inalcanzable. Lo más importante de la vida de este santo no es tanto viajar a países lejanos, cuanto extender la bondad de Dios a todos los de su alrededor. Esa "China" está al alcance de todo cristiano. Muchas veces el viaje no es algo físico, sino mucho más interno, que consiste en comprender dónde y cómo se puede ser Buena Noticia para otros, dónde y cómo se puede entregar lo que se tiene. Eso frecuentemente está en nuestro propio comedor familiar.

¿Qué buenas noticias puedo ofrecer a las personas más cercanas hoy?

San Valerio

Mira mi aflicción y líbrame, pues no olvido tu voluntad. Defiende mi causa y rescátame, vivifícame conforme a tu promesa.
—Salmo 119:153–154

Este santo del siglo VII nació en España y desde muy joven se sintió llamado a la vida de oración. Intentó entrar en un monasterio, pero por alguna razón no lo logró. Entonces empezó a vivir como ermitaño y pronto atrajo la atención de muchos habitantes del lugar, que acudían a él pidiendo consejo y consuelo. Pronto se levantaron las envidias y la traición del clérigo cuidador de la ermita. Fueron los fieles quienes proporcionaron al ermitaño otro lugar donde orar. Pero al ver cómo la gente acudía a él, el obispo nombró a un presbítero para asistir a la pequeña iglesia. Este también hizo que Valerio saliera de ahí, pero siempre protegido por el pueblo. Algo más tarde, encontró un lugar tranquilo donde pudo fundar un monasterio, y ahí oró y escribió dando testimonio de la época.

၈၀ ❖ ၉၃

Padre de toda bondad y misericordia: en momentos de oscuridad, cuando sentimos que incluso los más cercanos, o quienes deberían facilitarnos la vida, se vuelven contra nosotros sin que veamos la razón, danos la serenidad de continuar apoyándonos en ti y la mansedumbre de no responder con violencia o con ira a las provocaciones. Danos tu luz y tu fuerza para seguir nuestro camino en paz. Que podamos ver que, no son las cosas externas, ni siquiera algunas fuerzas humanas que nos rodean, las que tienen el poder de cambiar nuestra vocación o nuestra unión contigo. Te lo pedimos por Cristo, nuestro Señor. Amén.

San Antonio Abad

"Si quieres ser perfecto, ve, vende tus bienes, dáselo a los pobres y tendrás un tesoro en el cielo; después sígueme".
—Mateo 19:21

El egipcio Antonio, hijo de campesinos acomodados, nació en el siglo IV. Pudo haber gozado de una rica herencia a la muerte de sus padres, pero entregó toda su fortuna, dejando solamente una parte para la educación de su hermana y algunas otras jóvenes. Al principio vivió en oración en su propio pueblo; luego marchó al desierto. Se dice que oraba mucho entre las tumbas, adentrándose en el misterio de la resurrección. Pronto otros jóvenes empezaron a unirse a él, y buscó otro lugar aún más solitario. Pero al fin se dio cuenta de que podía seguir su vida de oración desde un monasterio, del que fue abad. Fue padre de sus monjes a los que instruía con breves relatos e intuiciones espirituales.

§ ❖ ♧

Los laicos posiblemente no tengan a su alcance vender todo lo que poseen y dejar a sus hijos y a la familia despojados de todo. . . pero sí pueden seguir el ejemplo de Antonio en su consideración de lo esencial e importante en esta vida: la unión con Dios. Consiste en centrar la vida en la búsqueda de Dios, incluso en medio de las ocupaciones diarias de la casa, del trabajo o del estudio, de la escucha a los hijos y cónyuges, de la atención a los necesitados, del consuelo que se puede prestar a un anciano o enfermo. Consiste en tener a Dios como motivo de toda la vida. En los propios desiertos y silencios internos, consiste en afirmar y proclamar la vida inagotable y eterna de Dios.

Santa Vicenta López y Vicuña

Practiquen la hospitalidad sin quejarse. Cada uno, como buen administrador
de la multiforme gracia de Dios, ponga al servicio de los demás los dones
que haya recibido.

—1 Pedro 4:9–10

Vicenta nació en España en 1847, en una familia muy cristiana de clase media. Sus padres la enviaron a Madrid a casa de unos tíos mientras cursaba sus estudios. El matrimonio había comenzado una labor benéfica en favor de mujeres del servicio doméstico y Vicenta compaginó sus estudios con la ayuda a su tía María Eulalia en este trabajo. Desde muy joven comprendió que su vocación era comenzar una fundación religiosa con el mismo objetivo de proporcionar vivienda a jóvenes sirvientas. Sus padres se opusieron, pero ella junto a su tía y un grupo de señoras, fundó una comunidad para continuar el trabajo. Esta llegaría ser la Congregación de Religiosas de María Inmaculada. A pesar de muchas dificultades económicas, de escasez de personal y de enfermedad, siguió trabajando en su congregación y abriendo nuevas casas hasta que, aquejada por la tuberculosis, murió en 1890 a los cuarenta y tres años.

෨✢ඥ

Señor Jesús, ¡nos has dado tanto! Y quieres que pongamos todos esos dones al
servicio de los demás. Enséñanos a practicar la hospitalidad que nunca rechaza ni a
cercanos ni a lejanos, que abre el corazón a escuchar a otros, que sale al encuentro
de quienes buscan refugio. Haz que siempre sepamos refugiarnos en tu amplia y
generosa hospitalidad y respondamos prontamente a tu invitación. Te lo pedimos
por Cristo, nuestro Señor.

Santo Tomás de Cori

Tengan siempre la alegría del Señor; lo repito, estén alegres. Que la bondad de ustedes sea reconocida por todos. El Señor está cerca.
—Filipenses 4:4–5

Tomás nació en Cori, Italia en 1655. Quedó huérfano cuando solo tenía catorce años y, para mantener a su hermana menor, se dedicó a pastorear ovejas. En la soledad y el silencio, aprendió a contemplar y a estar a solas con Dios. Cuando logró dejar una dote a su hermana, ingresó en la orden franciscana. Fue maestro de novicios y se distinguió por la enorme sencillez de su predicación y el atractivo que ejercía por su amabilidad, que facilitaba que la gente se acercara a él a pedir consejo. Pasaba horas interminables ante el Santísimo, aunque durante años sufrió una época oscura. Con todo, nunca se le vio triste y siempre difundió la paz a su alrededor, incluso a quienes eran contrarios a su pensamiento de reforma de la orden.

❧ ✤ ☙

Cuando se ha sentido el gusto por las cosas espirituales, la sequedad puede llegar como algo sorprendente y confuso. Puede parecer que Dios se ha alejado. Pero se trata no de buscar los regalos de Dios, sino a Dios mismo, que a veces está en la oscuridad o en la brisa suavísima. Lo mismo ocurre en lo referente a la fidelidad entre los cónyuges y a la familia. A veces la convivencia es difícil, y el silencio de los hijos o de los cónyuges confunde y perturba. Sin embargo, se sigue ahí por amor, porque se sabe que, lo más profundo es lo más verdadero y las cosas pasajeras tienen un límite, mientras que el amor permanece para siempre.

Santos Fabián y Sebastián

Pero como poseemos el mismo espíritu de fe conforme a lo que está escrito:
creí, y por eso hablé, también nosotros creemos y por eso hablamos,
convencidos de que quien resucitó al Señor Jesús nos resucitará a
nosotros con Jesús [. . .]
—2 Corintios 4:13–14

Estos dos santos de los siglos III y IV de la era cristiana murieron el mismo día, pero no el mismo año. Fabián fue elegido papa cuando todavía no era sacerdote. Parece que la comunidad reunida percibió una presencia especial del Espíritu sobre él, y lo eligieron papa. Reinó durante catorce años y murió mártir durante la persecución de Decio. Sebastián era capitán de la Guardia Imperial de Roma, cargo que aceptó para poder ayudar a los cristianos presos por la persecución de Maximino. Cuando el emperador supo que Sebastián era cristiano lo mandó llamar y le dio a escoger: si dejaba su fe, ascendería de rango militar. Si no, sería martirizado a flechazos. Sebastián se negó a renegar de su fe y murió mártir hacia el año 300.

❦

En la vida a menudo se presentan opciones que pueden representar un dilema moral: aceptar una posición o un trabajo que significa pasar por encima de otra persona o entrar en una dinámica en la que se hace necesario mentir u oprimir a otros. El no aceptar tales ofertas u oportunidades puede significar un salario más bajo, una vida más pobre y menos prestigio. Para un cristiano, la opción es difícil, pero clara.

¿En algún momento te has visto ante una opción que presentaba una dificultad
moral? ¿Qué camino escogiste?

Santa Inés

Éstos acompañan al Cordero por donde vaya. Han sido rescatados de la
humanidad como primicias para Dios y para el Cordero.
—Apocalipsis 14:4

Esta niña romana, de una familia noble, nació hacia el año 290. Recibió una educación cristiana y decidió consagrarse a Cristo. Un joven romano, también de familia noble, se enamoró de ella, pero ella lo rechazó diciendo que amaba a Cristo y deseaba ser solo para él. El muchacho recurrió a su padre, quien la acusó de ser cristiana y la hizo apresar. Trataron de convencerla con halagos y promesas, pero Inés rechazó todo lo que no fuera Cristo y fue ejecutada. Tenía solamente 13 años. Su hermana Emerenciana fue martirizada unos días después, cuando oraba junto al sepulcro de Inés. Constantina, la hija del emperador Constantino, construyó una iglesia dedicada a Inés, que hoy se erige sobre la catacumba del mismo nombre en Roma. Inés es patrona de las jóvenes y de las novias.

ഈ ✧ ∽

Con tantas distracciones, tentaciones materiales y reclamos tecnológicos, es fácil que jóvenes y mayores pierdan de vista una vocación que vieron en un momento claramente. Son promesas de éxito, de una vida cómoda y fácil, de prestigio y de honra. Pero por encima de todo, está la promesa de vida y la llamada a la heroicidad que Dios hace a los jóvenes hoy, para marcar una diferencia en el mundo y cambiar lo que pudiera parecer inalterable. El ejemplo de Inés señala un camino. Una antigua oración dice: "Pide que amemos a Cristo como tú lo amaste; que defendamos su verdad con la valentía con que tú lo hiciste; que antepongamos su amor a la propia vida. . .".

Santa Laura Vicuña

"Habla, que tu servidor escucha".
—1 Samuel 3:10

Nacida en 1891, Laura es la primera santa chilena. Su padre era un alto militar y político, pero murió pronto. Para poder sobrevivir y mantener a la familia, la mamá de Laura se unió a un ganadero argentino, un hombre violento y lascivo. Laura ofreció su vida a Dios para que su mamá dejara a aquel hombre. La joven estaba en un internado, pero cuando fue a casa en unas vacaciones, el hombre trató de abusar de ella y la golpeó brutalmente. De regreso en la escuela, hubo una inundación y Laura heroicamente salvó a niñas más pequeñas, pero contrajo una enfermedad de riñón que sería mortal. Cuando estaba a punto de morir, su mamá se dio cuenta de su sacrificio y generosidad, y dejó al hombre que tanto daño había hecho a su familia.

❦

El abuso físico, psicológico o sexual es una de las lastras más fuertes de nuestra sociedad. Ha ocurrido en familias, en escuelas, en trabajos, e incluso dentro de la Iglesia. A veces por pudor o por temor, no se ha denunciado, pero el silencio ha terminado. No se pueden permitir los ataques a la dignidad, y nadie debería traicionar la confianza o abusar de su autoridad perversamente.

Señor, Dios de la vida, protege a los niños y jóvenes, defiende a las mujeres y cambia el corazón y la mente de los agresores. Sana las heridas de todas las víctimas, y lo torcido de la mente y el corazón de los victimarios. Llévanos a todos a la plenitud de vida en ti, tú que eres nuestra roca. Amén.

Santa Mariana Cope

Él soportó nuestros sufrimientos y cargó con nuestros dolores [...] y con sus
cicatrices nos hemos sanado.

—Isaías 53:4, 5

Mariana nació en Alemania en 1838, pero se considera una santa estadounidense porque su familia emigró a Estados Unidos. Para ayudar a mantener el hogar, Mariana trabajó en una fábrica por un tiempo. A los quince años descubrió su vocación religiosa, pero tenía que atender a sus padres, que estaban impedidos, y a sus tres hermanos menores, así que tuvo que esperar nueve años para ingresar en el convento de las franciscanas. Su misión era la educación de inmigrantes alemanes y el ministerio en hospitales y escuelas. Los hospitales atendían a los "excluidos": alcohólicos y madres solteras. En el año 1888, Mariana viajó con otras seis hermanas a Honolulú, donde encontró situaciones de dolor tan serias que decidió quedarse y trabajar en el Hospital General de Maui, en Molokai. Allí el padre Damián de Veuster asistía a los leprosos. Damián contrajo la enfermedad y Mariana lo atendió hasta el final. A su muerte, aceptó la dirección del hogar para varones, además del de mujeres y niñas. Pasó así treinta años en Molokai, en la colonia de leprosos.

෨ ❖ ෬

Hay cosas que solo se entienden desde Dios. Solo mirando a quien cargó con todo el dolor del mundo, se puede aceptar el dolor, la enfermedad y la muerte. Mariana supo vivir toda su difícil vida de emigrante, y de religiosa en lugares difíciles y "periféricos" con paciencia y con un gran espíritu de alegría y amabilidad. Tuvo la fortaleza y el don del Espíritu que se concede a todo aquel que mira las cicatrices de Cristo y encuentra en ellas su sanación.

San Francisco de Sales

*Me enseñarás un camino de vida, me llenarás de alegría en tu presencia, de
gozo eterno a tu derecha.*

—Salmo 16:11

La vida de este santo italiano, nacido en 1567, tuvo siempre un rumbo
decidido. Su padre quería que se casara y que tuviera una profesión lucrativa
como abogado, pero él siempre quiso ser religioso. Estudió en la Universidad
de París y en el Colegio de Navarra, y consiguió al fin quedarse en un colegio
jesuita. Sufrió burlas y humillaciones de sus compañeros, que se reían de su
piedad. Su padre le ordenó que estudiara Derecho, y así lo hizo, pero al mismo
tiempo estudió Teología. La joven que estaba destinada a ser su esposa se dio
cuenta de que el camino de Francisco era otro, y se apartó.

Hombre de carácter fuerte, fue capaz de dominar su genio y se distinguió por
su dulzura y su amabilidad con todos. Escribió muchas obras de espiritualidad
entre las que se destaca su *Tratado del amor de Dios*. Uno de sus pensamientos
refleja bien esta cualidad: "Se paciente con todo el mundo; pero sobre todo
contigo mismo".

✦

Con frecuencia las virtudes no son cualidades innatas, sino costumbres
adquiridas con la práctica difícil y constante, y con la ayuda de la gracia
de Dios. Para quien no es naturalmente generoso, puede significar forzarse a
entregar de lo suyo, y poco a poco, llegar a la generosidad.

*¿Qué virtud que no tienes quisieras alcanzar? ¿Qué tendrías que hacer cada día con
perseverancia para que llegara a ser costumbre?*

Conversión de san Pablo

A mí, el último de los consagrados, me han concedido esta gracia: anunciar a
los paganos la Buena Noticia, la riqueza inimaginable de Cristo.

—Efesios 3:8

La historia de la conversión de Pablo es bien conocida. El griego y judío Saulo de Tarso, ardiente perseguidor de cristianos, iba camino de Damasco cuando cayó cegado por una enorme luz y escuchó la voz del Cristo a cuyo amor ya no pudo resistirse.

Apasionado y fuerte, Pablo dedicó toda su vida, su energía y su pasión a la predicación del Evangelio. Escribió preciosas cartas a las comunidades que iba estableciendo y su cristología es de gran profundidad. De carácter fuerte, Pablo a veces se enfrentó a Pedro, pero siempre antepuso el bien de la Iglesia a su propio protagonismo o liderazgo. Mantenía la unidad sobre todas las cosas. A tiempo y a destiempo, proclamaba la palabra y el mensaje de Cristo y no se detenía ante la resistencia, el rechazo o las desviaciones de algunas comunidades. Consideraba que no evangelizar representaba su propia condenación.

℘❖℞

Pablo vivió y enseñó con su vida el primer compromiso bautismal cristiano: evangelizar. El anuncio evangelizador no es algo reservado a los religiosos o sacerdotes, sino parte de toda vida cristiana. Quizá algunos piensen que no pueden evangelizar, pero hay que ir un poco más adentro: ¿quién hay a nuestro alrededor que necesita escuchar una buena noticia, una palabra de consuelo, una mano de ayuda, una sonrisa, un perdón? Todo eso también es trabajo evangelizador: es liberar a las personas de sus cargas y acercarlas al amor de Cristo.

San Michal Kozail

¿Quién nos apartará del amor de Cristo? ¿Tribulación, angustia, persecución,
hambre, desnudez, peligro, espada?
—Romanos 8:35

Michal es uno de los mártires de la persecución nazi. Nacido en 1893, era de una familia polaca muy pobre, pero muy religiosa. Fue un buen estudiante y fundó una organización clandestina opuesta a la germanización de las escuelas polacas. Entró en el seminario, pero tuvo que interrumpir sus estudios a causa de la Primera Guerra Mundial. Una vez terminada la guerra, concluyó sus estudios, fue ordenado sacerdote y fue director espiritual del seminario. Luego fue nombrado obispo auxiliar de Wloclawek. Michal se mantuvo con su pueblo durante la invasión nazi de Polonia y fue arrestado en 1939. En un principio, tuvo un arresto domiciliario, desde donde podía hacer planes para la reorganización del seminario. Fue luego deportado al campo de concentración de Dachau, donde contrajo el tifus. Murió por un veneno inyectado.

❧ ✣ ❧

Los obstáculos y las frustraciones son parte normal de la vida, aunque quizá no en un grado tan alto como el que tuvo que soportar Michal. En todo es necesario aferrarse a la única roca, a la única esperanza que pueden tener los seguidores de Cristo.

Señor Jesús, tú pasaste por todo dolor y muerte para llevarnos a la vida. Que tu amor
nos conceda la gracia de esa seguridad de que nada ni nadie nos puede apartar de
ti. Haznos saber que la fuerza nos viene solamente de ti, que nos amaste hasta el
punto de dar la vida. En nuestras pequeñas muertes diarias, danos la luz de tu
presencia y la seguridad de tu victoria.

San Enrique Ossó

¿Quién es el sirviente fiel y prudente, encargado por su señor de repartir a sus horas la comida a los de casa? Dichoso el sirviente a quien su señor, al llegar, lo encuentre trabajando así.

—Mateo 24:45–46

Enrique Ossó nació en España en 1840. Su madre quería que fuera sacerdote, pero su padre lo había orientado hacia los negocios. Era aprendiz y solo tenía catorce años cuando murió su madre, y él ingresó en el seminario. Después de su ordenación enseñó en el seminario hasta que una revolución dispersó a los seminaristas, pero él pudo reanudar las clases en el palacio episcopal.

Era muy devoto de santa Teresa y fundó la *Revista Teresiana*. Más tarde, en parroquias, organizó grupos de jóvenes para el apostolado, que aún hoy son conocidos como el Movimiento Teresiano de Apostolado. Su gran obra fue la fundación de las Hermanas de la Compañía de Santa Teresa, dedicadas a la educación.

❧ ❖ ❧

En un tiempo de oposición a la Iglesia, Enrique Ossó se mantuvo fiel y vigilante en la evangelización y la educación de la juventud. Es fácil a veces dejarse llevar por las corrientes del tiempo, y mantener las ideas claras y la dirección constante puede ser desafiante. Enrique de Ossó supo mantener su rumbo en medio de un ambiente de inquietud política y de ataques a la religión.

¿Qué circunstancias sociales presentan un desafío para la transmisión de la fe a los más jóvenes hoy día? ¿Qué recursos existen para la perseverancia y la claridad de doctrina y de fe?

San Pedro Nolasco

El Espíritu del Señor está sobre mí porque me ha ungido para que dé la Buena
Noticia a los pobres; me ha enviado a anunciar la libertad a los cautivos [...]
—Lucas 4:18

Pedro Nolasco nació cerca de Barcelona, España, en el año 1189. Venía de una familia muy rica de comerciantes y, cuando su padre murió teniendo él 15 años, heredó una enorme fortuna. Su madre fomentaba su religiosidad y devoción. Estando en edad de casarse, hizo una peregrinación al santuario de Montserrat y allí se dio cuenta de que ninguna posesión podría satisfacer su deseo de felicidad. Únicamente Dios.

Dándose cuenta de que un gran problema social de su tiempo era la esclavitud, dedicó gran parte de su fortuna a liberar esclavos. Luego fundó una congregación de religiosos dedicados a liberar a esclavos. Fueron los Mercedarios, que hoy día trabajan en ministerio de prisiones.

෯ ❖ ෬

Tener los ojos abiertos a las necesidades sociales desde una profunda unión con Cristo lleva siempre a la acción. No todas las personas poseen una gran fortuna para ponerla a disposición de alguna causa, pero a todas se les han concedido talentos y cualidades que pueden poner al servicio de alguna necesidad de su alrededor. Quizá no haya esclavos comprados y vendidos, aunque sí se da el tráfico humano y abusos en el campo laboral. Pero hay otras maneras de esclavitud y opresión más escondidas, como las adicciones, el alcohol, el abuso psicológico. . .

¿Qué situaciones cerca de ti, o incluso dentro de tu propia familia, son opresivas y
necesitan un trabajo de liberación? ¿Qué está a tu alcance hacer?

San Gildas

"¡Ay de ti, Corozaín, ay de ti, Betsaida! Porque si los milagros realizados entre ustedes se hubiesen hecho en Tiro y Sidón, hace tiempo que habrían hecho penitencia [. . .]".
—Mateo 11:21

San Gildas es un santo inglés-irlandés del siglo VI, que fundó una abadía en Rhuys. Gran escritor, fue autor de *De Excidio Britanniae*, el primer libro sobre la historia de Inglaterra y uno de los trabajos más importantes de la Edad Media y de la literatura inglesa. Por sus escritos, se le conoce como Gildas el Sabio. También escribió la regla para su monasterio, que era fuertemente austera.

Muchos de sus escritos tienen un tono que hace eco a los profetas del Antiguo Testamento, condenando a los reyes y políticos que oprimen al pueblo, así como a los clérigos que corrompen la Iglesia desde dentro. Su abadía fue un importante centro de espiritualidad en la Europa de la Edad Media.

೧ ✦ ೧

El profeta anuncia y denuncia. Anuncia la Buena Noticia, proclama la salvación y la liberación de Dios, pero también denuncia los males que ve a su alrededor. No se puede quedar callado al ver la injusticia. Existen muchas injusticias hoy día. Quizá no a todos se les pida esa actitud valiente de denuncia pública. Sin embargo, tenemos muchas organizaciones e iniciativas en parroquias y comunidades locales que permiten levantarse uniendo fuerzas contra la injusticia y las desviaciones en cuestiones sociales como la inmigración, la educación, la vivienda y el trabajo. Es parte del compromiso cristiano por la defensa de la dignidad de los hijos de Dios.

Santa Batilda

Una mujer hacendosa, ¿quién la encontrará? Vale mucho más que las perlas.
—Proverbios 31:10

Santa Batilda, francesa del siglo VII, había sido vendida como esclava a la corte del rey. Cuando se sintió pretendida, escapó, pero su belleza, discreción y virtudes llamaron la atención del rey Clovis, que la buscó para casarse con ella. El rey la liberó y la esclava se convirtió en reina. Clovis murió siete años más tarde, dejando a Batilda con tres hijos. Uno de ellos, que era solamente un niño, fue nombrado rey, bajo la tutela de su madre. Batilda deseaba dejar la vida de la corte e ingresar en un convento, pero se daba cuenta de que su obligación estaba en el reino. Usó su posición para favorecer al pueblo y asistir a los pobres. Recordando su propio origen, Batilda extendió su amor a Jesús y al prójimo, fundando hospitales y seminarios. Cuando al fin pudo dejar a su hijo gobernar plenamente, ingresó en un monasterio.

ဆာ ❖ ᏆᏗ

Dios, Padre nuestro, mira con amor a las mujeres que, aunque a menudo oprimidas y esclavizadas, tienen toda la dignidad de reinas por ser hijas tuyas. Fortalece a las madres que luchan por sus hijos en nuestros barrios y comunidades, víctimas de la violencia de las calles o de problemas psicológicos. Da fuerza a las madres de nuestros jóvenes hispanos que se esfuerzan por alcanzar sus sueños profesionales y de educación. Mantén a todas las madres y abuelas, transmisoras de la fe a sus hijos, en tu bondad, en tu amor y en la esperanza del encuentro de sus hijos con tu Hijo, el Cristo vivo. Amén.

San Juan Bosco

*Observa quién es inteligente y madruga para visitarlo, que tus pies desgasten
el umbral de su puerta.*
—Eclesiástico 6:36

Nació en 1815 en Italia, en una familia muy pobre. Quedó huérfano de padre muy joven y trabajó en distintos oficios para ayudar a su familia. Fue carpintero, zapatero, cocinero, pastelero y granjero. Por fin pudo entrar en el seminario, pero tenía que mendigar para poder conseguir su ropa y sus útiles. Siendo seminarista, empezó a reunir a niños de la calle para darles una educación cristiana.

Ya ordenado sacerdote, comenzó oratorios para jóvenes y estableció talleres y escuelas de oficios para chicos sin hogar. Muchos de ellos vivían con él y su madre. Fundó varios talleres y una imprenta, y para 1856, había ciento cincuenta muchachos internos y quinientos externos recibiendo la educación de Don Bosco. Más sacerdotes se le fueron uniendo y al fin decidieron crear la Congregación de Salesianos.

ဢ ✣ ❏

Se dice mucho que los jóvenes son el futuro de la Iglesia, pero en realidad, son el presente. A veces los jóvenes hispanos de primera y segunda generación andan desorientados y confusos ante el choque de culturas de sus padres y esta sociedad. En cierto modo, no tienen un hogar espiritual. Necesitan hospitalidad, apoyo, respeto, y la confianza de encargarles proyectos y responsabilidades dentro de la Iglesia y la sociedad. Las comunidades de Don Bosco salían al encuentro de los jóvenes.

¿Qué jóvenes hay a tu alrededor, en tu parroquia o tu entorno, que tienen sed de que alguien se acerque a ellos para darles el respeto y el lugar que les corresponde en la comunidad?

Febrero

Santa Brígida de Kildare

Si das de tu pan al hambriento y sacias el estómago del necesitado, surgirá tu luz en las tinieblas, tu oscuridad se volverá mediodía.

—Isaías 58:10

Nacida en el siglo V, Brígida es una famosa santa irlandesa que se consagró a Dios desde temprana edad. Se cuenta que cuando su madre la mandaba a recoger mantequilla y en el camino de regreso a casa se la daba a los pobres. Pero aun así, siempre quedaba mantequilla para su familia. Otros muchos milagros de curaciones y de compasión se le atribuyen a esta santa, que está rodeada de leyendas y devoción.

Se dice que fue fundadora y abadesa del monasterio de Kildare y, tanto en Irlanda como en Escocia e Inglaterra, se la venera como una gran influencia en la religiosidad y espiritualidad de estos países.

❧ ✥ ☙

La palabra *compasión* tiene su raíz en "con" y "pasión". Aunque en tiempos modernos se piensa en la pasión como un sentimiento romántico, una fuerza en el actuar y querer, o bien como el padecimiento y la muerte del Señor, el sentido más profundo de pasión es este último: padecer o sentir. La compasión nos lleva a sentir los dolores y las alegrías de los demás como propios y a tratar de remediarlos como si nos afectaran personal y profundamente. La compasión es ponerse en los zapatos del otro y comprenderlo profundamente, incluso sintiendo como él. Es un sentimiento que se suele tener hacia los más cercanos. . . pero el amor cristiano llama a extenderlo a todos, especialmente a los más necesitados. Entonces, como dice Isaías, brillará la luz.

Santa Juana de Lestonnac

Porque el Espíritu que Dios nos ha dado no es un espíritu de cobardía, sino de fortaleza, amor y templanza.
—2 Timoteo 1:7

Juana nació en Francia en 1556, de un noble magistrado francés y madre española. La pareja no compartía la misma confesión cristiana y la madre siempre intentó apartar a Juana del catolicismo de su padre. Con ayuda de su padre y su hermano, Juana logró mantener su fe. Tuvo un matrimonio feliz con Gastón de Montferrant, con quien tuvo ocho hijos. Utilizó sus medios materiales para atender a los pobres de su territorio y, a la muerte de Gastón, después de asegurarse de que sus hijos estaban establecidos y seguros, se integró a la congregación de fuldenses de Tolosa. Su vida de austeridad rigurosa llegó a enfermarla y, por consejo de sus superioras regresó a su castillo. Pero, preocupada por las jóvenes, empezó a planificar la Compañía de María, que después de muchas dificultades, logró arraigarse. Hoy día esta congregación se ha extendido por todo el mundo.

ℰ ❖ ℛ

Las mamás normalmente tienen una gran influencia en sus hijas. La mayoría de las veces, tal influencia es muy positiva y acompaña a las hijas por el camino del bien. Pero a veces puede ser muy difícil, incluso si se ve como necesario, sustraerse de las imposiciones de ciertas madres controladoras. Juana tuvo la fortaleza y la serenidad de mantenerse en la fe que consideraba verdadera pese a todos los obstáculos, primero familiares y luego en su camino como fundadora. Al fin, la verdad triunfa.

¿En qué momentos he tenido que afirmar mi fe frente a influencias que quisieran llevarme por otros caminos?

3 DE FEBRERO

San Blas

Lo que sale por la boca brota del corazón.

—Mateo 15:18

San Blas fue un médico del siglo IV, que aprovechaba sus visitas a los enfermos para hablarles de Cristo y conducirlos a Dios. Cuando el pueblo supo de su gran bondad, lo aclamó como obispo de Armenia. Fue un obispo bondadoso y sabio, que continuó atendiendo a los más necesitados y a los pobres durante su obispado. Se cuentan muchos milagros de él, pero sobre todo el de la curación del niño que se había atragantado con una espina de pescado. Blas es venerado como patrón de las afecciones de garganta. En su fiesta, se bendicen las gargantas como protección para las enfermedades físicas, pero también como recuerdo de lo que deben producir las gargantas de los cristianos.

Mucho más de lo que entra por la boca, recuerda Jesús, lo importante es lo que sale de ella. Porque lo que entra es simplemente comida, pero lo que sale es la bondad o los malos sentimientos que hay dentro. Jesús también dice que de la abundancia del corazón habla la boca. Si el corazón está sano y es bueno, de la boca sale amabilidad, cariño, buenos consejos, y palabras de aliento y de verdad. También puede dar alabanza y gloria a Dios, así como cantar en oración, entretener y celebrar. Si el corazón no está bien, de la boca pueden salir insultos, palabras hirientes o sarcásticas, o inclusive puede la boca enmudecer.

¿Cómo está tu corazón? ¿Cuáles son tus palabras más frecuentes? ¿Qué cosas no te gusta escuchar de otros?

Santa Juana de Valois

Escucha hija, mira, pon atención: [. . .] prendado está el rey de tu belleza [. . .].
—Salmo 45:10–11

Juana era hija del rey de Francia, pero fue despreciada por su padre porque él esperaba un hijo varón. Además, Juana no era muy agraciada y era algo coja. Su padre la confinó a un castillo cuando tenía apenas cinco años. Luego presionó a Luis de Orleans para que se casara con ella, a pesar de su resistencia. Luis la despreciaba, y en cuanto consiguió acceder al trono, buscó la anulación del matrimonio. Desterrada de nuevo, Juana fundó la orden de la Anunciación.

❧ ✤ ❧

Se dice que la belleza solo tiene la profundidad de la piel. La fealdad aparente también. Lo importante es lo que está dentro y, en ese sentido, se podría decir que la belleza es mucho más profunda que la piel. Aunque en nuestra sociedad haya un fuerte "culto al cuerpo" (con dietas, gimnasios, cremas. . .), la belleza física es poco duradera. La bondad y la belleza interior se mantienen a pesar de todos los acontecimientos externos.

¿Me dejo guiar por el aspecto físico de las personas para juzgarlas y acercarme o alejarme de ellas?

Santa Águeda

Sean sobrios, estén siempre alerta, porque su adversario el Diablo, como león rugiendo, da vueltas buscando [a quién] devorar.
—1 Pedro 5:8

Entre los muchos mártires de los primeros tiempos del cristianismo está Águeda, una joven siciliana de familia noble y profundamente cristiana del siglo III, de cuya belleza se enamoró el gobernador Quinciniano. Cuando ella lo rechazó porque quería consagrarse a Dios en cuerpo y alma, Quinciniano ordenó que la llevaran a un prostíbulo para corromperla. Ella se resistió y pudo mantenerse pura. Fue martirizada cruelmente.

Una leyenda cuenta que una noche se le apareció san Pedro, quien la curó. Hay muchos otros milagros relacionados con ella, pero solo se sabe con certeza que dio su vida hasta el fin y es venerada en toda Italia. Es una de las santas que se mencionan durante la Plegaria Eucarística.

හ ❖ ଓ

Hay tentaciones de todas clases. Algunas son muy sutiles y fácilmente se les busca justificación. . . como por ejemplo, que con ciertas acciones algo dudosas puede conseguirse dinero para ayudar a otros (aunque en el fondo sea una búsqueda egoísta), o que es mejor salvar la posición o la vida. Posiblemente hubiera sido fácil para Águeda pensar que Dios la querría viva para el bien de otros, y que perdonaría un acto impuro. Es difícil mantenerse firme cuando todo alrededor invita a soluciones más fáciles. El saber que hay otros muchos cristianos decididos a seguir a Cristo firmemente puede ayudarnos a mantenernos firmes.

¿Qué personas de tu alrededor dan ejemplo de firmeza e integridad? ¿En qué situaciones de la vida has tenido que mantener la firmeza de la fe? ¿Cómo puedes ayudar a otros a mantenerse firmes?

San Tito

Nuestra gente debe aprender a dedicarse a las buenas obras, según las necesidades, para no quedar estériles.
—Tito 3:14

Nació de familia pagana y parece que fue san Pablo quien lo atrajo a la fe. No nos quedan muchas noticias de la vida de Tito, pero sí sabemos que fue enviado por Pablo desde Éfeso a Corinto para responder a situaciones escandalosas que se habían dado en la comunidad y con el fin de recolectar dinero para cristianos pobres. Fue ordenado obispo de Creta.

Tenemos además su carta que, aunque es bastante breve, proporciona consejos a todos los grupos cristianos: ancianos, obispos, adultos y jóvenes. Ofrece también advertencias para alejarse de las malas doctrinas, que desde el principio comenzaron a surgir, y para seguir firmes en el camino correcto.

℘ ❖ ℘

Como mejor camino para mantenerse fieles a Cristo y seguir su doctrina, Tito indica las buenas obras. Las buenas obras, y no lo que se tenga, lo que se pueda o lo que se mande, serán lo que den fruto en la vida. Para no ser estériles no es necesario guardar mucho en el banco, ni acumular honores, sino buenas obras de servicio a los demás. Se diría que, cuanto más se da, más fruto se obtiene.

Señor Jesús, tú eres la vid y sin ti no podemos hacer nada. Tú, que dijiste que los árboles buenos se conocen por sus frutos, concédenos de tal manera estar unidos a ti, que todas las obras de nuestro día den fruto para el bien de muchos y para tu gloria.

Beato Pío IX, papa

Pero cuando se cumplió el plazo, Dios envió a su Hijo, nacido de mujer, nacido bajo la ley, para que rescatase a los que estaban sometidos a la ley y nosotros recibiéramos la condición de hijos.

—Gálatas 4:4–5

Nació en Italia en 1792 y se destacó tanto por su brillantez como por su piedad. A los treinta y seis años fue nombrado obispo de Espoleto y luego de Imola, una diócesis muy turbulenta. Fue predicador persuasivo y caritativo, y entusiasta promotor de la educación en momentos difíciles por la pérdida de los estados pontificios.

Se le conoce por haber enviado muchos misioneros a diversos puntos y también por la convocatoria del Concilio Vaticano I. Pero, sobre todo, por la proclamación del dogma de la Inmaculada, que había sido gran parte de la devoción y creencia del pueblo por siglos.

෴ ✣ ෴

Una buena manera para no perderse en la vida es mirar a María. Tanto en momentos suaves como en momentos de dificultad, el saber que una mujer de la raza humana, bajo la inspiración de la gracia, pudo dar entrada en el mundo a la salvación, puede dar motivos de agradecimiento, de alegría y también de motivación para la vida diaria. Jesús nació de mujer sometido a la ley, como todos los humanos. Pero a esa mujer, a María, le asistía una gracia inmensa, que es la que asiste a todos los humanos por su hermanamiento con Jesucristo, para la vida. Cuando la carga de la sociedad, de leyes que a veces no se comprenden y del trabajo, parece demasiado pesada, se puede mirar a María, que siempre indica el camino.

Santa Josefina Bakhita

Ya no se distinguen judío y griego, esclavo y libre, hombre y mujer, porque
todos ustedes son uno con Cristo Jesús.

—Gálatas 3:28

Josefina Bakhita, joven sudanesa del siglo XIX, tuvo una vida durísima. De niña fue sucesivamente vendida como esclava a cinco amos. Los primeros cuatro la maltrataron y negaron su dignidad humana. Por fin el quinto, un italiano, la trató bien, y así la joven empezó a conocer el amor de Dios.

Traspasada a otra familia italiana, viajó a Italia donde se convirtió al cristianismo y, como la esclavitud estaba prohibida en Italia, fue liberada. Se unió entonces a las hermanas de Canossa y dedicó el resto de su vida, con alegría y derramando bondad por todas partes, al servicio de los demás.

❦ ✣ ❧

Nada ni nadie puede robar la dignidad humana, y cualquier atentado contra ella —desde fuera por opresión, esclavitud o discriminación, o desde dentro por pecado o falta de reconocimiento y agradecimiento— es una grave falta contra el Creador. Bakhita probablemente vivió siempre con esa consciencia y a pesar de todo lo que sufrió a manos de quienes no reconocían su dignidad, extendió después su respeto y atención a todos. Cada persona, independientemente de su raza, estado de vida o situación, es lo más importante a los ojos de Dios.

Padre santo que nos enviaste a tu propio Hijo para afirmar la enorme dignidad de la naturaleza humana y para concedernos la libertad de todo lo que nos ata y nos oprime. Concédenos un corazón puro que sepa levantarse de todas las heridas y ofensas y ofrecer generosamente, incluso lo que a tu propio Hijo le habían negado: el respeto y la dignidad.

Beata Eusebia Palomino Yenes

Ya conocen la generosidad de nuestro Señor Jesucristo, que siendo rico se hizo pobre por nosotros para enriquecernos con su pobreza.
—2 Corintios 8:9

Nacida en España en 1899, Eusebia pertenecía a una familia muy cristiana, pero muy pobre. Su padre era campesino y, cuando escaseaba la comida, se veía forzado a mendigar, llevando a la pequeña Eusebia consigo. Pronto, la joven dejó los estudios y se empleó como sirvienta para ayudar a la familia. Conoció a las hermanas salesianas, quienes le ofrecieron un trabajo. Deseaba ardientemente entregarse a Dios, pero no se atrevía a solicitar su admisión por su falta de preparación académica y su pobreza. Pero las hermanas vieron en ella una intensa vida de oración, de profunda espiritualidad y sencillez, y la invitaron a ingresar. Pronto la aquejó el asma, que sería la causa de su muerte, pero que sobrellevó con paciencia y alegría.

❧ ✦ ☙

Hay personas, y muchas entre el pueblo hispano, que piensan que quizá no son dignas de la llamada de Dios a su servicio. Pero una y otra vez, Dios invita y llama a los pequeños, a los pobres, a quienes a los ojos del mundo pueden poco. No es el poder ni la posición lo que se busca, sino la apertura a la gracia de Dios.

¿En algún momento has sentido una llamada especial de Dios a algún ministerio o trabajo de liderazgo y has dudado por no sentirte al nivel de esa dignidad? ¿Hay algún joven cercano que piensas que podría entregarse a Dios en la vida religiosa o el sacerdocio, pero no se siente digno? ¿Qué le podrías decir?

San José Sánchez del Río

*Aquí hay un muchacho que tiene cinco panes de cebada y dos pescados; pero,
¿qué es eso para tantos?*
—Juan 6:9

Nacido en México en 1913, José tenía solamente trece años cuando se declaró la persecución contra los católicos en México y comenzó el movimiento cristero. El hermano de José se unió a los combatientes y José quiso ir también. Su madre trató de disuadirlo, pero él insistió diciendo que en ningún momento había sido tan fácil dar la vida por Cristo.

El ejército no lo aceptó como soldado, pero sí como asistente. Fue apresado y se le ofrecieron varias oportunidades de rechazar su fe. José se mantuvo firme y fue ejecutado. Antes de morir, le escribió una carta de aliento y agradecimiento a su madre.

❧ ✤ ☙

Repetidamente vemos casos en los que, cuando una persona entrega todo lo que tiene, por muy poco que sea, el fruto y el bien producidos son abundantísimos. No importa la edad ni la condición. A menudo los más jóvenes se lanzan con heroísmo y generosidad y entregan todo lo que tienen, poco o mucho. Posiblemente a muchos no se nos pida un derramamiento de sangre, pero la entrega en servicio a los demás se multiplica en frutos de vida para otros.

¿Qué se me pide hoy que entregue en servicio de los demás? ¿Pienso a veces que no tengo nada o no puedo mucho? ¿Qué dones o talentos me ha concedido Dios que podría entregar en mi familia o comunidad?

San Adolfo

No te dejes vencer por el mal, por el contrario, vence el mal haciendo el bien.
—Romanos 12:21

Adolfo, santo obispo del siglo XIII en Alemania, era descendiente de condes, y podría haber usado sus influencias para alcanzar puestos de honor en la sociedad. Eligió, sin embargo, ser monje cisterciense, hasta que fue elegido obispo de Onsbruck.

Como obispo, se dedicó a atender a los necesitados, particularmente a los leprosos a quienes ni siquiera los cristianos atendían. Se hizo amigo de muchos de ellos y atendió con especial cariño a un leproso hostil a todo lo religioso y empecinado en su mal. Con cariño y perseverancia, Adolfo consiguió su conversión y logró que muriera en paz con Dios y con todos.

⁎

La primera reacción ante la hostilidad, o incluso la antipatía de alguien, sea un familiar o un vecino, es alejarse. Y a veces, la verdad es que es lo único que se puede hacer. Pero hay muchos casos en que es el amor, la paciencia y la mansedumbre los que poco a poco van a ganar al alejado o al enemigo. Vencer el mal a fuerza de bien no es algo que ocurra de la noche a la mañana. Es cuestión de paciencia, de autocontrol, y de mucha gracia y amor de Dios. El desear la paz a quienes no la desean para uno mismo es un acto de valentía.

¿Qué personas o situaciones de tu alrededor podrías acercar al bien con paciencia y perseverancia? ¿En qué momentos podría ser más prudente retirarse? ¿Alguna vez has visto que una persona se ha ido dulcificando a base de extenderle cariño y paciencia?

Santa Eulalia

Desnudo salí del vientre de mi madre y desnudo volveré a él. El Señor me lo dio, el Señor me lo quitó: ¡bendito sea el nombre del Señor!
—Job 1:21

Eulalia, una niña de lo que es hoy Cataluña, España, había nacido en el año 290, en una familia cristiana. Cuando solo tenía trece años, durante la persecución del emperador romano Diocleciano, se escapó de su casa y fue al gobernador de Barcino a recriminarlo por su agresión a los cristianos. Ante la negativa de la joven a abandonar su fe, el gobernador decretó trece formas de tortura, una por cada año de Eulalia.

Existen muchas leyendas sobre todos los tormentos de Eulalia, pero lo que sí se sabe es que se mantuvo firme en su fe y en su negativa a abandonarla, y que todos los atentados contra su pureza no hicieron más que afirmar su resolución de seguir a Cristo.

❧ ❖ ☙

Hace falta mucha valentía para hablar la verdad sobre todo ante quienes ostentan poder para oprimir, castigar o sancionar. El decir la verdad a veces puede traer la desaprobación de otros o el rechazo social, o, en casos mayores, las sanciones laborales o legales. Solamente Dios puede dar la fuerza y el valor para hacerlo, sin miedo a las consecuencias.

Padre santo y todopoderoso, camina junto a nosotros cuando la defensa de tu verdad y de la justicia para los demás nos impulse a hablar y nos sintamos temerosos de la repercusión. Danos tu luz y tu fuerza para enfrentarnos a las consecuencias, sabiendo que tú estás siempre con nosotros y nos lo das todo.

Santas Fusca y Maura

*Y todo aquel que por mí deje casas, hermanos o hermanas, padre o madre,
hijos o campos, recibirá cien veces más y heredará la vida eterna.*

—Mateo 19:29

Fusca nació en Ravena en la antigua Roma en el siglo III y creció en medio de una familia pagana. Maura era su nodriza. Cuando la joven Fusca tenía unos veintiún años, le confesó a Maura que quería ser cristiana. Maura no solo la animó, sino que decidió ser ella cristiana también. Buscaron a un sacerdote quien les dio instrucción y fueron bautizadas juntas.

El padre de Fusca se encolerizó y las encerró en un sótano durante tres días para que reflexionaran sobre su decisión. Cuando se mantuvieron firmes en su fe, fueron acusadas ante el gobernador Quinciniano, quien trató de torturarlas, pero los soldados sintieron una presencia espiritual especial que protegía a las mujeres y no lo pudieron hacer. Salieron libres, pero ellas mismas volvieron a presentarse ante el gobernador, quien ordenó su ejecución.

❧ ❖ ☙

La obediencia a los padres es muy importante en nuestra cultura, pero muy superior es la obediencia a Dios en libertad. Fusca entendió esto bien al encontrarse con Cristo, y Maura, su fiel compañera de vida, también la acompañó en ese encuentro. Aunque aparentemente se pongan en peligro vida, posesiones y relaciones; la ganancia —el ciento por uno del que habla Jesús— es eterna y definitiva. Da la alegría que dura para siempre.

*Señor Jesús, acércanos a ti de tal modo que nada ni nadie pueda separarnos jamás.
Que tengamos siempre puesta la mirada en lo que de verdad satisface y es duradero,
que eres tú. Amén.*

Santos Cirilo y Metodio

Cada uno, como buen administrador de la multiforme gracia de Dios, ponga al servicio de los demás los dones que haya recibido.
—1 Pedro 4:10

Los griegos Cirilo y Metodio, hermanos, provenían de una acomodada familia del siglo IX. Su padre era un importante funcionario. En la ciudad donde vivían se hablaban todo tipo de lenguas, y Cirilo y Metodio hablaban muy bien el idioma eslavo. Ambos se sintieron atraídos a la vida religiosa y fueron misioneros por Europa del Este. Se les considera los padres de Europa.

Cirilo y Metodio se entregaron a la traducción de las Escrituras y los libros litúrgicos a las lenguas eslavas y crearon un alfabeto especial, el cirílico, que dejaron de herencia a las futuras generaciones hasta nuestros días. También hicieron un enorme trabajo de educación y de profundización cultural, muchas veces luchando contra incomprensiones y obstáculos dentro y fuera de la Iglesia.

ဆာ ❖ R

Al nacer en una cultura especial, se adquiere una identidad en la que el mensaje del Evangelio se va arraigando. Cada pueblo y cada cristiano, a lo largo de su vida, profundiza en esta identidad, descubriendo los valores, hábitos y costumbres de la cultura que está de acuerdo con el Evangelio. El valorar la propia cultura no significa división de otros cristianos, sino que puede ser una preciosa manera de enriquecer la vida de la comunidad compartiendo lo mejor que se tiene.

¿Qué valores de tu cultura aprecias más? ¿Qué cosas quisieras que tus hijos valoraran, conservaran y transmitieran a sus propios hijos? ¿Qué valores de otra cultura aprecias también?

San Claudio de la Colombiére

*Educa al muchacho en el buen camino; cuando envejezca no se
apartará de él.*
—Proverbios 22:6

Claudio de la Colombiére nació en una familia acomodada francesa en el siglo XVII. Era un joven sensible y muy inteligente. Mientras estudiaba Filosofía, sintió la llamada a entrar en la Compañía de Jesús. Destacado por su capacidad intelectual, sus dotes de orador y su profundidad espiritual, tuvo varios cargos en la Compañía en Francia, y también fue a Inglaterra, donde enfermó y además fue acusado de papista y expulsado del país. A su regreso a Francia, la enfermedad fue minando sus fuerzas hasta que falleció.

Su gran legado son sus escritos espirituales y el acompañamiento y dirección espiritual de muchos, y en particular de Margarita María de Alacoque, a la que guio y animó en su discernimiento de la devoción al Sagrado Corazón.

☙ ❖ ❧

No muchas personas poseen el don de la dirección espiritual, pero todas pueden ejercer su don de escucha y aumentar su capacidad de escuchar a otros. No es fácil. Muchas personas andan demasiado ocupadas en su propia vida y problemas, y a veces lo que otras personas quieren comunicar no resulta ser de muchísimo interés para quien lo escucha. Sin embargo, la escucha permite ir adentrándose en el corazón de la otra persona: acompañarla en simpatía (sintiendo con) y solidaridad, ayudarla a sentir y comprender el amor de Dios para con ella. Es una gran labor evangelizadora.

*¿Cómo ejercitas la escucha? ¿A quién tendrías que escuchar hoy? ¿Quién te gustaría
que te escuchara a ti?*

San Onésimo

Te suplico en favor de un hijo mío, que engendré en la prisión: Onésimo, antes
él no te prestó ninguna utilidad, pero ahora será de gran provecho para
ti y para mí.
—Filemón 10—11

Onésimo era un esclavo de Filemón que había huido después de robarle a su amo y a quien Pablo había ayudado en su conversión al cristianismo. Filemón, un líder de la comunidad cristiana, escuchó la petición de Pablo, perdonó a su esclavo convertido y lo puso en libertad.

Onésimo predicó el Evangelio y fue obispo de Éfeso. Murió dilapidado en la persecución contra los cristianos.

❧ ❖ ☙

Aunque la esclavitud ya no sea legal, hoy día sigue habiendo muchos tipos de esclavitud y dependencias. Hay personas que tienen adicciones al alcohol, a las drogas, a los videojuegos o ¡incluso al trabajo! Hay también malas costumbres que a veces parecen esclavizar y atar a las personas. Cuando se cede a las adicciones, se confiesa de hecho que hay dioses sobre el Dios verdadero. Hay también esclavitudes de relaciones que se van imponiendo sutilmente. En algunas familias y amistades domina una persona, y las otras tienen que avenirse a lo que diga y decida quien está en control. Todo esto está contra de la voluntad de Dios, que quiere personas libres para hacer su voluntad, que es de amor.

De nuestras malas costumbres y egoísmos. . . libéranos, Señor.
De las adicciones y los pequeños ídolos que nos creamos. . . libéranos, Señor.
Del control que a veces quisiéramos imponer sobre otros. . . libéranos, Señor.
Haznos libres, Señor, para vivir en tu amor.

Santos fundadores de la orden de los servitas

Cada uno de nosotros recibió su propio don, en la medida que Cristo los ha distribuido [. . .] Así preparó a los suyos para los trabajos del ministerio, para construir el cuerpo de Cristo.

—Efesios 4:7, 12

En el siglo XIII, en Florencia, Italia, siete jóvenes amigos, hombres de negocios acomodados, se reunían con frecuencia para hablar de su devoción a María y orar juntos. Poco a poco, descubrieron que Dios los estaba llamando a la vida religiosa y decidieron vivir en comunidad. Adoptaron una regla de oración y trabajo estricta. Pronto se les unieron otros jóvenes, reconociendo su vida virtuosa y sus buenas obras en favor de los necesitados. Su carisma fue el amor a la soledad y el ejercicio del apostolado, propagando la devoción a la Virgen. Hoy día la orden de los servitas se ha extendido por todo el mundo y continúa su labor en un espíritu de familia y apertura a todos.

☙ ❖ ❧

La virtud, la bondad y la fe normalmente se viven en medio de una comunidad de intereses comunes. Los miembros se animan unos a otros, se sostienen en la fe, se desafían a ser mejores, se dan ejemplo, se levantan cuando caen y se ayudan en momentos difíciles y en momentos alegres. Nadie camina solo. Todos son responsables de todos, y todos responden a sus acciones ante los demás. Es un estímulo para vivir una buena vida y a estar más cerca de Dios.

¿Qué personas de tu alrededor te ayudan en tu vida de fe? ¿A quiénes ayudas tú con tu ejemplo, tu oración y tu solidaridad?

San Simeón

Vale más un día en tu atrio que mil en mi casa; prefiero el umbral de la casa de Dios a morar en la tienda del malvado.

—Salmo 84:10

Simeón era uno de los parientes de Jesús, hijo de Cleofás y sobrino de María, la madre de Jesús. A la muerte de Santiago el Menor, los apóstoles se reunieron para elegir sucesor y completar los doce, y eligieron a Simeón.

En el año 66 la ciudad de Jerusalén estaba amenazada y los cristianos se refugiaron con Simeón en la pequeña ciudad de Pela. Regresaron después de la destrucción de Jerusalén, y la comunidad cristiana floreció y se extendió rápidamente. Simeón pudo escapar de las persecuciones de Vespasiano y Domiciano, pero durante la de Trajano fue denunciado y torturado, a pesar de que ya tenía ciento veinte años.

❧ ✣ ☙

Siempre queremos pasar tiempo con quienes amamos. Todos los días de la vida parecen pocos para estar con esas personas. Pero a veces, las dificultades se entremeten y hay tentación de ser infiel. Para seguir viviendo en el amor, hace falta perseverancia y paciencia. Para Simeón, era la persona de Cristo, con quien anhelaba estar todos los días de su larguísima vida. . . y toda la eternidad.

Estar contigo, Señor, es buscar el bien y lo que te agrada, hacer el bien a los demás, transmitir tu verdad y tu amor, hacer la justicia, proteger a nuestros seres queridos. Déjanos siempre quedarnos en tu casa, Señor. Es mejor que estar alejados mil años. Danos la gracia de ser perseverantes en medio de la dificultad y fieles a las personas queridas. Amén.

San Auxilio

Anunciar la Buena Noticia no es para mí motivo de orgullo, sino una obligación a la que no puedo renunciar [...]
—1 Corintios 9:16

Auxilio había nacido de padres paganos en Roma. Era de carácter bondadoso y honesto. Su padre quería asegurarle una buena posición y le buscaba un matrimonio ventajoso. Pero Auxilio deseaba secretamente ser cristiano y marchó a Chipre. Allí se encontró con Juan Marcos, discípulo de Pablo, quien lo bautizó, le enseñó a predicar y lo preparó para su ordenación como sacerdote y luego obispo, siendo el primer obispo de Chipre.

Con su palabra y su testimonio, convirtió a muchos a Cristo y formó una comunidad cristiana floreciente.

෩ ✦ ෨

Buscar un futuro brillante no es una cosa mala en sí misma. Tampoco es condenable que los padres deseen ese futuro para sus hijos. Pero en último término, lo único que puede hacer feliz a la persona es seguir su propia vocación, su llamada a hacer lo que Dios sueña para ella. Auxilio así lo entendió y buscó esa luz que parecía tener dentro. Y, una alegría muy grande no se puede guardar para uno mismo, así que hay que transmitirla, comunicarla y compartirla. Auxilio conoció una felicidad que no le podían dar las riquezas ni una posición aventajada. Y se dedicó a comunicarla con todas sus fuerzas.

¿Qué cosas me dan alegría? ¿Cómo las comunico? ¿De qué manera las comparto y las celebro? ¿Cómo respeto y animo la vocación que puedan tener mis hijos incluso si no es lo que yo había soñado?

Santos Jacinta y Francisco

"Dejen que los niños se acerquen a mí; no se lo impidan, porque el reino de Dios pertenece a los que son como ellos".
—Marcos 10:14

Francisco y Jacinta, dos hermanos pastores en la pequeña aldea de Aljustrel, Portugal, tuvieron la gracia de recibir, con su prima Lucía, las apariciones de la Virgen periódicamente durante varios meses en 1917. Francisco era de carácter noble y profundo, de gran oración. Murió con solo once años de edad. Jacinta, alegre, despierta y sensible, tenía pasión por transmitir al mundo lo que la Virgen de Fátima les había pedido. Murió cuando apenas contaba diez años.

Su testimonio sencillo y transparente ha conmovido al mundo, y poco a poco se han ido desvelando los secretos de Fátima. Pero sobre todo su legado es la intensa devoción a María y la práctica del rezo del Rosario, que tanto bien hace en la Iglesia, en la contemplación de los misterios de Cristo.

❧ ✦ ☙

Alguien dijo una vez que las almas más grandes suelen ser las más sencillas. Algo así como decir que de los más pequeños, de los niños, de las personas sencillas, es el Reino de los cielos. Y es porque todavía no se han contaminado con las complicaciones de relaciones de poder o de ambición, y porque no se han enredado en suspicacias, recelos o tentaciones de ser los más altos, ni en la competitividad con otros para alcanzar puestos, prestigio o privilegios. Con la sencillez, se ve directamente a Dios y se cumple humilde y generosamente la misión que cada uno tiene en la vida. Y eso es lo que más agrada a Dios.

San Severiano

Hermanos, en nombre de nuestro Señor Jesucristo, les ruego que se pongan de acuerdo y que no haya divisiones entre ustedes, sino que vivan en perfecta armonía de pensamiento y opinión.

—1 Corintios 1:10

Severiano, obispo de Escitópolis, en el valle del Jordán, vivió en el siglo V en medio de tensiones. Se estaba propagando rápidamente una herejía que negaba que Jesucristo tuviera naturaleza humana y divina, y se convocó el IV Concilio Ecuménico de Calcedonia. Pero había muchas divisiones incluso entre los obispos y cristianos de diversas opiniones y tendencias. La mayoría de los monjes palestinos aceptaron la doctrina del Concilio, pero Teodosio desató una terrible persecución contra los que se mantuvieron fieles a la autoridad de la Iglesia. Severiano fue mártir de tal persecución.

☙ ❖ ❧

En las familias, en las sociedades y en toda comunidad, siempre hay ciertas diferencias de opinión. Se puede discutir y dialogar, pero es importante luchar por la unidad, porque las divisiones hieren y rompen relaciones, y hacen mucho daño. Pueden romper familias y comunidades enteras. ¿Cómo se lucha por la unidad? Escuchando con apertura y respeto, suave y firmemente a la vez, manteniendo la verdad, la bondad y la justicia por encima de todo.

Señor Jesús, tú pediste al Padre que todos fueran uno, como tú eres uno con el Padre. Que el orgullo y la obstinación no obstaculicen el camino de la unidad que debemos preservar dentro de la familia y de la Iglesia. Que mantengamos tu verdad, pero con mansedumbre y dulzura. Condúcenos, Señor, a ti, en la unidad: Un solo Señor, una sola fe, un solo Dios y Padre. Amén.

Santa Margarita de Cortona

Pero ahora —oráculo del Señor—, conviértanse a mí de todo corazón [. . .]
conviértanse al Señor su Dios; que es compasivo y clemente.
—Joel 2:12

Margarita, italiana del siglo XIII, tuvo una primera infancia feliz. Pero cuando quedó huérfana de madre a los siete años, la nueva esposa de su padre le hizo la vida imposible. No sintiéndose querida, Margarita se dejó conquistar por un rico agricultor que le prometió matrimonio y la llevó a vivir con él. Tuvieron un hijo pero nunca se casaron. Margarita vivió algunos años de lujo, pero siempre con la conciencia de que no estaba en el recto camino. Para acallar su conciencia, se dedicaba a repartir limosnas entre los pobres. Nunca estuvo tranquila con su vida y, cuando su pareja murió a manos de unos maleantes, Margarita devolvió todos los bienes a la familia de su pareja y decidió acudir a los franciscanos de Cortona. Dos buenas mujeres la ayudaron y se encargaron de la educación de su hijo, que más tarde sería franciscano. Margarita hizo penitencia por su pecado, y dedicó sus fuerzas a pensar en el amor de Dios para ella. Fue terciaria franciscana, posición de religiosa seglar, y fundó un hospital de caridad en la ciudad de Cortona.

‟❖⁓

Hay situaciones en la vida que pueden resultar cómodas materialmente e incluso envidiables. Pero a veces, en medio de ese lujo o vida acomodada, la persona siente en el interior un profundo vacío. Para Margarita, el camino de regreso a Dios no fue fácil, pero siempre deseado. Al fin, encontró la misericordia de Dios que siempre la esperaba.

San Policarpo

Por esta causa padezco estas cosas, pero no me siento fracasado, porque sé en quién he puesto mi confianza y estoy convencido de que puede custodiar el bien que me ha encomendado hasta el último día.

—2 Timoteo 1:12

Era el año 155 y Policarpo, obispo de Esmirna, había ya cumplido los ochenta y seis años de edad. Había sido discípulo de Juan y había escuchado el testimonio de los más cercanos a Jesús. Había escrito una bella carta a los cristianos de Filipos, pero era más que nada un hombre de gobierno y no pretendía ser mártir. Cuando la persecución del emperador romano lo arrestó, se mantuvo firme diciendo: "En ochenta y seis años, el Señor no me ha fallado. ¿Cómo voy a negarlo yo ahora a él?". Murió en la hoguera, dando gracias a Dios por haberle permitido dar su vida por él.

෫ ❖ ౧

Poder confiar totalmente en alguien es una experiencia magnífica. Está en el núcleo de la amistad. Los amigos se conocen bien mutuamente, con todo lo positivo y todos los fallos, y a pesar de tales fallos, se mantienen fieles. La confianza da descanso, seguridad y fortaleza. Los buenos matrimonios tienen confianza plena el uno en el otro. Policarpo tenía esa total confianza en Cristo, que en tantos años le había sido fiel. Con esa confianza, podía ir al martirio.

¿En quién confías? ¿Quién puede confiar en ti? ¿Qué experiencia de fidelidad tienes?

San Etelberto de Kent

Cristo nos ha liberado para ser libres; manténganse firmes y no se dejen
atrapar de nuevo en el yugo de la esclavitud.
—Gálatas 5:1

Etelberto, un rey inglés del siglo VI, contrajo matrimonio con Berta, joven de la nobleza francesa cristiana. Aunque él mismo no era cristiano, Etelberto permitía a Berta practicar su religión libremente. Poco a poco, fue sintiéndose atraído por las virtudes cristianas que demostraba su esposa y se acercó al cristianismo, pero no se convirtió hasta que conoció a san Agustín.

Como rey, Etelberto propagó el cristianismo, favoreciendo la predicación de los misioneros y edificando iglesias y monasterios, pero nunca impuso la fe a sus súbditos. Hubo innumerables conversiones en el reino. Murió después de 56 años de reinado.

❧ ✤ ❧

Siempre es más persuasivo el escuchar y respetar que el tratar de imponer. Esto ocurre muchas veces en las familias: mostrar el camino, demostrando respeto hacia los más jóvenes a menudo los anima a hacer las cosas bien más que el tratar de imponer leyes y reglas. Ciertamente, tiene que haber algunas reglas en el hogar, pero siempre será mejor que los miembros de la familia las acepten y practiquen libremente, en lugar de por temor al castigo. El demostrar confianza conduce a relaciones sanas, basadas en verdad y sin temores.

Señor Jesús, tu entrega por nosotros nos ha dado la libertad para que, sin temores,
podamos hacer el bien y seguir el camino recto. Concédenos tu gracia en todo
momento para que podamos mantenernos firmes y llevemos a otros por este
camino suave. Te lo pedimos por la gracia infinita de tu redención. Amén.

Santos Luis Versiglia y Calixto Caravario

La vida de los justos está en manos de Dios y no los tocará el tormento. La gente insensata pensaba que morían, consideraba su muerte como una desgracia, y su partida de entre nosotros, como destrucción, pero ellos están en paz.

—Sabiduría 3:1–3

Luis nació en 1873 y se educó en las escuelas de san Juan Bosco. Cuando asistió a una ceremonia de envío de misioneros, sintió que su vocación era ser salesiano y misionero. Ingresó en la congregación, fue ordenado sacerdote y en 1906 partió hacia China con el primer grupo de salesianos misioneros. Allí fue ordenado obispo. En 1926 empezaron las persecuciones comunistas contra los cristianos en China, y se pretendió expulsarlos del país. En 1930 Luis y Calixto, junto con tres muchachas salesianas, iban hacia un pueblo en misión cuando fueron atrapados por un grupo de piratas. Luis y Calixto trataron de proteger a las jóvenes para que los piratas no abusaran de ellas, pero los fusilaron.

∽ ❖ ∾

Arriesgar la vida, la posición, o las posesiones por otra persona no es nada común. Entra en el campo del heroísmo. Y sin embargo, casi sin darse cuenta, eso es precisamente lo que hacen muchos padres y madres para proteger a sus familias. En cada gesto, por muy pequeño que parezca, de protección hacia otros, quedan ellos en desventaja; sacrifican algo de su propia comodidad, o de su propia comida, o de su propio descanso para beneficiar a otros. No piensan que sea extraordinaria, pero es la heroicidad de lo cotidiano, tan importante como la más grande, porque se hace una y otra y otra vez.

Beata Piedad de la Cruz Ortiz Real

Busquen primero el reino de Dios y su justicia y lo demás lo recibirán por añadidura.
—Mateo 6:33

La quinta de ocho hermanos, Piedad, nacida en España en 1842, sintió su primera llamada a la vida religiosa el mismo día que hizo la Primera Comunión, cuando tenía diez años. Sintió desde aquel momento una profunda cercanía al Corazón de Cristo. Trató varias veces de ingresar a congregaciones religiosas, pero por diversos motivos, no pudo. Hasta que sintió que debía fundar una ella misma.

Después de muchos obstáculos y dificultades debido a diversas circunstancias, Piedad y algunas compañeras lograron ver su sueño en la fundación de la Congregación de Hermanas Salesianas del Sagrado Corazón, dedicada a educar a niñas desamparadas y a atender a los más pobres, enfermos y ancianos. Piedad murió en 1916, y todo el pueblo afirmó que había muerto una santa.

৯০ ❖ ৫৪

Cuando se presentan obstáculos a un proyecto o a un sueño muy querido, a veces la tentación es abandonarlo, pensando que quizá no sea eso lo que quiera Dios. Pero existe un sólido valor en la terquedad fiel que persevera por encima de todo, con el convencimiento de que las cosas se están haciendo para el bien de los demás, más que para el propio. La terquedad fiel no se parece a la obstinación orgullosa, sino que es más bien una profunda confianza en que, lo que se hace por Dios, para Dios y en Dios, se hace. Es la terquedad de Piedad, fiada en el Corazón de Jesús.

Corazón de Jesús, en vos confío, ¡porque creo en vuestro amor para conmigo!

San Gabriel de la Dolorosa

Pero lo que para mí era ganancia lo consideré, por Cristo, pérdida. Más aún, todo lo considero pérdida comparado con el bien supremo de conocer a Cristo Jesús mi Señor [. . .]
—Filipenses 3:7–8

Hijo de un juez y el décimo de trece hermanos, Gabriel nació en Asís, Italia, en 1838. Perdió a su madre cuando apenas tenía cuatro años y su padre se esforzó por darle una buena educación. Era un joven que se enojaba con frecuencia, pero fue poco a poco dominando su carácter. Cuidaba mucho de su aspecto y era alegre; le encantaban las fiestas y bailar. Pero en el fondo de su alma sentía un fuerte vacío. Varias veces, cuando estaba muy enfermo, prometía dejarlo todo y consagrarse a Dios, pero cuando recuperaba, se le olvidaba su propósito, hasta la última y grave enfermedad. Entonces lo dejó todo e ingresó en la Compañía de Jesús. Pero su devoción a la Virgen de los Dolores y a la Pasión del Señor lo llevaron a unirse a los padres pasionistas. Toda la pasión y la fuerza que había puesto anteriormente en divertirse, la puso ahora en su vida religiosa, que no fue muy larga, porque falleció a los seis años de su entrada en ella, en 1862.

☙ ❖ ❧

La experiencia de Gabriel es la de muchos que, al poner todo su esfuerzo, su devoción y su pasión en algo que no es Dios o el bien de los demás, acaban por sentir un tremendo vacío.

¿En qué pongo todo mi esfuerzo? ¿Qué cosas me apasionan? ¿Siento que me llenan, o hay todavía algo que necesita otra respuesta mayor?

Santas Marana y Cira

"Cuando tú vayas a orar, entra en tu habitación, cierra la puerta y reza a tu Padre a escondidas. Y tu Padre, que ve en lo escondido, te lo pagará".
—Mateo 6:6

Eran dos mujeres del siglo V que, a pesar de ser de familia acomodada y haber recibido muy buena educación, lo dejaron todo para vivir una vida de silencio y oración. Como algunas de sus sirvientas querían imitarlas, hicieron construir una pequeña casa para ellas y, por la ventana, las animaban a hacer oración al amor de Dios. Marana y Cira solo rompían el silencio para hablar durante el Tiempo Pascual con las mujeres que iban a visitarlas. En cuarenta y un años, solo salieron una vez para hacer una peregrinación a la Tierra Santa. El obispo Teodoreto de Ciro escribió su biografía, admirando su enorme fortaleza espiritual.

₞❖₡

En nuestros tiempos el silencio es raro. Se llenan las horas y los minutos con ruidos, conversaciones, chats por internet o teléfono y actividad frenética. Marana y Cira posiblemente no sean imitables en nuestros días, pero la práctica de momentos de silencio podría poner algo de serenidad a la agitación de la vida. En ese silencio a menudo se pueden encontrar verdades sobre la propia persona y sobre Dios.

¿Hago silencio en algún momento del día para escuchar lo que Dios pueda querer decirme? ¿Me resulta difícil el silencio?

San Dosteo

"Las zorras tienen madrigueras, las aves del cielo nidos, pero el Hijo del Hombre no tiene dónde recostar la cabeza".
—Mateo 8:20

Dositeo era un soldado del siglo V. Cuenta la leyenda que un día, en Tierra Santa, vio un cuadro que reflejaba el infierno y tuvo una conversión radical. Dejándolo todo, marchó al desierto y se hizo monje en Gaza.

Vivió una intensa vida de trabajo y oración, completamente desprendido de todo, las personas y en absoluta humildad. Dicen que ni siquiera se aferraba a sus propias herramientas de trabajo. Quienes reseñan su vida comentan que ni siquiera tiene un sitio en el calendario, sino cada cuatro años. . .

છ❖ભ

El ser humano es propenso a tener propiedades y a llamar a las cosas "suyas". Y también busca nombre, prestigio y posiciones. Es importante pensar en el origen de todas esas cosas. Todo lo que una persona es se lo debe a la acción de Dios. Y lo que tiene, se debe, sí, al esfuerzo que pone en ello, pero con los dones, talentos y cualidades recibidas. Además, nada material es duradero ni va a acompañar a la persona a la otra vida. Todo lo material tiene un principio y un fin. Lo verdaderamente importante es el bien que se haga y los frutos de bondad, de misericordia, de amor y de perdón que se dejen.

Dios, Padre de bondad, todo viene de ti y todo regresa a ti. Danos tu gracia para extender tu bondad y concédenos dar frutos de bien y paz. Amén.

Marzo

San Albino

El ayuno que yo quiero es éste: abrir las prisiones injustas, hacer saltar los cerrojos de los cepos, dejar libres a los oprimidos.

—Isaías 58:6

Albino nació en el siglo VI en Francia, en una familia inglesa o irlandesa. A muy temprana edad ingresó en el monasterio y siendo todavía muy joven, fue elegido abad. Su monasterio creció, y bajo su dirección fue un lugar de una gran santidad. Luego Albino fue elegido obispo de Angers y fue un pastor bondadoso e inteligente.

Se le atribuyen muchos milagros, pero quizá lo más importante sea su bondad. Se dice que gastó enormes cantidades en liberar a cautivos de los bárbaros y que, en alguna ocasión, acudió personalmente a liberar a una joven a la que el rey pretendía retener. Luchó además, contra desviaciones en las prácticas de matrimonio de los cristianos.

❧✦❧

Aunque uno de los grandes problemas de nuestra sociedad hoy es el tráfico humano, la mayoría de las personas que trabajan y tienen familias, y no mucho tiempo, no tiene recursos o capacidades, aparte de rezar, para combatir esta terrible plaga. Pero sí se puede trabajar por la libertad de las personas en todo momento. No será contra prisiones físicas, pero quizá sí para liberar a quienes están en la prisión de su adicción, de malas costumbres, de temores, de relaciones complicadas y dependientes, de vicios, o de problemas de inseguridad o resentimientos antiguos. La sanación interna se podría también llamar liberación.

¿Hay algo que puedas hacer hoy por procurar siquiera un poco de libertad para alguien a tu alrededor?

San Simplicio

El Señor, tu Dios, es dentro de ti, un soldado victorioso que goza y se alegra contigo, renovando su amor, se llena de júbilo por ti.
—Sofonías 3:17

No se conoce la fecha del nacimiento del Papa Simplicio, pero sí los años de su pontificado, del año 468 al 483. Su labor sin duda fue compleja, por los conflictos políticos, las migraciones e invasiones, así como los conflictos internos de la Iglesia por las tensiones con los herejes monofisitas, que negaban la naturaleza humana de Jesús y solo admitían la divina. Simplicio luchó por la doctrina correcta, puso orden en las prácticas de algunos clérigos que hacían las cosas según su propia voluntad, construyó iglesias y se mantuvo firme en la fe a pesar de todos los obstáculos.

❧ ✦ ☙

Es a veces difícil ejercer la autoridad. A veces, incluso en las familias, los padres abandonan su autoridad para ser "amigos" de sus hijos y darles todos sus caprichos. Simplicio supo que la autoridad pontificia no se trataba de su propia persona, sino de la verdad de Dios, y se mantuvo firme por el bien del pueblo. Mantenerse firme, impidiendo que las personas que tenemos a nuestro cargo se desvíen o caigan en errores que, a la larga, los llevarán lejos de su camino y de su felicidad, es, a veces, una señal de amor.

Dios, Padre bueno, enséñanos el camino a seguir, para que no andemos por senderos que al final solo nos llevarán lejos de ti. Danos la gracia para saber que la autoridad que tengamos no nos pertenece a nosotros mismos, sino a ti, y que es para el bien de los demás. Amén.

Santa Catalina Drexel

*Y con tu sangre compraste para Dios
hombres de toda raza, lengua, pueblo y nación;
hiciste de ellos el reino de nuestro Dios.*

—Apocalipsis 5:9

Catalina nació en 1858, en Filadelfia, Estado Unidos, en una familia muy rica, pero también muy generosa. Su familia atendía a diversas necesidades en la ciudad y daba grandes donativos a la Iglesia. En 1887, Catalina, preocupada por la necesidad de misioneros en el propio Estados Unidos, pidió al papa en una audiencia que enviara misioneros. El papa le contestó con un desafío: "¿Por qué no tú misma?". Catalina visitó Dakota del Norte y del Sur, e invirtió su fortuna en escuelas para la población nativoamericana. Fundó las Hermanas del Santísimo Sacramento para la atención de las poblaciones nativoamericanas y afroamericanas. Para 1942 tenía toda una red de escuelas católicas en trece estados y la Universidad Xavier en Luisiana, la primera universidad para afroamericanos en el país. Por todo esto, sufrió persecuciones y críticas. Pasó sus últimos años en oración.

❧ ✤ ❧

La obediencia a las llamadas de Dios y la respuesta a las necesidades que se ven alrededor, puede llevar a algunas personas a acciones muy heroicas. Para otras, las llamadas se realizan más cercanamente. Puede ser sencillamente reconocer a la persona de una raza, cultura o idioma distinto, que vive cerca o con quien se cruzan en la calle o en el trabajo, como "otro yo", es decir, con la misma dignidad humana, de hijos de Dios.

¿Qué trato tengo con personas que no son de mi raza o de mi cultura? ¿Siento temor o recelo ante ellas, o una relación abierta y cordial, de iguales?

San Casimiro

Me acercaré al altar de Dios, al Dios, gozo de mi vida.
—Salmo 43:4

Casimiro nació en 1458 en Cracovia. Era el tercero de los trece hijos de Casimiro, rey de Polonia. Recibió una buena educación católica de su madre, Isabel de Austria, así como de dos excelentes maestros. Se dice que el mayor deseo del príncipe Casimiro era agradar a Dios, y pasaba mucho tiempo meditando en la Pasión de Cristo. Durante el día se ocupaba de los asuntos de gobierno de Polonia y por la noche se dedicaba a la adoración. Era muy amigo de los pobres y repartía no solo sus bienes materiales, sino también su tiempo y su influencia en beneficio de ellos. Tenía el valor de advertir a su padre cuando veía que se cometían injusticias contra los pobres, y el rey le escuchaba. Murió cuando solo tenía veintiséis años.

ℿ❖⅔

Puede parecer a veces que el compartir se refiere simplemente, a cosas materiales. Sin embargo, el compartir real es mucho más profundo y abarca todo lo que tiene la persona: cosas materiales, tiempo, talentos, sabiduría. En el caso de Casimiro, el compartir comprometía toda su vida, sus posesiones, y todo lo que era, animado por las exigencias de verdad y justicia de su fe.

¿Tengo el valor de defender la justicia y los intereses de otros cuando los veo amenazados? ¿Tengo la humildad y la apertura de escuchar la verdad de labios de quienes son más jóvenes o menos experimentados que yo?

San Adrián

Vístanse la armadura de Dios [...] tomen las armas de Dios para poder resistir el día funesto [...]
—Efesios 6:11, 13

Adrián era un oficial de la guardia del emperador romano Galerio en el siglo IV. Se dice que un día contempló el martirio de veintidós cristianos y sufrió una impresión tan grande, que decidió dejar las armas y se declaró cristiano. Fue inmediatamente encarcelado. Su esposa Natalia, que era cristiana en secreto, lo animó a él y a sus compañeros prisioneros. Natalia luego llevó los restos de su esposo a Constantinopla donde los cristianos veneraron su tumba.

ഔ ✤ ൚

Más que cualquier palabra, es el testimonio lo que arrastra. El ver a alguien mantenerse firme y fiel pase lo que pase, es un estímulo para vivir según la llamada de Dios. Y arrastra hasta llegar a convertirse en una especie de arma. Si los protagonistas han podido hacerlo, sus testigos también tendrán la fuerza de resistir. Son las armas de Dios que utiliza a sus fieles amigos para llevar el mensaje a otros. Todos recordamos seguramente a alguien cuya vida, por así decir, nos arrastra al bien y cuyo recuerdo anima a mantenerse en el camino recto. Pudo ser una abuelita, un familiar cercano, un maestro o una maestra, o una buena amistad.

Señor Jesús, tu vida, tu obra y tu palabra es la fuerza de nuestra vida. Sigue siendo nuestra muralla, nuestro escudo, cuando las tentaciones que nos vienen de todos los lados podrían llevarnos a apartarnos de ti. Guárdanos en tu fuerza cuando las dificultades y los problemas nos quieran desanimar y apartar de tu verdad. Te lo pedimos apoyados en ti, nuestra roca. Amén.

6 DE MARZO

Santa María de la Providencia

Miren cómo crecen los lirios, sin trabajar ni hilar. Les aseguro que ni Salomón, en el esplendor de su gloria, se vistió como uno de ellos.

—Lucas 12:27

María Eugenia Snet nació en Francia en 1825. Desde muy joven fue muy dedicada a los pobres. Se dice que cocinaba grandes ollas de comida para repartir entre los desamparados y que hacía rifas y toda clase de actividades para recolectar dinero para las misiones. También era muy voluntariosa y no le era fácil escuchar consejos. En 1855, por consejo del cura de Ars, fundó la Congregación de Auxiliadoras de las Almas del Purgatorio, pero no progresaba por la terquedad de María. Con ayuda de un sabio confesor jesuita, María pudo poco a poco dominar su carácter y aprendió a escuchar. Su obra se extendió por varios lugares de Francia y luego envió las primeras religiosas a China. Hoy día la congregación tiene ciento diecinueve casas por todo el mundo.

Las personas con grandes convencimientos y grandes capacidades intelectuales a veces encuentran difícil escuchar a los demás, porque, como tienen una gran luz, enseguida ven el posible fallo en su pensamiento y no pueden aceptar sus palabras. La Providencia que guio a María Eugenia la abrió a la escucha.

Señor, tú siempre pones luz en nuestro camino. Danos un corazón abierto y dispuesto a escuchar que sepa discernir en las voces de las personas de nuestro alrededor tu voluntad y tu amor para con nosotros. Que, con esa confianza, te demos siempre gracias y gloria a ti, por los siglos de los siglos.

Santas Perpetua y Felicidad

Yo, prisionero por el Señor, los exhorto a vivir de acuerdo con la vocación que han recibido.

—Efesios 4:1

Perpetua era una joven madre de Cartago de familia rica. Felicidad era su sirvienta, y ambas se preparaban para recibir el Bautismo bajo la dirección del catequista Sáturo. Durante la persecución del emperador Severo, Perpetua estaba teniendo una oración en su casa cuando entraron los soldados del emperador y se la llevaron presa con Felicidad y varios siervos más. Sáturo no fue apresado, pero se presentó voluntariamente. Perpetua tenía un niño pequeño y Felicidad estaba embarazada. El padre de Perpetua le rogaba que renunciara a la fe cristiana, por su familia y por su hijo. Ella respondió que no podía negar su identidad cristiana. Los cristianos oraron para que Felicidad diera a luz rápidamente con el fin de que no mataran a la criatura y la adoptaron como hija cuando murió Felicidad.

❧ ✤ ☙

Hay muchas maneras de negar la identidad. Quienes permiten que su identidad sea aplastada están, de alguna manera, negando la imagen de Dios en ellos. Apartarse de la verdad para buscar el propio beneficio es otra manera de negar la identidad. Pretender ser más de lo que se es —o menos de lo que Dios ha dado a la persona— es también una forma de negar la propia identidad. Es decir, vivir de una manera distinta a la vocación a la que Dios llama, que es una vida de verdad, de bondad y de inmensa dignidad.

¿De qué maneras se pisotea hoy día la dignidad de las personas?

8 DE MARZO

San Juan de Dios

Porque la locura de Dios es más sabia que la sabiduría de los hombres y la debilidad de Dios más fuerte que la fortaleza de los hombres.

—1 Corintios 1:25

No se sabe exactamente cuándo nació, ni siquiera su apellido, pero este santo portugués del siglo XVI ha sido una gran influencia en el cuidado de la salud que prodiga la Iglesia. Fue soldado por un tiempo y luego se dedicó a vender objetos y libros religiosos por España. Un día, escuchando un sermón de san Juan de Ávila, tuvo una gran conversión y empezó a predicar con grandes voces.

La gente lo tomó por loco y lo internaron en un manicomio, donde Juan se dio cuenta de los sufrimientos de los enfermos mentales, sujetos a enfermeros y cuidadores crueles. Entonces fundó la Congregación de Hermanos Hospitalarios para proporcionar cuidados amorosos a los enfermos más pobres. Hoy día la congregación está extendida por todo el mundo.

A veces la gente se burla o menosprecia a las personas de convencimiento religioso. Pueden parecer "fanáticos" o anticuados, y es posible que los jóvenes católicos se sientan presionados a ocultar su fe para poder encajar en los grupos de sus amigos. Mantenerse en la "sabiduría de Dios" puede resultar difícil y es más fácil no ir contra la corriente. Pero los cristianos están llamados a la heroicidad de confesar su fe siempre que sea necesario.

¿Ha habido momentos en la escuela, en el trabajo o con familiares y amigos, en que te haya dado un poco de vergüenza declararte como creyente? ¿Qué gracia necesitas hoy para tener la valentía de decir tu verdad?

Santa Francisca de Roma

*Sé lo que es vivir en la pobreza y también en la abundancia [. . .] Todo lo puedo
en aquel que me da fuerzas.*
—Filipenses 4:12–13

Francisca nació en Roma en 1384, en tiempos muy difíciles para la Iglesia. Era
de una familia rica y, aunque sentía la llamada a consagrarse por entero a Dios,
obedeció a su padre que le pidió que se casara con un noble. Tuvieron tres
hijos. El estado del matrimonio no le impidió a Francisca seguir dedicándose
a las obras de caridad junto con su cuñada Vanozza. Su esposo y su cuñado
fueron apresados, y la familia cayó en la más profunda pobreza. Entonces
Francisca convirtió su hogar en un hospital. Después fundó una congregación
de mujeres, las Oblatas de Tor Specchi. Murió a los 56 años, después de haber
llevado una vida de oración, servicio a los demás y austeridad. Su fama se
extendió por el pueblo incluso antes de morir.

❧ ✢ ☙

Las circunstancias de la vida pueden cambiar, y muy rápidamente. Francisca
y muchos santos demuestran que no son las circunstancias las que tienen un
efecto sobre la fe y la relación con Dios, sino al revés. La vida bien afincada en
Dios tiene un fuerte impacto en cómo se enfrentan las dificultades, la escasez y
el dolor, y también en cómo se viven tiempos apacibles.

*Señor Dios, todo nos viene de ti. Pero no son las cosas materiales ni las comodidades
que podamos tener lo que nos llena, sino tu presencia, en cualquier momento, en
cualquier lugar. Quédate con nosotros, Señor.*

Santos cuarenta mártires de Sebaste

Fríos y heladas, bendigan al Señor, canten en su honor eternamente.
—Daniel 3:67

Estos cuarenta hombres eran soldados, y durante la persecución de Licinio en el siglo IV, dejaron las armas y se convirtieron al cristianismo. Los cuarenta soldados fueron condenados a estar desnudos durante muchas horas sobre una laguna helada cerca de Sebaste, en Turquía. Uno de ellos abjuró de la fe y fue a meterse en agua caliente, donde sin embargo murió por la reacción térmica. Uno de los guardias vio una luz brillante sobre los treinta y nueve hombres de la laguna y, dejando sus vestiduras y sus armas, profesó la fe cristiana y fue a morir con ellos. Después de tres días y tres noches, algunos habían muerto congelados y quienes estaban aún vivos fueron arrojados a las llamas. Sus cenizas se repartieron como reliquias por todo el mundo cristiano.

☙ ❖ ❧

Hoy día, seguramente la mayoría de los cristianos en nuestros países no tengan que sufrir torturas tan fuertes como las de los mártires de Sebaste. Pero el frío viene de muchas maneras: del aislamiento de personas con las que se pensaba que había una cálida relación, de la indiferencia de otros al sufrimiento, de la soledad que pueden experimentar algunos ancianos y enfermos, de no tener techo. . . todas esas son maneras de pasar mucho frío. En medio de esa soledad o ese frío, los cristianos pueden despedir esa luz de la gloria de Dios y llamar a otros a la fe y a la relación con Cristo.

¿Conoces a personas que estén "pasando frío" a tu alrededor? ¿Qué puedes hacer?

San Sofronio

Pidan la paz para Jerusalén: vivan tranquilos los que te aman; haya paz en tus murallas, tranquilidad en tus palacios.

—Salmo 122:6–7

Sofronio es un santo del siglo VII, nacido en Tierra Santa. De niño estudió muchísimo, llegando a tener el sobrenombre de "sofista", es decir, muy sabio. Fue muy amigo de un famoso ermitaño y escritor, Juan Mosco, con quien viajó por Oriente Medio. A su retorno a Palestina fue nombrado patriarca de Jerusalén y tuvo que enfrentarse a la herejía monofisita, que negaba la naturaleza humana de Jesús. Fue tal su determinación que pasó diez años en Roma hasta que el papa decidió condenar esa herejía.

Más tarde, las invasiones de los sarracenos convirtieron muchas iglesias en mezquitas, pero Sofronio defendió bien Jerusalén y el Santo Sepulcro nunca pasó a manos musulmanas.

ଧୠ ❖ ୠଧ

A veces la obstinación no tiene más objeto que defender lo propio: ideas, posesiones, posiciones o avances personales. En el caso de Sofronio, sin embargo, se trataba de algo mucho más grande que su propia persona, y era la obstinación de defender las verdades sagradas y los lugares sagrados frente a poderes políticos o eclesiásticos. Se dice mucho que hay que elegir las batallas que se pueden ganar, y a veces después de un tiempo puede uno darse por vencido, pero nada debería ser más digno de defensa que lo que se consideran las verdades de la fe. Merece la pena luchar esas batallas.

Dios, Padre santo, danos tu luz y tu gracia para defender tu verdad en todo momento y ante quienes debamos. Que tu mano fuerte nos sostenga para luchar por ella y por la paz. Amén.

San Luis Orione

Hijitos, no amemos de palabra y con la boca, sino con obras y de verdad.
—1 Juan 3:18

San Luis Orione nació al norte de Italia en 1872, en una familia muy pobre. Desde muy pequeño quiso ser sacerdote e intentó ingresar en los franciscanos y luego en los salesianos, pero, por motivos de salud, no pudo continuar. Entró entonces en el seminario diocesano y, con solo veintiún años de edad, fundó un primer hogar para la educación de niños pobres. Ese sería el comienzo de la Congregación de la Divina Providencia.

A través de la congregación fundó hogares para discapacitados, centros para niños abandonados y en riesgo, escuelas, parroquias y misiones. Murió en 1940. Sus últimas palabras fueron: "Jesús, Jesús, Jesús, voy".

∽ ❖ ∾

Los emigrantes saben bien lo que supone dejar hogar, casa, patria y todo lo que se tiene por el bien de la familia. Lo hacen con sacrificio y dolor, pero sabiendo que es por un mejor futuro. Se trata de vivir para otros, de vivir con sacrificio y dolor, pero pensando no en el propio futuro, sino en el de los demás; no en el propio hogar, sino en el hogar que otros no tienen y que necesitan; no en la propia patria, sino en todas las patrias donde las personas esperan una buena noticia de salvación y ayuda. El vivir para otros siempre es posible y se hace constantemente en las familias. Supone salir de la propia patria o comodidad interior, de la preocupación por el futuro propio.

¿De qué preocupación o auto-centramiento puedes salir hoy para extender una buena noticia a otros?

Santa Eufrasia

Por tanto, mira, voy a seducirla, la llevaré al desierto, le hablaré al corazón.
—Oseas 2:16

Eufrasia nació en 380 en Constantinopla y era pariente del emperador Teodosio. Al morir su padre, Teodosio la prometió en matrimonio. Pronto, la madre de Eufrasia, que se veía acosada por muchos pretendientes, escapó a un monasterio llevando consigo a su hija. La pequeña Eufrasia, de siete años, se sintió muy atraída por la vida del monasterio. Su madre la encomendó entonces a la abadesa y allí pasaría Eufrasia el resto de su corta vida. Murió a los treinta años. Al cumplir la mayoría de edad, Teodosio le reclamó su promesa, pero Eufrasia le mandó decir que vendiera todas las posesiones que ella había heredado y las entregara a los pobres, y que liberara a todos los esclavos. Ella ya había encontrado su camino.

ᔖ ✣ ᔕ

Un futuro de lujo y nobleza a veces es muy poca cosa para algunas personas. Necesitan algo que les llene totalmente. Eufrasia solo aspiraba al tesoro de quien le había hablado al corazón. Cada persona, en la profundidad de su conversación con Dios llega a saber dónde está su felicidad, que es su vocación. El secreto está en saber escuchar eso por encima de todos los reclamos de la sociedad, las presiones de las amistades, la tentación a una vida cómoda. Lo más secreto está dentro del corazón e instintivamente se sabe que es lo importante.

¿Dónde busco mi felicidad?

Santa Matilde

Que se postren ante él todos los reyes y que todos los pueblos te sirvan.
—Salmo 72:11

Matilde nació en Alemania en 898. Se casó con Enrique, duque de Sajonia, y tuvo un matrimonio muy feliz, con cinco hijos. Cuando Enrique fue coronado rey, Matilde siguió la misma vida de servicios de caridad y atención a los pobres que había llevado anteriormente, con el consentimiento y alegría de Enrique que veía tanta bondad en ella. A la muerte de Enrique, dos de sus hijos se disputaban el trono y uno de ellos exilió a su madre. Matilde oró por la reconciliación de sus hijos, que se logró al fin.

Su generosidad, criticada por sus hijos, al fin dio un ejemplo tan vivo de amor y de multiplicación de bendiciones, que sus hijos se convirtieron a la fe.

❧ ✦ ☙

Nada duele tanto a una madre como la desunión y las disputas entre hijos. Para cualquier madre, el ideal de felicidad es tener a los hijos a su lado, en paz y armonía. No siempre ocurre, sin embargo, y es la madre la que tiene que hacer de mediadora, reconciliadora y puente, aunque en el proceso ella sea la que tiene que sufrir y perder. Nada importa, con tal de ver a los hijos regresar al camino recto y de la paz.

María, mira a tus hijos dispersos por el mundo y no siempre en paz. Señora de la Paz, intercede ante el Señor para que todos vuelvan su mirada a él, busquen la paz y traigan la paz al mundo. Bajo tu amparo nos acogemos, santa Madre de Dios.

San Longinos

Un soldado le abrió el costado con una lanza. Enseguida brotó sangre y agua.
—Juan 19:34

Se dice que fue Longinos el centurión que abrió el costado de Jesús en la cruz, y también que fue él quien dijo: "Realmente este era Hijo de Dios". Abandonó la carrera de soldado y fue monje en Cesarea, donde predicó y dio testimonio de Cristo.

Cayó en manos de los perseguidores, quienes lo torturaron, pero tan pronto como fue ejecutado Longinos, el propio gobernador se arrepintió y siguió a Cristo.

ঔ❖ಐ

Aunque el nombre de Longinos no aparece en el Evangelio ni en los apócrifos, la Iglesia siempre ha venerado a este santo por su participación en la Pasión y por su testimonio de Cristo hasta la muerte. En él se encuentran resumidos todos los que, en el momento de la Pasión de Cristo y en los años siguientes, tuvieron la visión de la verdadera identidad de Cristo y lo siguieron sin tardanza. Los católicos también han visto en esta escena del costado traspasado de Jesús una manifestación del nacimiento de la Iglesia y del inmenso amor del Corazón de Jesús.

Dice la oración de santo Tomás Aquino:
Alma de Cristo, santifícame. Cuerpo de Cristo, sálvame. Sangre de Cristo, embriágame. Pasión de Cristo, confórtame. Oh buen Jesús, óyeme. Dentro de tus llagas, escóndeme. Y no permitas que jamás me separe de ti. Del maligno enemigo, defiéndeme. En la hora de la muerte, llámame, y mándame ir a ti, para que con tus santos te alabe por los siglos de los siglos. Amén.

San José del Rosario Brochero

*Jesús recorría toda Galilea enseñando en las sinagogas, proclamando la
Buena Noticia del reino y sanando entre el pueblo toda clase de enfermedades
y dolencias. [. . .] le traían a todos los que padecían diversas enfermedades.*
—Mateo 4:23–24

Nació en 1840 en Argentina, de una familia muy cristiana. Pronto entró en el seminario y fue ordenado sacerdote en 1866. Fue nombrado prefecto de estudios del seminario y luego vicario de una zona pastoral amplísima y pobre, sin carreteras, escuelas ni hospitales. José se entregó totalmente al pueblo, logrando edificar escuelas y atender al pueblo tanto espiritual como socialmente. En la ciudad se desató una epidemia de cólera y el "cura Brochero" atendió a todos los enfermos que pudo, corriendo de uno a otro, administrando los sacramentos y ofreciendo palabras de consuelo. Murió en 1914, ciego y víctima de la lepra que contrajo visitando a los enfermos.

∞ ❖ ∞

La persona humana es una totalidad. El cuidado pastoral en el estilo de Jesús, atiende a la totalidad de la persona. Es fácil, a veces, irse por el camino de la espiritualidad, o el de la materia, pero la Encarnación de Cristo da el modelo total: se hizo hombre, Dios y hombre al mismo tiempo. Y enseña a atender y a servir a toda la persona. Esa es la razón por la que, en todos los tiempos, la Iglesia ha abierto escuelas, hospitales y refugios al mismo tiempo que iglesias y lugares de culto. Y siempre ha habido pastores que han decidido unir su suerte a la del pueblo.

*¿Qué te parece más importante en la vida cristiana, orar o servir? ¿Cómo podrías
armonizar las dos cosas en tu propia vida?*

San Patricio

Porque no está lejos de ninguno de nosotros, ya que en él vivimos, y nos
movemos y existimos [...]
—Hechos 17:27–28

No se sabe exactamente la fecha del nacimiento de Patricio, pero debió ser en la segunda mitad del siglo IV, en Britania. Era hijo de un diácono cristiano, que también ocupaba un alto cargo civil. Durante una invasión de piratas desde Escocia, Patricio fue hecho esclavo y conducido a Irlanda. Cuando al fin pudo escapar, sintió la llamada a evangelizar aquellas tierras irlandesas y regresó. Predicó con gran éxito, llevando a toda la tierra irlandesa al cristianismo. Fue obispo de Irlanda, y es conocido por su enorme amor a Cristo y sus sencillas explicaciones sobre la Trinidad. Es famosa su oración: "Cristo delante, detrás, arriba, abajo...".

℘ ✦ ℘

El enamoramiento con frecuencia llega a desear ser una única persona con el amado o amada. Parece que la persona no pudiera vivir, ni moverse, ni hacer nada si le falta el amor de su vida. Para Patricio, ese amor se centraba en Cristo, en vivir en él, con él, para él, totalmente rodeado e inmerso en él. Es el modelo de amor de un matrimonio ideal, y también el modelo de amor de un cristiano hacia Cristo.

Señor, como Patricio, permítenos vivir de tal manera en tu amor, que no deseemos
cosa alguna con más fuerza que estar en ti, contigo. Que en el corazón de los que
amemos y de quienes nos aman estés siempre tú. Que te veamos en amigos y en
extraños. Amén.

San Cirilo de Jerusalén

Tú eres el Mesías, el Hijo de Dios vivo.
—Mateo 16:16

Cirilo nació cerca de Jerusalén, hacia el año 315. Recibió una buena educación cristiana y fue ordenado sacerdote y luego nombrado obispo de Jerusalén. De carácter suave y reconciliador, estuvo implicado sin embargo en muchas controversias con arrianos, a los cuales fue afín por un tiempo. Los arrianos negaban la divinidad de Cristo, y Cirilo reconoció su equivocación. Fue acusado falsamente por sus enemigos de diversos escándalos. Fue desterrado tres veces y murió hacia el 386, siendo reconocido como un gran conciliador.

Su gran obra fueron las catequesis que escribió para quienes iban a ser bautizados y recibidos en la Iglesia, en las que explica los sacramentos y el Credo paso a paso. Hace hincapié especialmente en la presencia sacramental de Cristo en la Eucaristía, así como en la verdadera naturaleza divina de Cristo. Son catequesis muy sencillas y accesibles.

☙ ❖ ❧

En medio de distintas teorías, filosofías y creencias, a veces resulta difícil tener claridad sobre lo que se cree. El propio Cirilo se debatió en ocasiones entre las diversas creencias acerca de la naturaleza de Cristo. Pero supo escuchar, dialogar y estar abierto, y tuvo la humildad de reconocer cuando estaba equivocado y de perdonar incluso a quienes lo perseguían y le hacían el mal.

¿Cómo trato de reconciliar distintas opiniones o divisiones dentro de mi familia? ¿Escucho los puntos de vista de los demás para tener claridad sobre mis propias creencias? ¿Perdono cuando alguien me ofende con su rigidez?

San José

José, hijo de David, no temas recibir a María como esposa tuya, pues la criatura que espera es obra del Espíritu Santo.

—Mateo 1:20

No hay palabras de José registradas en el Evangelio, pero hay algunas referencias a sus actos que ofrecen un buen perfil de lo que debió ser el esposo de María. Se dice de él que era carpintero, es decir, un trabajador. También que era un hombre justo, que protegió a María durante su embarazo y en la huida a Egipto y que vivió una enorme angustia cuando Jesús se quedó rezagado en el templo de Jerusalén. Asimismo, se deduce que era bastante conocido por todos, ya que durante la vida pública de Jesús la gente se preguntaba de dónde venía la sabiduría de Jesús siendo el "hijo del carpintero".

෴ ❖ ෴

En muchas culturas, el machismo es una lacra que hace mucho daño. Se puede pensar que un varón para demostrar lo que es tiene que ser fuerte, dominante, bebedor y algo violento. Sin embargo, para las culturas más ancestrales el ideal de varón se asemeja mucho más a José. Un buen padre y un buen hombre es protector, una roca para la familia. Es, como José, prudente, honrado en su trabajo, justo en sus acciones, proveedor para la familia.

Dios, Padre de bondad, en san José nos has dado el ideal de hombre trabajador, honrado, justo y protector de la familia. Danos siempre tu luz y tu gracia para vivir nuestra vida de acuerdo con ese ejemplo de humildad, justicia y trabajo silencioso. Amén.

San Martín de Braga

Vayan y hagan discípulos entre todos los pueblos, bautícenlos consagrándolos al Padre y al Hijo y al Espíritu Santo. Enséñenlos a cumplir todo lo que yo les he mandado.
—Mateo 28:19–20

Original de Hungría, este santo del siglo VI viajó en su juventud a Palestina, y se despertó en él una fuerte vocación misionera. Estuvo en Roma un tiempo y conoció al pueblo centroeuropeo suevo, un pueblo feroz que había llegado hasta la península ibérica, arrasando cuanto encontró su paso y estableciéndose en Braga, Portugal. Martín predicó a este pueblo y logró su conversión. Fue obispo y escritor de varias obras teológicas.

Martín estableció casas de oración, reformó las costumbres del clero y atendió personalmente la formación y asistencia de los campesinos, que a menudo estaban acechados por doctrinas erróneas y, faltos de formación, no podían defender su fe.

❧ ✦ ☙

Hay muchas personas de fe profunda, pero que no conocen bien las razones y los fundamentos de las doctrinas. Cuando diversos grupos de distintas comuniones religiosas desafían su fe, no saben cómo defenderse. Algunos llegan a creer lo que se les dice; otros se mantienen, pero se preguntan por qué la Iglesia católica defiende ciertas cosas que otros aseguran ser falsas. Hoy día, con la diversidad de creencias, opiniones y tendencias, hace falta quizá más que nunca una profunda y sólida formación. La formación puede proporcionar buenos instrumentos para defender la fe y la identidad católica.

¿Te has sentido alguna vez indefenso ante los desafíos de grupos de distintas convicciones religiosas? ¿De qué maneras aprovechas los recursos que se ofrecen cerca de ti?

Santa María Francisca de las Cinco Llagas

"Mira mis manos y toca mis heridas; extiende tu mano y palpa mi costado".
—Juan 20:27

Nació en Italia en 1715. Su padre era tejedor y tenía un carácter terrible, violento y abusador. Hacía trabajar a Francisca muchísimas horas. La mamá trataba de protegerla, pero no siempre podía. Era una niña muy devota y a los nueve años ya era catequista. Como era muy linda, su padre la prometió en matrimonio, pero ella le dijo que quería consagrarse a Dios, lo cual desató una terrible cólera en su padre. Al fin consiguió dedicarse totalmente a Dios como terciaria franciscana viviendo en su propia casa. Continuó así su vida, en medio de grandes amenazas de su padre. Hizo una vida de oración y asistencia a los pobres, además de su trabajo, y obtuvo la gracia de tener los estigmas de la Pasión del Señor. A la muerte de su mamá decidió salir de la casa familiar, pero siguió orando por su padre. Cuando este estaba muy enfermo y con grandes dolores, María Francisca pidió que le traspasasen a ella los dolores. Esta acción finalmente obtuvo el arrepentimiento de su padre.

※ ✦ ※

No se acepta el dolor por masoquismo, sino el dolor que viene como parte de la vida y el que sobreviene por tomar parte del dolor de los demás. Ese espíritu de sacrificio —no buscado sino aceptado para el bien de otros— es parte de la unión a la Pasión de Cristo. El dolor es parte de toda vida humana; la fe y el amor a Cristo hacen que se pueda sobrellevar con elegancia y alegría.

San Epafrodito

He creído necesario enviarles de nuevo a Epafrodito, hermano, colaborador, y camarada mío, al que ustedes mismos enviaron para que atendiese a mis necesidades. Él tiene muchos deseos de verlos a todos [...]
—Filipenses 2:25–26

Pablo continúa hablando a los filipenses de Epafrodito, que se hizo discípulo y colaborador suyo cuando fue a entregarle una colecta hecha en favor de los hermanos de Jerusalén. Habla con términos de cariño y agradecimiento por un hombre que expuso su vida por Pablo. No sabemos mucho más de él, aunque se dice que más tarde fue obispo de Terracina.

፠ ❖ ፠

Aunque no se tienen datos ni fechas, las palabras de Pablo al hablar de Epafrodito son muy elocuentes. Lo llama hermano, colaborador y fiel ayudante. Es fácil, cuando alguien trabaja a la sombra de una persona importante, aspirar a ocupar ese cargo y sentir cierta envidia o deseo de competencia. Parece que Epafrodito no aspiraba a tal protagonismo, sino que estaba feliz con su papel de fiel acompañante y ayudante de Pablo. No todo el mundo tiene que ser el centro de las cosas, pero sin los que desde atrás ayudan y apoyan, la mayoría de las grandes obras no serían posibles. Cada persona tiene su papel y su lugar, y el hacerlo bien y con alegría es lo más importante y agradable a Dios.

¿Sientes a veces que se te ignora o estás escondido y la gente no aprecia lo que haces? ¿Cómo quisieras que se te reconociera? ¿Te alegras de hacer el bien desde donde estés, sabiendo que lo que haces es importante para el bien de la familia y de la comunidad?

Santo Toribio de Mogrovejo

"Yo soy el camino, la verdad y la vida: nadie va al Padre si no es por mí".
—Juan 14:6

El español Toribio de Mogrovejo nació en 1538. Graduado en Derecho, había sido nombrado presidente del Tribunal de Granada cuando sus cualidades intelectuales y espirituales llamaron la atención del rey Felipe II, quien se lo propuso al papa como obispo de Perú. La diócesis de Perú tenía una extensión de 5000 kilómetros cuadrados y ocupaba Perú, Ecuador, Colombia, Venezuela, Bolivia, Chile, y parte de Argentina. Toribio recorrió varias veces toda la diócesis, en condiciones dificilísimas para llegar a todo el pueblo. Predicaba, instruía, construía seminarios, escuelas y monasterios y procuraba que se mantuviesen las leyes de la Iglesia. Cuando algunos le protestaban argumentando que las cosas siempre se habían hecho de otra manera, les respondía: "Jesús dijo que era la Verdad, no la costumbre". Sus posiciones enérgicas le atrajeron las críticas de muchos, pero él afirmaba que al único a quien había que agradar era a Jesucristo.

෩ ✧ ෪

Seguir las costumbres y tradiciones puede ser una buena actitud en ciertos casos, pero no cuando contradice los valores del Evangelio. Entonces es necesario tener la valentía de hacer cambios, a pesar de los problemas que esto pueda traer. Lo mismo ocurre en las familias: quizás haya cosas que se hayan hecho siempre y que sin embargo no sean beneficiosas para sus miembros. Entonces hay que tomar una clara decisión de cambiar, de corregir el camino y mejorar.

¿Qué cosas ves a tu alrededor que se han hecho durante mucho tiempo, pero que deberían cambiarse para el bien de todos? ¿Te atreves a proponer tales cambios?

San Óscar Romero

Les aseguro que, si el grano de trigo caído en la tierra no muere, queda solo;
pero si muere, da mucho fruto.

—Juan 12:24

Nacido en 1917, el salvadoreño Oscar Arnulfo Romero tuvo que lidiar con dificultades económicas para estudiar en el seminario, pero consiguió entregar su vida al servicio de Dios y de su pueblo. En 1939, fue a Roma a estudiar Teología, pero debido a la Segunda Guerra Mundial, tuvo que regresar a El Salvador. Fue párroco durante bastantes años y luego fue elegido Secretario de la Conferencia Episcopal. Luego fue ordenado obispo, adoptando el lema: "Sentir con la Iglesia". Siguieron algunos años muy difíciles para él personalmente y para el país en general. La Iglesia estaba siendo perseguida, y, después de varios acontecimientos dolorosos, Romero tuvo que enfrentarse a la situación de violencia e injusticia y emprendió una valerosa denuncia, lo que le valió distanciamientos y rupturas con personas ricas y del gobierno que habían sido sus amigos. En 1977 tomó posesión de la sede de la Arquidiócesis de San Salvador. El arzobispo Romero se convirtió en un defensor de los pobres, denunciando la violencia y la injusticia. Varios de sus amigos sacerdotes fueron asesinados y él mismo estuvo continuamente bajo amenazas, pero no dejó de hablar. El 24 de marzo de 1980, fue asesinado mientras celebraba misa.

☙ ❖ ❧

Venciendo todos sus temores y su gran timidez, Óscar se enfrentó al poder e incluso a quienes habían sido sus amigos. Se apoyaba en la firme esperanza de que no era él mismo, sino Dios, quien daría vida a sus esfuerzos. Incluso cuando parece que las cosas que se hacen no tienen resultado, la fuerza de la Resurrección de Cristo les dará valor.

San Dimas

¿No tienes temor de Dios, tú que sufres la misma pena? Lo nuestro es justo;
recibimos la paga de nuestros delitos; pero él en cambio, no ha cometido
ningún crimen.
Y añadió: Jesús, cuando llegues a tu reino, acuérdate de mí.
Jesús le contestó: Te aseguro que hoy estarás conmigo en el paraíso.
—Lucas 23:40–43

Esto es todo lo que se sabe de san Dimas, el buen ladrón, aunque existen narraciones apócrifas sobre un joven que, antes de la huida a Egipto, había protegido a la familia de José, María y el Niño. Y ese era Dimas. Mucho más tarde, se habría de encontrar con Jesús, esta vez en la cruz y ahí recibiría el premio a su buena acción.

෨ ❖ ඥ

Lógicamente, no existe verificación histórica de esto. Dimas parece ser más bien un compendio de las personas que, habiendo cometido errores en su vida, también han tenido en algún momento acciones de ayuda y bondad a otros. Dios mira a todo eso; mira al corazón de la persona y responde al deseo de bien y de verdad. En sus últimas palabras, Dimas se muestra como alguien que estima la justicia, pero que también reconoce que puede haber misericordia. En cierto modo, Dimas es toda persona, pecadora y buena al mismo tiempo, que se acoge al perdón y la misericordia de Dios.

Señor Jesús, cometemos errores y nos levantamos; tratamos de servirte de nuevo y a veces fallamos. Concédenos tu luz para reconocer nuestros fallos, pero también para aceptar agradecidos tu enorme misericordia y perdón. Que nuestro corazón encuentre un lugar contigo en el Paraíso. Amén.

San Ludgero

A los pobres los tendrán siempre entre ustedes, pero a mí no siempre me tendrán.

—Marcos 14:6

Ludgero era hijo de una familia alemana noble y muy cristiana del siglo VIII. Hacia el año 735 se encontró con san Bonifacio, quien le causó una enorme impresión y decidió dedicarse a la evangelización. Recorrió grandes extensiones de Alemania predicando y evangelizando a los paganos de la región. Edificó iglesias y monasterios. El primero de ellos fue para su hermana, santa Gerbugis, a quien se unieron otras jóvenes, y ese fue el comienzo del primer monasterio de Westfalia. Ludgero fue el primer obispo de Munster. Se dice que entregaba todo el dinero que recibía para la ornamentación y el cuidado de las iglesias, por lo que era muy criticado. Consideraba que la honra y la gloria de Dios eran su primer cuidado, y una manera también visible de evangelización.

෫ ✢ ෬

Una gran verdad de la práctica católica es que según se cree, así se ora y según se ora, así se cree. Es decir, que la vida de oración y la vida litúrgica tienen una gran influencia en el mantenimiento de la fe. Abandonar la oración, o el culto a Dios, poco a poco deteriora la fe; y eso va minando también los valores y la calidad de la vida.

¿Cuánto tiempo dedico a la oración? ¿Entrego ese tiempo, aunque lo tenga que quitar de otras actividades, o encuentro siempre excusas para no orar... porque no tengo tiempo, estoy cansado o tengo otras cosas que hacer?

San Juan de Egipto

¡Cómo amo tu voluntad! La medito todo el día.
—Salmo 119:97

Nacido en el siglo V, era carpintero en Nitrea. A los veinticinco años sintió una llamada de Dios y se retiró al desierto a orar. Alcanzó una fama extraordinaria, ya que, aunque oraba toda la semana, los sábados y domingos recibía a visitantes que iban a consultarle. Sus dones para la dirección espiritual y el consejo eran extraordinarios. Junto con san Antonio Abad, es el ermitaño más famoso, y es venerado por diversas comuniones cristianas. No fundó ninguna congregación, pero se le considera padre de todos los ascetas.

Juan de Egipto también tiene fama por hacer algunas cosas raras, pero no son las cosas raras lo que lo hicieron santo, sino el buscar sinceramente la voluntad de Dios.

❧ ❖ ☙

Hay santos que realizan prodigios, y otros que simplemente están escondidos toda su vida orando o haciendo el bien calladamente. Podría parecer a veces que la santidad está en obrar milagros o en hacer heroicidades, pero lo cierto es que las personas pueden alcanzarla allí donde estén: en pequeñas cosas diarias o en actos extraordinarios, cuando las circunstancias y el bien de los demás lo requieren. Para la mayoría de las personas, la voluntad de Dios está en que hagan bien lo que tienen que hacer cada día: las cosas más pequeñas, la atención a la familia, el trabajo.

¿Dónde creo que está la voluntad de Dios para mí? ¿Qué cosas de la vida diaria me esfuerzo por hacer bien, para el servicio de los demás y para agradar a Dios?

Beato Enrique Susso

La sabiduría que procede del cielo es ante todo pura; es además pacífica, comprensiva, dócil, llena de piedad y buenos resultados, sin discriminación ni fingimiento.
—Santiago 3:17

Este santo del siglo XIII era hijo de un noble alemán. A los quince años ingresó en la orden de predicadores (dominicos), donde aprendió mucho sobre los santos místicos. Al principio fue un fraile algo frío, hasta que empezó a pensar en la llamada a la santidad. Vivió toda clase de problemas y dificultades: internamente, con grandes tentaciones; y en lo exterior, con persecuciones, críticas y calumnias. En todo mostró su inocencia y se mantuvo fiel en el camino de la sabiduría. Fue nombrado superior del convento dominico y lo encontró en terrible deuda. La perseverancia en la oración y su confianza en la Providencia encontraron la respuesta en el gran donativo de un hombre rico que se sintió inspirado a salvar el monasterio.

❧ ✧ ☙

La vida siempre está llena de dificultades. Incluso si en lo exterior parece que todo va bien, se pueden tener dudas interiores, luchas contra las propias tendencias que se sabe que no son buenas. Y a menudo hay también problemas de relaciones: envidias, celos, competitividad, críticas. Y otros tipos de problemas externos, como los económicos, la división familiar, las dificultades en el trabajo. El mantener la paz en medio de uno solo de esos problemas, o de varios a la vez, es fruto de la sabiduría que se apoya en Dios. La sabiduría da la paz, reconcilia divisiones y mantiene a la persona afincada en Dios y capaz de sobrellevar las luchas cotidianas de la vida.

Santos Jonás y Baraquicio

Sean sobrios, estén siempre alertas, porque su adversario, el Diablo, como
león rugiendo, da vueltas buscando a quien devorar. Resístanlo firmes en la fe,
sabiendo que sus hermanos por el mundo sufren las mismas penalidades.
—1 Pedro 5:8–9

En el siglo IV, el rey Sapor II de Persia acometió una terrible persecución contra los cristianos. Jonás y Baraquicio, dos hermanos que eran monjes en Beth-lasa, sabiendo que varios cristianos habían sido apresados y estaban condenados a muerte, fueron a alentarlos. Pero ellos mismos fueron hechos prisioneros por animar a los cristianos a perseverar y los sometieron a terribles torturas para que hicieran apostasía de sus creencias. Ambos se mantuvieron firmes y dieron su vida por la fe.

❧

Alentar a otros cuando las circunstancias parecen muy oscuras y casi sin esperanza es difícil. Pero es la esperanza, para los cristianos, es que la muerte no tendrá la última palabra. Sabemos el final de la historia, y es la victoria. En nuestra sociedad actual, los cristianos seguramente no tendrán que pasar por momentos tan terribles como los tormentos de Jonás y Baraquicio; aunque en otras partes del mundo las persecuciones de cristianos sí continúan. Sin embargo, para todos habrá momentos de cierta oscuridad, como el no ver salida para ciertos problemas. En esos momentos, hay personas que podrían abandonar su fe y su esperanza. Esa es la tentación actual y más frecuente. Alentar y ayudar a otros a ver esa luz de más allá y reconocer tal luz de esperanza dentro de uno mismo, es la llamada de Dios a los cristianos de todos los siglos.

San Juan Clímaco

Vengan, subamos al monte del Señor, a la casa del Dios de Jacob; él nos instruirá en sus caminos y marcharemos por sus sendas.

—Miqueas 4:2

Juan Clímaco nació en Palestina entre los siglos VI y VII. Siendo muy joven, a los diecisiete años, se hizo monje. Su vida de oración y trabajo atraía a muchas personas, a quienes daba consejos con un don especial. Tanto fue así, que otros monjes le dijeron que hablaba demasiado e hizo una promesa de callar. Pero al año, los monjes se dieron cuenta de que Juan tenía un don extraordinario y le pidieron que volviera a hacer dirección espiritual. Tenía tantos adeptos, que el propio papa le envió colchones y camas para acomodar a los muchos peregrinos que acudían a él. El superior del monasterio le pidió que escribiera los consejos que daba a las personas, y entonces él escribió una obra llamada *Clímaco*, que en griego significa "escalera que sube a Dios".

Juan tenía el don de dar una enorme paz a las personas que acudían a él angustiadas por sus situaciones en la vida. Salían de allí reconfortadas y dispuestas a subir la "escalera a Dios".

♥♦♣

Las personas de paz difunden su paz sin tener que decir mucho. Pero siempre que se pueda dar una palabra de aliento a alguien para quien las circunstancias de la vida resultan demasiado pesadas, es un acto de evangelización, porque supone dar una Buena Noticia de esperanza y salvación a otros.

¿Quién hay a mi alrededor que esté necesitado de una palabra de aliento hoy?

San Benjamín

Juzguen ustedes si es correcto a los ojos de Dios que les obedezcamos a ustedes antes que a él. Júzguenlo. Nosotros no podemos callar lo que hemos visto y oído.

—Hechos de los Apóstoles 4:19–20

En el siglo IV, el rey Sapor II de Persia había declarado una terrible persecución contra los cristianos. Su hijo y sucesor, sin embargo, dio fin a tal persecución. Pero un obispo con un celo mal entendido e imprudente, hizo que se prendiera fuego al templo donde los persas daban culto a sus dioses. En represalia, el rey Yesdigerd desató una nueva persecución, hasta que el obispo reconstruyera el templo. Cuando el obispo se negó, el rey se encolerizó. La persecución contra los cristianos duró cuarenta años. Una de las primeras víctimas fue Benjamín, un diácono que fue encarcelado y luego puesto en libertad por mediación del emperador de Constantinopla con la condición de que no volviera a predicar. . . cosa que Benjamín no hizo y fue de nuevo apresado y torturado.

഼ ✤ ര

Benjamín no podía callar lo que había experimentado en su encuentro con Cristo. Podría haber salvado su vida, pero su identidad cristiana se lo impedía. No podía obedecer esa orden. Las leyes humanas existen para lograr cierto orden y armonía en las sociedades. La mayoría se refieren al bien común. Pero cuando las leyes están directamente en contra de la dignidad humana, la vida y la voluntad de Dios, hay que discernir cómo actuar y reaccionar.

Señor Dios Padre de toda luz, concédenos la capacidad de mirar en nuestro interior y ahí descubrir la ley de amor y de justicia que tú has implantado. Amén.

Abril

San Lodovico Pavoni

Con sumo gusto gastaré y me gastaré por ustedes. Y si yo los quiero tanto, ¿no seré querido en la misma medida?
—2 Corintios 12:15

Lodovico nació en Italia en 1785. Era un joven inteligente y con muchos intereses y recibió una formación teológica en casa del dominico Carlo Domenico Ferrari, que luego sería obispo de Brescia. Ordenado sacerdote, se dedicó intensamente al trabajo de predicar, dar catequesis y atender pastoralmente al pueblo. Pero también se dio cuenta de la necesidad de muchos jóvenes desfavorecidos y estableció un oratorio para proporcionarles una educación adecuada. Siguió abriendo hostales y escuelas de oficios para los jóvenes y también atendió a campesinos, acudiendo allí donde veía una necesidad. Su primer oratorio fue la semilla de la Congregación de Hijos de María.

Ludovico también extendió su acción a jóvenes sordomudos y estableció una escuela de agricultura. Parecía incansable. Durante una epidemia de cólera abrió sus casas para atender a las víctimas.

ॐ❖ॐ

El estar en relación íntima con Dios abre muchas veces los ojos y el corazón para ver lo que está ocurriendo alrededor. Y a menudo se ven claramente las necesidades. Casi siempre hay muchas razones para no atender a tales necesidades, pero también hay, si se escucha bien, un fuego interior y una fuerte motivación a hacer lo que se pueda para llenar esa carencia. Es la escuela de Jesús que tuvo lástima de una multitud y multiplicó el pan. Es la escuela de los cristianos, con lo poco o mucho que se tenga.

¿Qué está ocurriendo hoy en tu comunidad más cercana? ¿Hay alguna necesidad a la que puedas atender?

San Francisco de Paula

*Yo, el Señor, penetro el corazón, examino las entrañas, para pagar al hombre
por su conducta, lo que merecen sus obras.*

—Jeremías 17:10

Nacido en Italia en 1416, cuando era niño padeció una grave enfermedad en los ojos y sus padres lo encomendaron a san Francisco de Asís. Una vez curado, fue en peregrinación a Asís, y allí descubrió su vocación de ermitaño. Varios hombres siguieron su ejemplo y tuvo que fundar varias casas para alojarlos. Así nacieron los hermanos Mínimos. Recorrió pueblos y ciudades de Europa recriminado a políticos y personas poderosas por sus excesos económicos y su corrupción. Logró convertir a Luis XI, quien nombró a Francisco director espiritual de su hijo, Carlos VIII. Francisco murió en 1507.

ം ❖ ෆ

Ver la corrupción y los excesos de los poderosos es relativamente fácil. Levantarse contra ellos y denunciarlos es más difícil. Pero el exceso, el materialismo y el egoísmo no son propiedad exclusiva de los poderosos. Hay pequeños actos, que pudieran parecer poca cosa, como gastar sin necesidad, tratar de vivir más allá de los propios medios, hacer pequeñas trampas en el trabajo o apropiarse de algún material que pertenece a la compañía, aprovecharse de la generosidad de los demás, también son, a pequeña escala, corrupción y falta de justicia para con los demás.

*Señor, ayúdanos hoy, en el trabajo y en el hogar, a ser más conscientes de cómo
tratamos las cosas materiales y de afirmar nuestro compromiso con lo que es justo,
como parte de nuestra fe cristiana.*

Santa María de Egipto

No nos dejes caer en la tentación.
—Mateo 6:13

Esta santa egipcia del siglo V vivió una vida turbulenta y llena de vicios. Por curiosidad y aventura, se unió a un grupo de peregrinos a Jerusalén, pero sin ningún sentimiento religioso. Cuando los peregrinos iban a entrar al Santo Sepulcro, María sintió fuertemente que no era digna de entrar allí. Fuera del sepulcro vio una imagen de la Virgen y, con muchas lágrimas, le pidió que si la dejaba entrar, dedicaría el resto de su vida a la oración y la penitencia.

Su amor a la Virgen le dio fuerzas el resto de su vida para no caer en las muchas tentaciones de regresar a su vida que tuvo durante mucho tiempo.

❧ ❖ ☙

Nadie está libre de tentaciones. Todos los días, la mayoría de las personas tiene intención de hacer las cosas bien, de tratar a los demás con dignidad y respeto, de hacer bien el trabajo. Otros muchos, una y otra vez luchan contra sus adicciones al juego, al alcohol o a la droga. A veces incluso se busca una justificación: "solo esta vez, y nunca más", "estoy con otras personas, y por no llamar la atención, tengo que hacer lo que hacen ellos", "me provocaron y me irritaron", "bueno, hacer una trampa en el trabajo no es tan malo, al fin y al cabo, no me pagan bien". Todos esos razonamientos, aunque la persona sea inconsciente del hecho, son parte de la tentación. Acceder a ellos es entrar en ese juego peligroso, esa trampa del tentador.

Ruega por nosotros, pecadores, ahora y en la hora de nuestra muerte. Amén.

San Isidoro, obispo de Sevilla

Hijo mío, desde la juventud busca la instrucción y en la vejez te encontrarás
con sabiduría [...] observa quién es inteligente y madruga para visitarlo, que
tus pies desgasten el umbral de su puerta.
—Eclesiástico 6:18, 36

Isidoro nació en Sevilla, España, en 556, el menor de cuatro hermanos: Leandro, Fulgencio y Florentina; todos santos. A Isidoro lo educó su hermano Leandro, a quien sucedió como obispo de Sevilla. Fue conocido como el obispo más sabio de su tiempo. Escribió muchas obras, entre ellas una historia de los visigodos y las famosas *Etimologías*, que explican el origen de las cosas y constituyen el primer diccionario conocido. Tuvo una gran influencia en Europa, demostró un gran amor por los pobres y luchó por tener un clero bien instruido.

Se le conoce por su inclinación al estudio de la Sagrada Escritura y es patrono de Internet.

ဆာ ❖ ၥ

Es lamentable que muchas personas no hayan tenido la oportunidad de acceder a una buena educación. La instrucción y el estudio son herramientas importantes para alcanzar el potencial de la persona. Hoy día existen muchas posibilidades y recursos para seguir estudiando y avanzando. Además del fácil acceso a muchísima información en Internet, muchos centros comunitarios —incluso muchas parroquias— ofrecen cursos de inglés, apoyo para completar la educación primaria, o el GED, además de otros cursos interesantes de formación familiar o de estudios bíblicos. La educación personal es tarea de toda la vida y conlleva una vida más llena y con más posibilidades.

¿Qué oportunidades tengo de seguir avanzando en mi educación? Si tengo una
educación más avanzada, ¿cómo puedo poner mis talentos y recursos al
servicio de otros?

San Vicente Ferrer

Yo llegaré pronto llevando la paga para dar a cada uno lo que merecen sus obras.

—Apocalipsis 22:12

Vicente nació en España en 1350, en una familia muy acomodada. Desde muy pequeño, sus padres le inculcaron el amor a los pobres. Ingresó muy joven en la orden de predicadores (dominicos) y profesó a los veintiún años. Era muy apuesto y muchas mujeres se enamoraban de él, y cuando él las rechazaba, a menudo lo calumniaban.

En su ministerio, predicó ampliamente en el norte de España, Italia, el sur de Francia y Suiza. Predicaba en campos abiertos, pero antes de hacerlo, oraba durante cinco o seis horas. Aunque predicaba en español, la gente lo entendía en sus propios idiomas, y obtuvo muchísimas conversiones. Murió en 1419, aún en plena actividad misionera.

❧❖☙

Hay personas que, casi sin hablar, transmiten un mensaje poderoso y ayudan a las personas a encaminarse a Dios. Y otras que hablan, pero es más su presencia que sus palabras la que comunica realidades más profundas de las que se puedan expresar a través de la lengua. Es la acción de Dios obrando en su mensajero. Vicente oraba y esa era la fuerza de su predicación. Era un simple instrumento. En las acciones de los cristianos, es esa misma fuerza la que puede tener un efecto poderoso.

Dios de amor y bondad, acércanos a tu verdad de tal manera que los actos de nuestro día, nuestras palabras y gestos, comuniquen tu presencia. Haznos instrumentos de tu mensaje y de tu Buena Noticia. Amén.

San Pedro de Verona

*No está el discípulo por encima del maestro, ni el sirviente por
encima de su señor.*

—Mateo 10:24

Pedro es un santo italiano del siglo XIV que desde niño mostró una gran inteligencia. Se educó en un monasterio y luego pasó a la famosa universidad de Boloña. Allí conoció a los seguidores de santo Domingo de Guzmán y le entusiasmó su carisma. Pronto pidió ingresar en la orden de predicadores y rápidamente alcanzó fama como gran predicador, persona dialogante, hombre austero para consigo mismo y muy santo. Fue inquisidor general con el Papa Inocencio IV. Pero su propia virtud atrae el resentimiento de otros y es perseguido y criticado. Un día le preguntó a Cristo: "¿Qué mal he hecho, Señor, para verme como estoy?". Y Cristo le respondió: "Y yo, ¿qué mal hice?". Sus enemigos conjuraron para asesinarle y, en un viaje de regreso a su convento en Milán, lo mataron a hachazos. Antes de morir, con su propia sangre, escribió con el dedo en el suelo: "CREO".

ဆာ ❖ ର

Las vidas santas y rectas a menudo desafían a quienes no lo son tanto. Pueden animar a cambiar de vida y seguir los buenos ejemplos. Pero a menudo, la envidia hace su aparición disfrazada de autojustificación. Y entonces empiezan las críticas y las persecuciones. Es muy común, y es lo mismo que experimentó Cristo en su vida. En el caso de Pedro y otros grandes santos, la envidia se manifiesta con violencia. Pero a menudo, es muy sutil: se encuentra en la inconsciente comparación entre las propias obras y las de los buenos.

San Juan Bautista de la Salle

Y todo aquel que por mí deje casas, hermanos o hermanas, padre o madre,
hijos o campos, recibirá cien veces más y heredará la vida eterna.

—Mateo 19:29

Juan de la Salle nació en Francia en 1651, en una familia muy acomodada. Podría haber tenido una vida cómoda, pero decidió seguir los consejos de su maestro y atender a niños necesitados en una aventura apasionante que lo llevó a revolucionar los métodos de enseñanza de su tiempo. Reemplazó el sistema educativo de terror por uno inspirado en el amor. Entregó toda su gran fortuna a la obra de la educación y empezó a reunir maestros para formarlos en este sistema. De ahí surgió la Congregación de Hermanos de las Escuelas Cristianas, hoy extendida por todo el mundo con cientos de escuelas y universidades. Juan es conocido, además, por su enorme humildad y dulzura, y su sentido de renuncia a todo lo material.

ഇ ❖ ര

La publicidad, el estilo de vida de los vecinos, todo el ambiente social de hoy día invita a la comodidad. Y en ello no hay, en realidad, nada malo. Pero para algunas personas, todas las comodidades materiales, el confort, el poder, parecen no significar nada ante un bien "más alto", que podría parecer raro: el acercar a los más necesitados a Dios. Supone salir no solo de la propia casa, sino de uno mismo. Salir de uno mismo significa renunciar a pequeñas comodidades para procurar el bien de otros; renunciar al propio tiempo para escuchar a otros.

¿Qué puerta se me abre hoy para salir de mí? ¿Qué "cosecha de ciento por uno"
encuentro en eso?

San Dionisio, obispo de Corinto

*Y como tienen abundancia de todo, de fe, elocuencia y conocimiento, fervor
para todo, afecto a nosotros, tengan también abundancia de
esta generosidad.*

—2 Corintios 8:7

Dionisio fue una de las figuras más importantes del siglo II. Luchó contra las herejías que hicieron su aparición ya desde el comienzo de la Iglesia, y escribió incansablemente a las iglesias de Grecia. Siempre exhortaba a todos a la solidaridad con otras comunidades. Por su testimonio y su firmeza en la fe, se ha considerado como "mártir" (es decir, testigo), aunque no muriera violentamente.

৪০ ❖ ଓଃ

Pedir no es fácil. La mayoría de las personas preferirían valerse por sí mismas o, si ven una necesidad, atenderla ellas mismas. Pedir para otros requiere una especie de heroísmo que solo puede estar motivado por el amor a Dios y a los demás. Ese amor es motor de humildad, que se atreve a pedir para otros.

*Señor Jesús, tú, que lo diste todo, te hiciste mendigo, pidiéndonos que amáramos
como tú y lo diéramos todo. Haz que sepamos extender la abundancia de tu
generosidad entre nuestros hermanos, humildemente reconociendo que todo lo
tenemos de ti y a ti debe regresar.*

Santa Casilda

Felices los misericordiosos, porque serán tratados con misericordia.
—Mateo 5:7

Casilda era hija de un rey árabe de Toledo, España, que era un gran perseguidor de cristianos. Era tierna y se compadecía de los presos de las cárceles de su padre, a quienes les llevaba comida. Se puso enferma y fue a buscar aguas curativas. Por el camino, se convirtió al cristianismo y recibió el Bautismo. Pasó el resto de su vida dedicada a la oración y la penitencia. A su muerte, su sepulcro se convirtió en lugar de peregrinación.

෨ ✧ ౸

Normalmente, los hijos suelen heredar rasgos de sus padres y siguen sus huellas. Normalmente, esto es bueno. De vez en cuando, sin embargo, los jóvenes pueden distinguir si merece la pena o no seguir los caminos de sus padres, y, si no les parecen justos, pueden decididamente romper el círculo vicioso que encadena a su familia y caminar por otro lugar. A pesar de su condición, Casilda supo hacer espacio en su corazón para la compasión. Y recibió de Dios compasión y amor.

¿Cuáles de nuestras características desearíamos que tuvieran nuestros hijos? ¿De qué maneras nos han influido las virtudes y los defectos de nuestros propios padres? ¿Qué desearíamos que nuestros hijos no imitaran de nosotros?

Beatos mártires colombianos de San Juan de Dios

No teman a los que matan el cuerpo y no pueden matar el alma; teman más bien al que puede arrojar cuerpo y alma en el infierno.

—Mateo 10:28

Estos siete jóvenes colombianos eran hermanos hospitalarios de San Juan de Dios que habían sido enviados a España a estudiar Enfermería. En 1934 se desató una terrible persecución en España contra la religión y más de seis mil católicos (sacerdotes, religiosos y laicos comprometidos) perdieron su vida por su fe entre 1936 y 1939. Los jóvenes colombianos habían sido apresados, pero fueron luego liberados. Tenían ya sus papeles en orden para salir de España y regresar a Colombia, cuando de nuevo fueron aprehendidos y asesinados.

෨ ❖ ෬

Es muy difícil pensar que unas vidas jóvenes y con grandes sueños de misión y de servicio a los enfermos y desatendidos se puedan truncar repentinamente. Supone, en términos naturales, una enorme pérdida para las familias y, en este caso, para la Iglesia. Y sin embargo, ofrecen también la gran riqueza de un ejemplo valiente y alegre en defensa de la fe. Para muchos sería más tentador abandonar la fe, simular defección y proteger la propia vida física. Pero tal conducta supone también rechazar la propia identidad y llamada. Para los mártires colombianos esta identidad era más importante.

¿En qué momentos he sentido temor de confesar mi fe? ¿Existía un peligro físico o material? ¿Siento que abandonar mi fe equivaldría a abandonar mi identidad más profunda?

Santa Gema Galgani

Ahora me alegro de sufrir por ustedes, porque de esta manera voy completando en mi propio cuerpo lo que falta a los sufrimientos de Cristo para bien de su Iglesia.

—Colosenses 1:24

Nacida en 1878 en Italia, Gema es una de las santas más populares del siglo XX. Desde muy joven demostró una gran piedad y devoción a la Virgen y a la Pasión de Cristo. Sufrió graves enfermedades y atribuyó la curación de una meningitis a san Gabriel de la Dolorosa, el fundador de los pasionistas. Siguió teniendo una salud muy frágil, por lo que no fue admitida a la vida religiosa. Sin embargo, por sus escritos, las gracias místicas que recibió y su identificación con la Pasión de Cristo —por la que recibió el don del estigmatismo— es considerada parte central de la Congregación Pasionista. Murió de tuberculosis cuando solo tenía veinticinco años.

❧ ✦ ❧

En momentos de felicidad y salud puede haber dos reacciones: ser agradecido y recordar a Dios o pensar que es lo debido y olvidarse de él. Curiosamente, algo parecido ocurre en la enfermedad. Afortunadamente, Gema nos da el primer ejemplo de esta segunda situación; utiliza su situación de dolor para dar testimonio de un amor sin límites.

Señor Jesús, que el contemplar tu Pasión nos lleve a aceptar los dolores contra los que no podemos luchar, buscando aprender en ellos tu compasión y tu acercamiento a otros en su propio dolor. Ayúdanos a verte en dolor y en alegría, en fuerza y en debilidad, porque eres tú el que concede abundancia de gracia en todo momento.

San Giuseppe Moscati

Jesús recorría toda Galilea enseñando en las sinagogas, proclamando la Buena Noticia del reino y sanando entre el pueblo toda clase de enfermedades y dolencias.

—Mateo 4:23

Giuseppe nació en Italia en 1884 en una familia acomodada. Dos acontecimientos dolorosos en su familia —la muerte por accidente de su hermano y la de su padre por enfermedad— lo inclinaron pronto a estudiar Medicina. Se graduó a los veintidós años con las mejores calificaciones de su clase. Diariamente se levantaba muy temprano para asistir a misa y hacer oración, y luego, antes de acudir a su trabajo en el hospital, recorría los barrios más pobres atendiendo a enfermos a quienes nunca pedía pago. Murió repentinamente cuando solo tenía cuarenta y siete años, y enseguida se extendió su fama de santidad.

৪০ ❖ ୧৪

Todo oficio puede tomarse como un trabajo para la supervivencia, o el propio avance o un servicio a los demás. Pueden ser las mismas acciones en uno y otro caso, y sin embargo, la diferencia está en el fruto que producen tales acciones a largo plazo. Las que se hacen simplemente porque es un trabajo, terminan con el fin de la acción (jubilación o muerte). Las que se hacen para el servicio tienen un efecto duradero. Todo está en la intención, la motivación y el espíritu con que se hagan las cosas.

¿Hago tiempo en mi día para centrar mi acción en el servicio a Dios y al prójimo? Si examino mi día, ¿qué intenciones reconozco en mis acciones? ¿Van destinadas al servicio de Dios o a mi propia gloria y beneficio?

San Martín, papa

Y ustedes, ¿quién dicen que soy yo?
Simón Pedro respondió: Tú eres el Mesías, el Hijo de Dios vivo.
—Mateo 16:15–16

San Martín fue elegido papa en 649 y poco después convocó un concilio para refutar la herejía de los que aseguraban que Jesús no había tenido voluntad humana, sino solamente divina. El emperador de Constantinopla era parte del grupo que mantenía la herejía y envió a sus soldados a apresar a Martín. Lo trasladaron a Constantinopla, enfermo y torturado por los soldados del emperador, y al llegar, el emperador lo expuso al público para que lo insultara. A petición del patriarca de Constantinopla, el emperador accedió a exiliar a Martín al desierto donde se entregó a la oración por sus enemigos.

৪০✧ଔ

A lo largo de los tiempos ha habido diversas herejías que negaban o bien la humanidad o bien la divinidad de Cristo. El creer en la humanidad de Cristo lleva a vivir una vida diaria realista, de entrega y de alegría; el creer en su divinidad lleva a la plena alegría de experimentar su salvación y a la esperanza de vida para siempre.

¿De qué maneras considerar la humanidad de Cristo me ayuda a vivir con más alegría y fuerza en toda situación? ¿Tengo y transmito la esperanza de otra vida a las personas de mi alrededor?

Santa Liduvina

Desnudo salí del vientre de mi madre, y desnudo volveré a él. El Señor me lo
dio, el Señor me lo quitó. ¡Bendito sea el Nombre del Señor!
—Job 1:21

Liduvina fue una joven holandesa del siglo XIV. Era una joven normal, alegre, sociable y muy bonita. Pero un accidente en el hielo la condenó a una vida de dolor y parálisis. En un principio, sintió dudas de Dios y rebeldía. Pero un sacerdote la ayudó a entregar todo su dolor a Dios. En los años que estuvo en cama, gradualmente paralizada por completo y con enormes dolores, dedicó todas sus horas a la oración y a dar buenos consejos a quienes la visitaban, con una paciencia y una alegría extraordinarias. Sufrió incluso la persecución de un párroco poco comprensivo, pero todo el pueblo salió en su defensa. Murió a los cincuenta y tres años, después de treinta y ocho años de sufrimiento.

⁊❖ʗ

La vida de Liduvina es un testimonio precioso de que no hay vidas inútiles si se viven en referencia a Dios. No se trata de lo que se haga o produzca, sino de lo que se sea y del arte de vivir cualquier circunstancia desde el arraigo en la fe.

Señor Jesús, enséñanos a usar las armas que tú mismo nos das: la salud o la
enfermedad, el éxito o el fracaso, el bienestar o el dolor, para dar testimonio de tu
amor y tu gracia, y para acompañar a otros en su camino de acercamiento a ti.

San Damián de Veuster

Me hice débil con los débiles para ganar a los débiles. Me hice todo para todos para salvar por lo mejor a algunos. Y todo lo hago por la Buena Noticia, para participar de ella.

—1 Corintios 9:22–23

Damián de Veuster nació en 1840 en Bélgica. Desde muy niño tuvo deseos de ser misionero, pero desde muy joven trabajó en el campo para ayudar a su familia, que era pobre. Su familia logró enviarlo a Bruselas a estudiar, y dos años más tarde pidió permiso para ingresar en la Congregación de los Sagrados Corazones. Cuando le enviaron en misión a Hawái, descubrió la isla de Molokai, donde vivían los leprosos, y pidió permiso a sus superiores para ir a vivir allí. Entregó toda su vida a la evangelización, el progreso material y la atención médica de los enfermos de la isla. Les ofreció casas, hospitales y una atención que se les había negado por años. Consiguió oficios y trabajos para los afectados de lepra. Al fin, él mismo contrajo la lepra y murió entre su amado pueblo.

৪০❖ଓ

La solidaridad de Damián llegó a extremos heroicos que no son alcanzables para todos; pero la entrega a las necesidades de las personas de nuestro alrededor, el sacrificio por ellas, la renuncia al propio tiempo y a los propios gustos, sí están al alcance de todos. Solamente hay que abrir los ojos para ver las necesidades que hay alrededor.

¿En qué momentos he sentido que se me ha pedido entregar algo de mí mismo con esfuerzo y sacrificio?

Santa Bernardita Soubirous

Mi alma canta la grandeza del Señor,
mi espíritu festeja a Dios mi salvador,
porque se ha fijado en la humillación de su esclava
y en adelante me felicitarán todas las generaciones.
—Lucas 1:46–48

Por una visión, Bernardita supo que nunca sería feliz en la vida, pero que podría esperar la felicidad eterna. Hija de una familia paupérrima, Bernardita nació en Francia en 1844 y desde muy niña, por las malas condiciones de su vivienda y la mala alimentación, sufrió enfermedades que la acompañarían toda su vida. Desde pequeña tuvo que trabajar para ayudar a la familia y no tuvo oportunidad de obtener una educación. Pero cuando tenía catorce años, tuvo una serie de dieciocho apariciones de la Inmaculada en la gruta de Massabielle, en Lourdes. Más tarde se hizo religiosa. Siguió sufriendo enfermedades y la indiferencia de sus hermanas de religión. Murió cuando apenas tenía treinta y cinco años. Lourdes se ha convertido en lugar de peregrinación y de muchos milagros de almas y cuerpos.

☙ ❖ ❧

Es una constante en la Biblia y en toda la historia: Dios muy frecuentemente elige a los más pequeños y humildes para revelarse y conceder su gracia. Así se demuestra mejor el poder de Dios y la naturaleza gratuita de sus bienes. Es una manera de recordar a la gente, también, que ninguna buena obra se debe al mérito de la persona, sino a la apertura a su gracia.

Señor Jesús, por intercesión de tu madre, concédenos una mirada sencilla y humilde
a todo lo que nos rodea; que podamos ser instrumentos en tus manos de tu acción
sanadora en nuestra familia y en nuestro ambiente.

Beata Mariana de Jesús

Los que respetan al Señor tratan de complacerlo,
los que lo aman cumplen la Ley;
los que respetan al Señor tienen el corazón dispuesto
y se humillan delante de él.
—Eclesiástico 2:16–17

Mariana nació en Madrid, España, de familia noble, en 1565. Cuando tenía veintitrés años rechazó una oferta de matrimonio y se consagró a Dios, ingresando en la Congregación de las Mercedarias. A pesar de sus orígenes acomodados, era una mujer sencilla y humilde, pero atraía a eclesiásticos, políticos y nobles de la ciudad, que acudían a ella pidiendo consejo. Murió joven y es venerada como copatrona de la ciudad.

෧ ❖ ෬

La vanidad es, en realidad, el convencimiento ciego de una mentira: la persona vanidosa cree que lo que tiene o quien es, se lo debe a sí misma o al privilegio de haber nacido en una familia rica o poderosa. La verdad de quienes están cerca de Dios no conoce esa vanidad, porque reconoce que todo lo ha recibido y que todo retorna a él. Esa es la sabiduría y la verdad. Y es lo más atractivo, porque otros reconocen en esa sencillez la cercanía de la verdad que es Cristo.

¿En algún momento tengo la tentación de creer que lo que tengo o quien soy lo he
adquirido por mi propio esfuerzo?

San Francisco Solano

Pero, gracias a Cristo Jesús, los que en un tiempo estaban lejos ahora están cerca, por la sangre de Cristo. Porque Cristo es nuestra paz, el que de dos pueblos hizo uno solo, derribando con su cuerpo el muro divisorio, la hostilidad.

—Efesios 2:13–14

Francisco Solano nació en 1549 en España. Era hijo del alcalde de la ciudad y desde muy niño aprendió a reconciliar a quienes estaban peleados y a llevar la paz a donde fuera. Estudió con los jesuitas, pero se hizo franciscano y logró que lo enviaran a América a evangelizar. En Argentina y en Perú, Francisco acercó a muchos —indígenas, esclavos y colonizadores— a la verdad del Evangelio, usando su fantástico don de conciliación para suavizar las condiciones de vida de todos.

෨ ✤ ෬

Siempre, en toda relación humana, hay momentos de tensión y conflicto. En nuestra sociedad y en nuestros días las divisiones por razones políticas, religiosas o morales son frecuentes y bastante radicales. En las familias también puede haber rencillas, discusiones o divisiones. Entonces es cuando es necesario el don que caracterizó a Francisco de saber reconciliar. A veces puede ser una palabra, un chiste oportuno o un momento de relajación. Pero es sobre todo una actitud de paz interna la que extiende paz a los demás.

¿Qué situaciones de enfrentamiento o conflicto conozco a mi alrededor? ¿Qué podría hacer para suavizar la situación? ¿Siento, dentro de mí, la paz necesaria para lograr esa conciliación?

San León IX, papa

Todo tiene su momento y cada cosa su tiempo bajo el sol: tiempo de nacer y tiempo de morir: tiempo de plantar y tiempo de arrancar lo plantado: tiempo de destruir y tiempo de construir.

—Eclesiastés 3:1–3

Este santo del siglo XI se distinguió quizá más por su severidad. Nació en Francia y demostró desde joven un talento excepcional. Estudió en el seminario y, una vez ordenado, fue nombrado obispo. Durante su gobierno introdujo una disciplina estricta y logró reavivar el fervor entre el clero y el pueblo. En 1048, fue nombrado papa. Luchó contra las desviaciones y la relajación del clero, y ayudó a reavivar la vida comunitaria, la predicación y la liturgia.

⁊ ❖ ℞

Hoy día se habla a veces del "tough love", el amor estricto. Es el amor que, por el bien de la familia y de los hijos, acierta a encontrar una firmeza difícil que, a la larga, puede ayudar más a la formación de los hijos que el consentimiento y la blandura. Es difícil hacerlo, porque los padres por naturaleza siempre quieren dar toda comodidad y bien material a los hijos, y negarles algo puede ser muy difícil. Pero en ocasiones, la firmeza es el mejor bien que se puede ofrecer para el futuro.

¿En qué situaciones he tenido que ejercer un "amor estricto"? ¿Qué dolor tuve que vencer para hacerlo?

Santa Inés de Montepulciano

Después derramaré mi espíritu sobre todos: sus hijos e hijas profetizarán, sus ancianos tendrán sueños, sus jóvenes verán visiones.
—Joel 3:1

Inés de Montepulciano nació en Italia en una familia rica. Desde muy niña quiso estudiar y logró que sus padres la enviaran a un monasterio de monjas dominicas cuando apenas tenía nueve años. A los catorce ya estaba encargada de la portería del monasterio y de recibir a las visitas, y con quince años, la superiora del monasterio la llevó con ella a fundar una sede en otro lugar. Pronto, la joven sería superiora de un nuevo convento. Ella aceptó el cargo apoyada en la confianza en Dios. Se distinguió por su profunda oración, su sabiduría y su humildad.

❧ ❖ ☙

En nuestras comunidades a veces se "usa" a los jóvenes para tareas mecánicas, pero sin ningún papel de liderazgo o responsabilidad. La confianza en la capacidad de los jóvenes para liderar, organizar y evangelizar puede dar frutos extraordinarios y, hoy más que nunca, es indispensable para el futuro de la Iglesia y de la sociedad.

Señor Jesús, tú elegiste a pequeños y a sencillos. Ayúdanos a tener la luz necesaria para dar espacio y hospitalidad al liderazgo de personas jóvenes que, enamoradas de ti, usen su energía y sus talentos para tu servicio y el bien de la comunidad.

San Anselmo de Canterbury

Bendito el Señor que no nos entregó como presa a sus dientes. Salvamos la vida como un pájaro de la red del cazador; la red se rompió, y nosotros escapamos. Nuestro auxilio es el nombre del Señor que hizo el cielo y la tierra.
—Salmo 124:6–8

Anselmo podría haber tenido una vida cómoda, llena de riqueza, de fama y de diversión. Así lo quería su padre para él. Pero este hombre del siglo XI sentía que todo eso que lo ocupaba y lo divertía un tiempo, en el fondo lo esclavizaba y lo secaba interiormente. Estudió y se hizo monje benedictino y llegó a ser un gran teólogo y escritor. Nombrado obispo de Canterbury, tuvo que luchar mucho por alcanzar otra libertad: la de la Iglesia frente a los poderes políticos. Por su enfrentamiento con el rey y su firmeza en la defensa de la fe, fue desterrado dos veces. Al fin, con su paciencia, bondad y misericordia, logró la conversión del rey.

❧✢☙

Alcanzar la libertad interior frente a las presiones de la sociedad no es fácil. Todo empuja a buscar la comodidad, el dinero y el poder. Pero la verdadera libertad es la que lleva a hacer el bien y a defender la justicia. Toda atadura que impide esa libertad de verdaderos hijos de Dios debe romperse con valentía.

¿Qué presiones sociales me empujan a buscar cosas que no son Dios?

Santos Cayo y Sotero, papas y mártires

Dios es nuestro refugio y fortaleza, socorro siempre a punto en la angustia.
Por eso no tememos aunque tiemble la tierra y los montes se hundan en el
fondo del mar.

—Salmo 46:2–3

Los santos Papas Cayo y Sotero fueron pontífices en la primera Iglesia y sufrieron las sucesivas persecuciones de los emperadores. Cayo tuvo que pasar ocho años en las catacumbas. De Sotero se recuerda su gran bondad y su apoyo, acompañamiento y solidaridad con los fieles perseguidos. Aunque no hay constancia de su martirio físico, se les venera como mártires por su firmeza en la fe y su "martirio", es decir, testimonio de la fe en Cristo.

෨ ❖ ౧

La paciencia, la bondad, la alegría, el estar siempre dispuesto a dar tiempo, energía, atención, acompañamiento y comprensión a otros, el perdón de las ofensas. . . todos son ya, en sí mismos, virtudes martiriales, aunque no lleven a la muerte violenta. Suponen, en la vida diaria, una confesión de fe en Cristo que enseña, llama y pide estas actitudes como frutos de su Espíritu.

Señor Jesús, enséñame a ser "mártir", no de sangre sino de los miles de pequeños momentos diarios que piden que te confiese con mis obras. Que viva escondido en la "catacumba" de tu amor, derramando amor a mi alrededor. Amén.

San Jorge

Apareció otra señal en el cielo: un dragón rojo enorme, con siete cabezas y diez cuernos y siete turbantes en las cabezas.
—Apocalipsis 12:3

La figura de san Jorge está envuelta en la leyenda de cómo derrotó a un dragón. Lo que sí es cierto de él es que nació en Palestina y llegó a ser capitán en la guardia imperial. Pero su decidida confesión de Cristo le llevó a ser perseguido, encarcelado y martirizado. La historia de cómo mató a un dragón para defender a un pueblo acorralado e indefenso es un resumen de toda su vida de lucha contra el mal y de victoria en Cristo.

৪০ ❖ ଠ୧

Hoy día hay muchos dragones que amenazan la vida de los pueblos: leyes de inmigración injustas, políticas que oprimen a los más necesitados, normativas escolares que enseñan a los niños temas que los padres preferirían poder controlar, temores sobre el futuro de las familias. . . Todas cabezas de un dragón que parece invencible. Y, sin embargo, los cristianos pueden encontrar su fuerza en las promesas de salvación de Cristo. La vida siempre tiene la última palabra.

¿Qué factores parecen amenazar mi vida y el futuro de mi familia? ¿Qué armas tengo para luchar contra esas amenazas o dragones que se presentan con varias cabezas?

San Fidel de Sigmaringa

Yo, yo soy tu consolador. ¿Quién eres tú para temer a un mortal, a un hombre que se seca como hierba?
—Isaías 51:12

Desde muy joven, este sacerdote capuchino se entregó a una vida de servicio a los más pobres. Sus superiores lo enviaron a predicar a los miembros de una secta protestante y Fidel fue con gusto, consiguiendo muchas conversiones. Pero sus enemigos pusieron al pueblo en contra suya y, cuando iba de camino a predicar a algunos pueblos, lo atacaron y le urgieron a que dejara su fe católica. Al negarse, Fidel fue derribado y apuñalado.

સ૦ ❖ ଓଃ

Salvar la propia vida, o la propia honra o el buen nombre puede ser relativamente fácil. Basta con hacer creer al perseguidor que se está de acuerdo con él. Sin embargo, tal fingimiento llevaría a negar la propia identidad y las propias raíces de fe. Para quien está convencido de sus valores y sus creencias religiosas, hacer eso puede significar salvar a una persona distinta de quien se es. Y es casi imposible reconciliarse con tal mentira sobre uno mismo.

¿Me encuentro a veces asintiendo a cosas que no creo para no perder el buen nombre o la inclusión en algún grupo de amigos o colegas de trabajo? ¿Qué me arriesgaría a perder si expresara mi verdad?

San Marcos

Cuando hayan hecho todo lo mandado, digan: somos simples sirvientes, solamente hemos cumplido nuestro deber.
—Lucas 17:10

Marcos era primo de Bernabé y lo acompañó a él y a Pablo en un viaje misionero. Quizá se asustó de la responsabilidad y los peligros, y regresó a su patria. Cuando Bernabé quiso llevarlo a otro viaje, Pablo se negó porque no ofrecía seguridad. Marcos llegó a ser secretario y hombre de confianza de Pedro, y escribió todo lo que había escuchado de él en su Evangelio, que es el primero escrito. Pedro lo consideraba como su hijo.

&〰✢〰&

No todas las personas tienen la fuerza de enfrentarse a peligros y dificultades; a veces es parte de la propia personalidad. Dios llama a cada uno al lugar desde donde puede servir fielmente siendo quien es, y quizá no mostrando una fortaleza o unas características que no tiene. Cada persona tiene sus propios talentos, y su sabiduría y obediencia está en ponerlos donde pueden dar más fruto.

Señor Jesús, tú conoces nuestros talentos y nuestras limitaciones. Ayúdanos a aceptar lo que somos y podemos para poner a tu servicio todo lo que tú mismo nos has dado. Que tengamos la valentía de saber hasta dónde podemos llegar y de descubrir todo lo que podemos hacer para tu gloria. Amén.

San Rafael Arnáiz Barón

Por eso [. . .] no hemos dejado de orar por ustedes pidiendo que Dios les haga conocer plenamente su voluntad y les dé con abundancia sabiduría y el sentido de las cosas espirituales; que lleven una vida digna del Señor, agradándole en todo, dando fruto de buenas obras y creciendo en el conocimiento de Dios.

—Colosenses 1:9–10

Rafael nació en 1911, en una familia de alta sociedad española. Estudió con los jesuitas y luego pasó a la escuela de arquitectura. Era un joven alegre, sociable y muy artístico. Pero sentía muy dentro la llamada a la vida contemplativa e ingresó en el monasterio de la Trapa. Varias enfermedades hicieron que tuviera que salir del monasterio algunas veces, pero siempre regresaba lleno de entusiasmo y devoción. Se distinguió por su alegre y heroica fidelidad a su vocación. Murió con apenas veintisiete años y ha sido propuesto como modelo para la juventud. Sus escritos espirituales todavía inspiran y desafían a muchos.

❧❖☙

Para algunas personas que tienen la gracia de reconocer y de ser fieles a su vocación, ni comodidades ni posibles éxitos significan nada más que una manera más de llegar a Dios. La llamada es irresistible y es lo único que los puede hacer felices. Reconocer esas llamadas en la propia vida es un maravilloso camino a la felicidad, por muchos obstáculos que se encuentren y por mucho que, en opinión de algunas personas, sea una locura.

¿A qué o a quién has entregado tu vida? ¿Llena ese camino tu corazón?

Santa María Guadalupe García Zavala

Pero, si tu enemigo tiene hambre,
dale de comer,
si tiene sed,
dale de beber,
así le sacarás los colores a la cara.
No te dejes vencer por el mal, por el contrario, vence al mal haciendo el bien.
—Romanos 12:20–21

Nacida en México en 1878, fue una joven muy bonita y simpática. Estaba comprometida para casarse cuando sintió la inquietud de que Dios la llamaba a la vida religiosa, atendiendo a los enfermos y los pobres. Con el padre Cipriano Íñiguez, fundó la congregación religiosa de Siervas de Santa Margarita María y de los Pobres. En medio de graves dificultades económicas, y de situaciones de persecución religiosa en el país, la madre Lupita se mantuvo fiel a su servicio, animando a sus hermanas religiosas y arriesgando su propia vida asistiendo a todos, incluso a los soldados enemigos. La congregación se extendió después a otros países. Murió a los ochenta y cinco años, con fama de santidad.

❧❖☙

Las grandes y mejores batallas, al igual que las pequeñas o grandes desavenencias en las familias, seguramente no se ganan a fuerza de violencia o de gritos, sino de bondad, cariño, paciencia y perdón. Responder con bondad y mansedumbre al mal desarma a quien viene a atacar.

En momentos de tensión en la casa, ¿cómo respondemos? ¿Hemos experimentado alguna vez que responder en paz ha tenido más efecto que pelear?

Santa Gianna Beretta Molla

Calmo y silencio mi anhelo como un niño junto a su madre, como un niño junto al Señor.
—Salmo 131:2

Nacida en Italia en 1922, Gianna era una joven comprometida con su fe y muy activa en Acción Católica. Cumplía con entusiasmo y dedicación su profesión como cirujana. Se casó con el ingeniero Pietro Molla y tuvieron tres hijos. Cuando quedó embarazada del cuarto, le diagnosticaron un tumor en el útero y se vio ante la opción de abortar a su bebé o salvarlo a riesgo de su propia vida. Eligió la vida del bebé, la niña Gianna Emmanuela, que nació el 21 de abril de 1962. Gianna murió a los ocho días, el 28 de abril, haciendo profesión de su amor por Jesús.

ৰ❖ৎ

Las madres siempre quieren lo mejor para sus hijos, y desean, ante todo, la vida y la felicidad de ellos. Gianna tenía otros tres hijos y quizá se podría haber justificado pensando que tenía que vivir para ellos; pero cada vida es importante y el entregar la propia por otro es el mayor acto de amor. El atender a las necesidades de los demás por delante de las propias, diariamente, es igualmente un acto de heroicidad y amor.

Señor Dios de la vida, tú diste tu propia vida por nosotros. Enséñanos a amar la vida propia y la de los demás, entregando, incluso con el sacrificio de nuestra propia comodidad o gusto. Que respetemos en los demás esa presencia tuya y la enorme dignidad que has dado a la vida humana. Amén.

Santa Catalina de Siena

Porque tu amor vale más que la vida, te alabarán mis labios [. . .] Mi vida está unida a ti, y tu mano me sostiene.
—Salmo 63:4, 9

Nació en Siena en 1347. Era una joven muy atractiva, pero desde muy niña se había consagrado secretamente a Dios. Su familia quería que contrajera matrimonio con un buen partido y la animaban a arreglarse y vestirse atractivamente. Ella lo hacía por complacerlos, pero pronto les confesó su deseo de consagrarse a Dios y al servicio de los demás. Después de algún tiempo, los padres consintieron y Catalina se dedicó a la oración y al servicio desde el hogar familiar. Era decidida, clara y muy inteligente, y no dudó en mediar en conflictos en la Iglesia, escribiendo a papas y autoridades eclesiásticas, y entrando en negociaciones con ellos para lograr la unidad de la Iglesia. Por sus escritos místicos y su acción en favor de la Iglesia, fue declarada doctora de la Iglesia.

ဆာ ❖ ૡ

Si es algo difícil para una mujer ser escuchada en el siglo XXI, ¡debía haber parecido algo prácticamente imposible en el siglo XIV! Pero la autoridad no viene del género, del poder que se tenga ni de las posesiones, sino de la verdad de Dios dentro del corazón. Cuando se habla desde esa verdad, la autoridad es reconocida, porque es la autoridad de Dios. Es cierto que hay que tener valor para confesar esa verdad y para hablar ante quien se debe y como se debe. Esa fuerza también viene de Dios.

¿Qué causa siento que debería defender por la justicia y la verdad? ¿Qué fuerza necesitaría dentro de mí para poder hacerlo?

San Pío V, papa

*Que él ilumine sus corazones para que ustedes puedan valorar la esperanza a
la que han sido llamados, la espléndida riqueza de la herencia que promete a
los consagrados y la grandeza extraordinaria de su poder [. . .]*
—Efesios 1:18–19

Se llamaba Miguel Ghislieri y nació en Italia en el siglo XVI. Ingresó en un monasterio a los catorce años y después de su ordenación fue nombrado inquisidor general y cardenal. Al ser nombrado papa tomó el nombre de Pío. Era el tiempo de la ruptura luterana y del Concilio de Trento, y el nuevo papa se entregó de lleno a revitalizar la vida y el espíritu de la Iglesia. Durante su papado se renovó el Breviario y se terminó el Catecismo, que se tradujo a diversas lenguas. Pero su éxito en el gobierno de la Iglesia se debía, sobre todo a su santidad; era un hombre de profunda oración y de caridad hacia los pobres y enfermos a quienes atendía personalmente. En su tiempo también tuvo que enfrentarse a las grandes amenazas del cisma en la Iglesia y a las invasiones musulmanas de Europa.

❧ ✣ ☙

Nuestra sociedad está contemplando graves crisis, tanto en lo civil como en lo religioso. Para los cristianos, las divisiones y tensiones pueden ser ocasión de escándalo; pero también pueden representar un momento en que se encuentra la fuerza y la verdad en la oración y las obras de caridad. Los momentos más difíciles de la Iglesia siempre han presenciado el surgimiento de grandes santos.

*¿Cómo reconozco la llamada urgente a la santidad que se hace en estos tiempos?
¿Cómo puedo responder?*

Mayo

San José Obrero

Les recomendamos y aconsejamos, por el Señor Jesucristo, que trabajen tranquilamente y se ganen el pan que comen. Ustedes, hermanos, no se cansen de hacer el bien.
—2 Tesalonicenses 3:12–13

Se celebra hoy una segunda fiesta de san José, el esposo de María, en su papel de trabajador. No se dice mucho de José, pero se sabe que era justo, muy trabajador y cuidaba de su familia. El primero de mayo es el día internacional del trabajo, día en que se medita y celebra la dignidad de todo trabajo de manos humanas.

৪৩ ❖ ৫৪

El trabajo puede resultar a veces pesado. Hay personas que viven "para el fin de semana". Y sin embargo, se conocen también los sufrimientos de quienes no tienen trabajo y ven su dignidad personal y su autoestima disminuidas y amenazadas. La persona, ciertamente, no es lo que hace, pero sí se realiza en las obras en que refleja lo que es, de la misma manera que el Creador pone su reflejo en lo creado, y sobre todo en el ser humano. El trabajo no es solo un deber, sino un derecho humano. Es una participación en la obra de Dios y concede dignidad y sentido a la vida.

¿Cómo considero mi trabajo... como carga o como misión alegre?

San Atanasio

*Mi Padre que me las ha dado es más que todos y nadie puede arrancar nada
de las manos de mi Padre. El Padre y yo somos uno.*
—Juan 10:29–30

Atanasio era un hombre egipcio del siglo III. Vivió en tiempos de herejías que negaban la naturaleza divina de Cristo. Asistió al Concilio de Nicea, que discutió tal herejía y, con su gran inteligencia y elocuencia, refutó a los herejes. Algo más tarde, Atanasio fue elegido patriarca de Alejandría, y fue muy perseguido. Fue desterrado cinco veces, pero se mantuvo siempre firme en su fe. Una y otra vez regresó a su sede, hasta que por fin pudo permanecer y donde murió en el año 373. Es doctor de la Iglesia.

֍ ❖ ֎

Para la mayoría de las personas, un fracaso o un obstáculo repetido puede ser causa justa para abandonar el intento o la creencia. "Ya lo intenté y no resultó. . .". Pero si se ve una verdad clara y sin duda, una y otra y otra vez, se vuelve a intentar el camino recto. Es la paciencia y la perseverancia que todo padre quisiera ver en sus hijos. Pero para eso hay que verlo en uno mismo también; si algo es lo suficientemente importante, se intenta y se vuelve a intentar una y otra vez.

*Señor Jesús, cuando las dificultades de la vida nos tientan a abandonar, recuérdanos
con tu presencia y tu misericordia que el camino puede ser difícil, pero merece la
pena. Que te miremos siempre a ti, Dios y hombre verdadero, que veamos tu
paciencia y perseverancia en tu vida humana y tu poder divino para levantarnos una
y otra vez. Amén.*

Santos Timoteo y Maura

Todo lo puedo en aquel que me da fuerzas.
—Filipenses 4:13

Timoteo y Maura eran unos esposos egipcios del siglo III, que fueron martirizados en tiempos de Diocleciano. Timoteo era lector de la comunidad cristiana local. Maura solo tenía diecisiete años cuando se casaron. La persecución contra ellos comenzó al poco tiempo de su boda. Timoteo fue denunciado al prefecto, quien le pidió que trajera los libros sagrados, a lo que Timoteo se negó. Entonces el prefecto mandó que lo torturaran. Luego mandó traer a Maura, pensando que ella podría seducirlo y convencerlo de que abjurara de su fe. Ambos, sin embargo, permanecieron en la fe y sufrieron graves torturas, pero no dejaron de animarse mutuamente a perseverar hasta la muerte.

෨❖ඥ

Se podría tener una idea muy romántica del matrimonio y, ciertamente, tiene muchos momentos de felicidad y placer. Pero la calidad de un verdadero matrimonio se mide, más bien, por la fidelidad en todo momento, fácil o difícil, placentero o doloroso. El amor, más que un sentimiento, es una decisión y un compromiso. Es el compromiso de ser uno en todo instante, de apoyarse y animarse mutuamente, de mirar juntos en la misma dirección.

¿Cómo concibo una relación para toda la vida? ¿Sentiría que en momentos difíciles el amor se termina y ya no hay más que hacer que separarse?

San Florián

¿Quién nos apartará del amor de Cristo? ¿Tribulación, angustia, persecución,
hambre, desnudez, peligro, espada?
—Romanos 8:35

San Florián era un comandante del ejército romano en lo que es hoy Austria, y era responsable de la brigada de bomberos. Durante la persecución de Diocleciano, Florián se dio cuenta de que cuarenta de sus compañeros del ejército habían sido encarcelados por ser cristianos, y se sintió impulsado a negarse a perseguir a los cristianos. Fue llevado ante el cónsul, quien le pidió que adorara a los ídolos romanos y, cuando se negó, fue torturado cruelmente y luego arrojado al agua. Su cuerpo fue arrastrado por la corriente. Es patrón de los bomberos y también de los que están en peligro de ahogarse.

৪০❖ঝ

El agua y el fuego, tan necesarios para la vida, son también causa de muerte. En el caso de Florián son a la vez la causa de su muerte física, pero de su vida eterna. El agua del Bautismo es la promesa de vida; el fuego del Espíritu es la garantía de una vida santa.

Señor nuestro Jesucristo, que por el Bautismo nos enterraste en tu muerte y nos diste
la vida nueva de tu Resurrección, y que por la venida del Espíritu has puesto el fuego
de tu amor en nuestro corazón, concédenos la valentía y la fidelidad de Florián para
en todo momento llevar vida a quienes están cerca de nosotros y acercarlos al fuego
de tu amor y tu misericordia. Amén.

San Ángel

Los hijos de Dios no son los hijos carnales, sino la verdadera descendencia son
los hijos de la promesa.

—Romanos 9: 8

Ángel fue uno de los primeros miembros de la antiquísima orden del Carmelo. Sus padres eran judíos convertidos al cristianismo. Vivió como ermitaño en el Monte Carmelo por un tiempo, pero luego se trasladó a Italia, a Sicilia, donde convirtió a muchos judíos con su predicación y sus milagros. Durante una de sus predicaciones, fue apuñalado y, antes de morir, tuvo tiempo de perdonar y orar por sus perseguidores.

ᏚᎧ ❖ ᏚᎧ

Perdonar no es fácil, sobre todo cuando quienes hieren no piden perdón. El perdón, mucho más que un sentimiento, es una decisión de obrar con la convicción de que todos, por muy malvadas que sean sus obras, son hijos amados de Dios. Es una liberación de sentimientos negativos que quitan energía para otras cosas. Y supone la liberación y nuevo comienzo para la otra persona. Y a veces no es el perdón de una ofensa gravísima, como la muerte de Ángel, sino pequeñísimas cosas, comentarios hirientes, críticas, molestias pequeñas, las que son más difíciles de perdonar y olvidar.

¿Qué cosas me han molestado o herido más recientemente? ¿Cómo procuro
perdonarlas? ¿Guardo resentimientos fácilmente?

Santo Domingo Savio

Felices los limpios de corazón, porque verán a Dios.
—Mateo 5:8

Desde muy niño, Domingo, que había nacido en Italia en 1842, quiso ser sacerdote. Acudió a Juan Bosco, que estaba preparando lo que sería más tarde su Congregación Salesiana. Domingo se unió a la obra cuando solo tenía doce años, impresionando a Don Bosco por su intensa espiritualidad y su santidad. En el breve tiempo que estuvo en el oratorio, organizó un grupo de jóvenes y ayudó a Don Bosco en trabajos pesados y en el cuidado de niños difíciles. Pero tenía mala salud y murió cuando apenas tenía catorce años. El propio san Juan Bosco escribió su biografía.

☙ ❖ ❧

A veces la sociedad, e incluso la Iglesia, da por hecho que las personas tienen que tener bastante edad para esperar algo importante de ellas. Y, sin embargo, son los niños muchas veces quienes dan lecciones de bondad y buena acción, incluso sin darse cuenta de que lo están haciendo. Es natural para ellos. Lo importante es que, aunque ellos mismos no sean conscientes, los demás reconozcan la bondad, la pureza y la santidad de esas acciones y no las ignoren pensando que son cosas de niños. Se podrían desperdiciar grandes ejemplos.

¿Escuchamos a los niños y prestamos atención a sus intuiciones y a sus sentimientos? ¿Alguna vez hemos aprendido algo de nuestros niños?

Beata madre María de san José

Compartir tu pan con el hambriento, hospedar a los pobres sin techo, vestir al que ves desnudo y no despreocuparte de tu hermano. Entonces brillará tu luz como la aurora [. . .]
—Isaías 58:7–9

Se llamaba Laura Evangelista Alvarado Cardozo y es la primera beata venezolana, nacida en 1847. A los diecisiete años, ingresó en la Sociedad de Hijas de María y pronto comenzó a dedicarse al servicio de los más pobres. Cuando solo tenía veinticuatro años, se le encargó la dirección y administración del hospital San José, e ingresó en la congregación de agustinas recoletas. Con solo veintiocho años, fue nombrada superiora de la comunidad, edad temprana para tal cargo. La congregación dirigida por la madre María llevó a cabo muchas obras benéficas, como orfelinatos, asilos, hospitales y albergues. Murió a los noventa y dos años.

❧ ✣ ❧

La felicidad, decía una vez un niño, no es tanto hacer lo que uno quiera, sino querer lo que se hace. Ese querer lo que se hace lleva a una vida intensa, quizá sin fama ni mucha gloria o dinero, pero sin duda con grandes frutos. Una larga vida de servicio da muchos frutos y marca la diferencia en el mundo. Y eso es lo que hace la felicidad.

¿Amo mi trabajo, aunque parezca escondido o incluso monótono? ¿Qué frutos pienso que puede dar?

San Pedro de Tarentaise

Sean humildes y amables, tengan paciencia y sopórtense unos a otros con
amor, esfuércense por mantener la unidad del espíritu con el vínculo de la paz.
—Efesios 4:2–3

Pedro de Tarentaise fue un santo francés del siglo XII. Ingresó en el monasterio cisterciense de Bonnevaux y sorprendió a sus hermanos monjes por su caridad, humildad y modestia. Toda su familia más tarde ingresó en la orden del Cister, movidos por su ejemplo. Pedro fue elegido superior de un nuevo convento en Tarentaise, donde fundó un hospital para enfermos y forasteros. Luego fue nombrado arzobispo, pero encontró la diócesis en un estado terrible y trabajó arduamente para reconstruirla fundando escuelas y cuidando la liturgia. Después desapareció voluntariamente, retirándose a una lejana abadía en Suiza donde nadie le conocía. Pero al poco tiempo los superiores le obligaron a regresar a su diócesis. Desde ahí también trabajó por la reconciliación entre los reyes de Francia e Inglaterra.

☙ ❖ ❧

En nuestra sociedad, es frecuente tratar de arreglar los conflictos por medio de la violencia: gritos, golpes, ataques. . . Pero tales manifestaciones, en lugar de arreglar las situaciones, suelen agravarlas más. En cambio, la mansedumbre —la humildad, la paciencia, el saber conciliar opiniones y posiciones encontradas— construye mucho más y es un arma mucho más poderosa. Difícil y silenciosa, pero llena de fuerza.

¿Cómo suelo solucionar los conflictos y las diferencias de opinión en mi casa, con mi
familia? ¿En qué momentos he visto que la acción era más eficaz: con más violencia
o tensión, o con más paciencia?

Santa Luisa de Marillac

Carguen con mi yugo y aprendan de mí, que soy tolerante y humilde de
corazón, y encontrarán descanso para su vida. Porque mi yugo es suave y
mi carga ligera.

—Mateo 11:29–30

Luisa quedó huérfana siendo aún adolescente. Sentía deseos de ser religiosa, pero por su mala salud, no fue admitida. Se casó entonces con un hombre duro y violento a quien, con bondad, logró ir transformando. Cuando ella tenía treinta y cuatro años murió su esposo, y entonces decidió regresar a lo que consideraba su primera vocación. Conoció a san Vicente de Paúl y con él fundó la Congregación de Hijas de la Caridad, que están ahora extendidas por todo el mundo.

ဗာ ❖ ေ

Es posible que en ocasiones las personas confundan la bondad con la "tontería". Hay un dicho famoso entre los mexicanos que dice "Dios quiere personas mansas, no mensas". La bondad no se trata precisamente de dejarse pisar, sino más bien de enfrentar el mal con bien, responder resueltamente pero con mansedumbre, mantenerse firmes cuando las cosas se hacen difíciles. Esa perseverancia y firmeza de la bondad conquista el mundo.

Señor Jesús, tú invitaste a tus amigos a aprender de ti, manso y humilde de corazón.
En esa aparente debilidad encontramos tu enorme fuerza y poder que transforma
corazones y situaciones, y que impulsa al servicio de los demás. Enséñanos a cargar
con ese suave yugo tuyo y moviliza nuestra mente y nuestro corazón para seguirte
por los caminos por los que nos quieras guiar. Amén.

Beato Iván Merz

Yo soy el pan de la vida; el que viene a mí nunca pasará hambre, el que cree en mí nunca pasará sed.

—Juan 6:35

Iván nació en Bosnia a finales del siglo XIX. Sus padres lo enviaron a la academia militar, que abandonó después de tres meses. Quería ser profesor para dedicarse a la educación de los jóvenes. Al comienzo de la Primera Guerra Mundial tuvo que enrolarse en el ejército, donde maduró espiritualmente en contacto con los horrores de la guerra. Después de la guerra regresó a los estudios de Filosofía, primero en Viena y luego en París, en el Instituto Católico. Fue profesor de literatura francesa y alemana, y trabajó mucho con la juventud en la Acción Católica, esforzándose por inspirar un gran amor a la Eucaristía y a la liturgia, aunque no siempre fue comprendido. Murió cuando solo tenía treinta y dos años.

❧ ✤ ☙

Vivir en el mundo, en medio de los deberes sociales y políticos de los laicos, y mantener la fe y la vida de oración profunda, no es fácil. Hay distracciones, dificultades, conflictos de relaciones. El tiempo es corto para todo lo que hay que hacer. Crear el espacio para orar y celebrar a veces resulta complicado. Pero es lo que puede alimentar toda actividad que quiera tener buen fruto.

¿Cómo manejo mi tiempo? ¿Soy normalmente consciente de la presencia de Dios en medio de mi actividad diaria? ¿Qué tanto aprecio el regalo de la Eucaristía?

San Francisco de Jerónimo

Porque me devora el celo por tu templo.
—Salmo 69:9

Fue un misionero jesuita del siglo XVI obsesionado por la conversión de los pecadores. Ingresó en la compañía de Jesús y fue ordenado sacerdote cuando solo tenía veinticuatro años. Enseñó durante un tiempo en el Colegio Jesuita de Nápoles, y luego fue predicador en la misma ciudad. Su predicación era tan atractiva, que dicen que al menos cuatrocientas personas se convertían cada año. Francisco además visitaba prisiones y hospitales e incluso acudía a los antros de vicio para conversar con los pecadores y acercarlos a Cristo.

ᔐ❖ᔑ

Francisco parecía obsesionado con la evangelización de los más apartados. Las obsesiones normalmente no son buenas; parecen reflejar algo de desequilibrio psicológico. Sin embargo, cuando están dirigidas por una visión más alta, que no es egocéntrica sino para el bien de los demás, pueden ser grandes llamadas de Dios. Entonces se convierten en algo excelente, porque multiplican el bien y la Salvación y la Buena Noticia para los demás.

¿Hay algo que me obsesiona? ¿Es como una adicción? ¿Cómo discierno si es para el bien de los demás o es una esclavitud para mí?

Santo Domingo de la Calzada

No olviden la hospitalidad, por la que algunos, sin saberlo,
hospedaron ángeles.

—Hebreos 13:2

Domingo era un pastor español, que recibió una llamada mientras pastoreaba. Pero no lo quisieron recibir en ninguno de los dos monasterios adonde acudió por su falta de educación, y se decidió por ser ermitaño. Como muchos peregrinos pasaban por su ermita de camino a Santiago de Compostela, se dedicó al servicio de la hospitalidad, preparando albergues y atendiendo a los peregrinos. Salía a su encuentro donde los veía llegar, y construyó un albergue. Más tarde, para facilitar el camino a los peregrinos, construyó un puente y una calzada y por eso se le conoce como Domingo de la Calzada.

※❖※

Los caminos y los viajes son mucho más fáciles hoy día que en tiempos medievales. Pero la virtud de la hospitalidad no pasa de moda, ni deja de ser necesaria. Por el contrario, con la vida agitada e individualista de hoy día, parece cada vez más urgente abrir corazones y hogares a quienes llegan y pueden necesitar un espacio seguro, un recibimiento cálido y una voz de ánimo en su camino.

¿Cómo recibimos las visitas en nuestra casa y en nuestra familia? ¿Las sentimos como imposición, o a veces como amenaza? ¿Qué actitudes tenemos hacia los nuevos inmigrantes?

Santa María Mazzarello

Te instruyo sobre el camino de la sabiduría, te encamino por la senda recta. Al caminar no serán torpes tus pasos, al correr, no tropezarás.
—Proverbios 4:11–12

De campesina pobre e ignorante, esta italiana del siglo XIX pasó a ser la fundadora de una de las mayores congregaciones femeninas del mundo, las salesianas. Fundó en su pueblo una escuela de catecismo para niñas. Ella y sus amigas enseñaban costura y otras funciones domésticas y, entre clase y clase, iban introduciendo la religión. Un sacerdote observó el trabajo de estas jóvenes y las organizó en una asociación juvenil. Más tarde conocieron a Don Bosco, y con él fundaron la Comunidad de Hijas de María Auxiliadora, o salesianas. Los grandes amores de María fueron la Eucaristía, la Virgen y la juventud pobre a quien sirvió toda su vida.

❧ ❖ ☙

Parece que hoy día las líneas que separaban las distintas edades (niñez, adolescencia, juventud, adultez) están un poco diluidas por efecto de los rápidos medios de comunicación y las diversas prácticas educativas. Por eso, si por un lado parece que los jóvenes "saben más" a más temprana edad, por otro parecería que la madurez se ha dilatado, y que ahora se espera más tiempo para entregar responsabilidades a los jóvenes. Confiar en ellos y entregarles responsabilidades de liderazgo favorece su crecimiento y representa esperanza para la Iglesia.

Dios de amor y bondad, tú llamaste a muchos jóvenes a tu servicio y les concediste dones de profecía y liderazgo. Sigue repitiendo tu obra en nuestra juventud; llama a muchos jóvenes a tu servicio, a ser tus discípulos y a salir a la gran misión de la evangelización de otros jóvenes.

San Matías

No desprecies las historias de los ancianos
que ellos escucharon a sus padres;
porque de ellos recibirás prudencia,
para saber responder cuando haga falta.
—Eclesiástico 8:9

Se afirma que san Matías fue uno de los setenta y dos discípulos enviados por Jesús a predicar. En Hechos de los Apóstoles, se relata cómo Matías fue uno de los que acompañó a Jesús durante toda su vida pública. Para reemplazar a Judas como uno de los doce apóstoles, se presentó como candidatos a Bernabé y a Matías y la elección recayó sobre Matías. Según la tradición, Matías predicó en Judea y luego en otros países, y al final fue martirizado en Cólquida. Se dice que santa Elena trasladó su cuerpo de Jerusalén a Roma.

❧ ❖ ❧

Los sustitutos suelen tener un trabajo muy duro. Se los coloca en una posición "en lugar del verdadero ocupante". Por eso se exige de ellos una gran humildad que no trata de competir o parecer mejor que el predecesor, pero que, al mismo tiempo, trata de cumplir con los deberes del oficio lo mejor que se puede. Un buen sustituto trata de no compararse con la persona a la que ha sustituido, y en todo momento ser respetuoso del trabajo anterior. Lo mismo puede ocurrir en una familia que pierde a un miembro. . . nada puede sustituirlo, pero a quien le toque ocupar el puesto, le toca también hacerlo con gran elegancia y delicadeza.

¿En algún momento me ha tocado hacer el trabajo que antes hacía otra persona?
¿Trato de no establecer comparaciones o de no parecer mejor que el anterior?
¿Intento hacer lo mejor que pueda, pero desde un espíritu de humildad?

San Isidro Labrador

¡Dichoso el que respeta al Señor y sigue sus caminos! Comerás del trabajo de
tus manos, ¡dichoso tú, que te irá bien!
—Salmo 128:1–2

Isidro era un campesino pobre del siglo XII. Nació en Madrid, España, y era un hombre de profunda devoción, vida de oración y caridad. Se casó con María de la Cabeza, también santa. Isidro nunca acudía a su trabajo sin haber ido primero a misa. Algunos de sus compañeros lo acusaban de no cumplir con sus obligaciones, pero el dueño de la finca pudo comprobar que el trabajo de Isidro era impecable. Se cuenta que Isidro dividía su salario en tres partes: para la familia, para los pobres y para el templo. Isidro y su esposa son patronos de la ciudad de Madrid y de los trabajadores del campo.

☙ ✣ ❧

A veces se piensa que ser buen cristiano consiste en rezar mucho. Y, ciertamente, la oración es lo que da la fuerza para vivir una vida cristiana. Pero para las personas laicas, arraigadas en la oración y la unión con Dios, las obligaciones cotidianas están referidas, sobre todo, a la atención a la familia y a un buen cumplimiento del trabajo. Cumplir con los deberes del trabajo no es un añadido, sino parte integral de la vida cristiana. Así lo entendió Isidro y, en su sencillez diaria, se ha convertido en modelo para los trabajadores cristianos.

¿Veo mi trabajo como una carga o como una llamada de Dios al servicio y a la
santidad en la vida diaria?

San Juan Nepomuceno

El que no tenga pecado, tire la primera piedra.
—Juan 8:7

En el siglo XIV, Juan Nepomuceno se distinguió por una vida eclesiástica en la que había alcanzado el alto puesto de vicario general. Era también confesor de la reina y el rey, un hombre lleno de pasiones y celos. El rey quiso obligar a Juan a que le contara lo que le decía la reina. Como Juan defendía el secreto de confesión, el rey decidió matarlo. Además, el rey pretendía regalar los bienes de un convento a un familiar suyo y cuando Juan se opuso, fue torturado y arrojado al río. San Juan Nepomuceno es el patrono de los confesores.

❧ ✧ ☙

"No somos chismosas, somos comunicativas", decían graciosamente unas comadres un día. A veces la línea es muy sutil y es difícil callar secretos o confidencias. En grupos de amistad, es frecuente comentar aspectos de la vida de los demás. Parece casi un juego inofensivo, y sin embargo, puede representar una traición ya que puede poner en peligro el nombre y la fama de otros. En el caso de Nepomuceno, mantener el secreto era parte de su obligación sacramental, pero la prudencia y la reserva pueden ser importantes para cualquier cristiano. Son partes del deber de caridad.

Señor Jesús, tú te acercaste a todos, justos y pecadores, para que todos pudiéramos vivir en el Padre. Enséñanos esa difícil delicadeza de defender el buen nombre de los demás y no extender rumores que pudieran ser dañinos. Llénanos de tu luz para discernir lo que no está bien, sin condenar al pecador, ya que también podríamos ser condenados.

San Pascual Bailón

"¡Te alabo, Padre, Señor de cielo y tierra, porque, ocultando estas cosas a los sabios y entendidos, se las diste a conocer a la gente sencilla!".
—Mateo 11:25

Campesino y pastor español del siglo XVI, siempre se distinguió por su gran amor a la Eucaristía. Siendo un niño, cuando oía desde el campo la campana que anunciaba la elevación, se arrodillaba en adoración. A los veinticuatro años pidió ingresar como hermano franciscano, pero como no tenía ningún estudio y apenas sabía leer, lo rechazaron. Sin embargo, más tarde lo aceptaron por su devoción. En el convento hacía los trabajos más humildes, pero en la noche pasaba largas horas en oración. Aun con su falta de instrucción, compuso varias oraciones al Santísimo Sacramento, y, cuando se trataba de hablar de la Eucaristía, era enormemente elocuente. Se distingue además por su espíritu siempre alegre.

❧ ✥ ❧

Ser inteligente e instruido es, sin duda, un gran don y puede hacer mucho bien a la sociedad. Pero la sencillez más profunda es la que ve las verdades directamente y no busca tanto impresionar a los demás, cuanto ser fiel a su propia llamada en la vida. Eso está al alcance de sabios, de los poco instruidos, de ricos y pobres. Consiste en mirar a Dios y referirlo todo a él. Y entonces, se puede alcanzar una verdadera y profunda alegría.

¿Qué cosas me preocupan o me angustian? ¿De qué maneras veo que a veces complico mi vida con miles de pensamientos y preguntas internas? ¿En qué momentos he vivido una felicidad más intensa?

San Juan I

*Las palabras que tú me comunicaste, yo se las comuniqué; ellos las recibieron
y comprendieron que realmente vine de tu parte, y han creído que tú
me enviaste.*

—Juan 17:8

Fue elegido papa en el siglo VI. El rey Teodorico, que era por entonces
gobernador de Italia, apoyaba a los arrianos, que negaban la divinidad de
Cristo. El emperador Constantino había ordenado cerrar los templos arrianos
y prohibía a los seguidores de ese grupo ocupar puestos públicos. Teodorico
quería que Juan intercediera ante Constantino, pero el papa se negó. Sí viajó
a Constantinopla, donde animó a los fieles a mantenerse firmes en la fe. A
su regreso a Roma, Teodorico encarceló al papa. Los malos tratos y torturas
quebraron su salud y murió en el calabozo.

ಶಃ❖ಜಿ

Hoy día se habla mucho de "decirle la verdad al poder", cosa que parece
desafiante y arriesgada, aunque quizá no tanto como en tiempos del Papa
Juan I. Decir la verdad y mantenerse en la justicia es arriesgado tanto si es frente
al poder como frente a las amistades, los círculos de amigos o los compañeros
de trabajo. Quizá no esté en juego la vida física, pero sí el buen nombre, el ser
considerados, el seguir perteneciendo al "círculo íntimo". . .

*¿Siento a veces que expresar mi opinión me puede llevar a que otros desaprueben
mis posiciones, me critiquen o me aparten de su círculo? ¿Me callo a veces, aunque
siento que la verdad es otra?*

San Ivon Helory

Meteré mi ley en su pecho, la escribiré en su corazón, yo seré su Dios y ellos serán mi pueblo.

—Jeremías 31:33

Francés, del siglo XIII, este juez es patrón de los juristas. Era hijo de un gran señor feudal. A los veinticuatro años ya tenía títulos en Filosofía, Teología y Derecho Canónico. Luego estudió Derecho Civil. Al terminar sus estudios fue nombrado juez del Tribunal Eclesiástico, desde donde protegió a los más débiles y defendió a los pobres. Se dice que administró la justicia con tanta bondad, que hasta los castigados reconocían su culpa y le daban las gracias. En 1284 regresó a su ciudad natal y fue ordenado sacerdote. En sus últimos años de vida se dedicó al trabajo parroquial, construyó un hospital y asistió personalmente a los enfermos.

❧ ✤ ☙

Con tantas demandas judiciales, es posible que los abogados y jueces no tengan muy buena fama. Sin embargo, tenemos grandes ejemplos de abogados y jueces cristianos, como por ejemplo algunos abogados de inmigración que luchan por que se haga justicia y se defienda el derecho y la dignidad. Pero también toda persona que tiene algún tipo de autoridad, como padres, maestros o jefes en los trabajos, está continuamente en discernimiento de lo que es justo. Al practicar esa justicia con bondad y amor, puede realizar transformaciones maravillosas en las personas, aunque tenga que ser firme en algunas decisiones difíciles.

Señor, Dios de Justicia y de Amor, concédenos luz y sabiduría para ver lo que es justo en nuestras actividades diarias y en nuestro trato con los demás. Danos firmeza para mantener la justicia, mientras brilla también en nosotros tu misericordia. Amén.

San Bernardino de Siena

El Señor extendió la mano, me tocó la boca y me dijo: Mira, yo pongo mis palabras en tu boca.

—Jeremías 1:9

Nació cerca de Siena, Italia, en 1280. Fue estudiante aventajado y además era muy sociable, simpático, bondadoso y amable. De joven se asoció con un grupo que se dedicaba a hacer obras de caridad, sobre todo en una epidemia que hubo en Siena. Bernardino ayudaba a los que iban a morir, para que murieran en paz. Los jóvenes milagrosamente no se contagiaron de la peste, pero Bernardino acabó agotado. Cuando recobró la salud, ingresó en el monasterio franciscano. No tenía muchas dotes para la predicación y además tenía poca voz, pero pidió a Dios ser instrumento de evangelización y fue a Milán a predicar una misión cuaresmal con un éxito impresionante. Predicó entonces por veintiséis años, con grandes frutos. Luchó también por la reconciliación de los conflictos en la Siena de su tiempo. Murió después de un viaje de predicación, en 1444.

❧ ✧ ☙

A veces se confunde la humildad con el negar los dones concedidos por Dios. Algunas personas quizá piensen que no están hechas para tareas concretas, pero si sienten la llamada, pueden tener también la seguridad de que los acompañará la presencia de Dios.

¿En qué momentos he sentido que, más allá de lo que yo mismo pensaba que podía hacer, he logrado cosas impensables para el bien de los demás y el servicio de Dios? ¿En qué momentos me siento instrumento de la obra de Dios?

San Cristóbal de Magallanes

Nadie tiene amor más grande que el que da la vida por los amigos.
—Juan 15:13

Cristóbal es un santo mexicano del tiempo de la persecución religiosa. Nació en una familia pobre y trabajó en el campo hasta los diecinueve años. Luego entró en el seminario, donde dio muestras de piedad y honradez. Cuando fue ordenado sirvió como capellán y subdirector de la escuela de artes y oficios, así como párroco durante diecisiete años. Organizó centros de catecismo y escuelas, fundó un asilo, y logró tierras y un método de regadío para ayudar a los campesinos. Cuando en 1927 fue a un rancho a celebrar una fiesta religiosa, fue arrestado y encarcelado. Antes de ser fusilado perdonó a los que lo iban a ejecutar.

℘❖℃

No se hace el bien sin una entrega personal que a menudo exige sacrificio. Eso lo saben muy bien los padres que sacrifican su propia comodidad para el futuro de sus hijos, los inmigrantes que buscan algo mejor para su familia, las madres que pasan horas velando la fiebre de un hijo, los esposos que renuncian a su propia comodidad y descanso para los demás. El momento culminante es dar la vida y la propia sangre, pero a lo largo del día se da mucha vida y mucha "sangre" por amor.

Señor Jesús, tú dijiste que no hay mayor amor que dar la vida por los amigos. Enséñanos la alegría de entregar la vida día a día, momento a momento. Y danos un corazón como el tuyo, que perdona y da la paz. Amén.

Santa Rita de Cascia

Sean amables y compasivos unos con otros. Perdónense unos a otros como
Dios los ha perdonado en Cristo.
—Efesios 4:32

Rita es llamada la patrona de los imposibles porque esta santa italiana del siglo XIV logró lo que humanamente podría haber sido imposible. Nació en una familia pobre y sus padres, que no sabían leer, le enseñaron todas las verdades de la fe. Ella tampoco fue a la escuela, pero leía en el Crucifijo todo lo que necesitaba para su vida en Dios. La obligaron a casarse con un hombre violento, bebedor y abusador. Con sus oraciones y su bondad, Rita llevó a su esposo suavemente a Dios. Ya convertido el esposo, una noche sus antiguos enemigos lo asesinaron y los hijos de Rita prometieron venganza. Pero Rita oró por sus hijos y, poco antes de morir, ellos perdonaron a sus enemigos y murieron en paz con Dios. Después de quedar sola, Rita ingresó a un monasterio donde vivió en oración el resto de su vida.

෨ ❖ ඥ

La vida de Rita podría parecer una invintación a soportar la indignidad y el maltrato. Pero no se trata de soportar sin esperanza de cambio, ya que a menudo, lo mejor es apartarse de una situación por respeto a uno mismo. En el tiempo de Rita esto era distinto, pero ella supo tener la esperanza de un cambio y conversión. Y también tuvo la fuerza de perdonar.

¿Me he encontrado en situaciones en las que he sentido mi dignidad pisoteada?
¿Cómo pude reaccionar? ¿Soy capaz de perdonar y luchar y orar por la
transformación de quienes abusan de su poder? ¿Cómo le pido a Dios esa gracia?

San Juan Bautista Rossi

Jesús en persona los alcanzó y se puso a caminar con ellos. Pero ellos tenían los ojos incapacitados para reconocerlo. Él les preguntó: ¿De qué van conversando en el camino? [. . .] les explicó lo que en toda la Escritura se refería a él.

—Lucas 24:15–17, 27

Nacido en Génova, Italia, en el siglo XVII, Juan fue protegido por unos esposos acomodados y piadosos que le dieron la buena educación que sus padres no podían proveer. Estudió en Roma y fue ordenado sacerdote a los 23 años. Impresionado por algo que había leído, empezó a hacer unas penitencias excesivas, que lo dejaron enfermo y aprendió que el mejor camino es aceptar las dificultades que trae la vida con alegría y esperanza. Dedicaba mucho tiempo a atender a los pobres y enseñar el catecismo. Pensaba que no podía confesar, porque no sabría qué consejos dar, pero el obispo le pidió que dedicara tiempo a la confesión y descubrió ahí su verdadera misión evangelizadora. Murió en 1764.

✥

El don del consejo implica, sobre todo, la escucha respetuosa de la otra persona, la empatía para ponerse en el lugar del otro y la humildad de no ofrecerse a sí mismo como ejemplo, sino reflejar el amor y la verdad de Dios.

Señor Jesús, tú entraste en el camino de los discípulos de Emaús para que supieran tu interés profundo por ellos, pudieran expresar sus preocupaciones y dolores y reconocer la luz y la verdad de Dios. Enséñanos, como a Juan Bautista Rossi, escucha y misericordia, empatía y claridad.

San Vicente de Lérins

Para eso he venido al mundo, para dar testimonio de la verdad. Quien está de parte de la verdad escucha mi voz.
—Juan 18:37

Vicente vivió en lo que es hoy Francia en el siglo V. Había sido soldado antes de ingresar en la abadía y dedicó gran parte de su energía a luchar contra las herejías de su tiempo. En su obra *Commonitorium*, Vicente hace un tratado de teología por medio de la historia "autobiográfica" de un monje imaginario que llegó a comprender las verdades cristianas por medio de la Escritura, pero también por la Tradición y el Magisterio. Estuvo muy criticado, pero hoy día su obra está reconocida como de gran valor. Se ignora la fecha de su muerte, que debió ocurrir hacia 445.

☙ ❖ ❧

Parece que Vicente de Lérins tuvo el don de acercarse a su audiencia facilitando un contenido denso y profundo por medio de una historia. Es un talento saber ponerse en la situación de quien escucha para hacer que el mensaje sea más creíble y convincente. Los papás y las mamás siempre se enfrentan a ese reto en la educación de sus hijos y en su diálogo con ellos.

¿De qué maneras comprendo el lugar en que están las personas a las que quiero alcanzar para comunicarme con ellas de la manera más directa y sencilla, y buscando que puedan estar abiertas al mensaje? ¿Cómo escucho?

Santa Magdalena Sofía Barat

La cosecha es abundante, pero los trabajadores son pocos. Rueguen al dueño
de los campos que envíe trabajadores para su cosecha.
—Mateo 9:37–38

Esta santa francesa del siglo XVIII tuvo desde niña pasión por aprender. Siendo muy joven, el jesuita padre Varín le pidió que lo ayudara a restablecer las escuelas católicas, que habían sido cerradas en la Revolución Francesa, y le pidió que pensara en la fundación de una congregación de religiosas educadoras, devotas del Sagrado Corazón. Ella lo aceptó todo, sin comprender demasiado qué se le pedía. A los veintitrés años se convirtió en superiora general de la congregación y empezó a trabajar incansablemente en la fundación de casas por toda Europa. Fundaba escuelas para jóvenes pobres, así como pensionados de pago, para poder subvencionar todas. Cuando tenía ochenta y cinco años pidió que se la dejara renunciar su cargo, pero la congregación solo accedió a que se nombrara una vicaria. Al año siguiente, tuvo un ataque cerebral y murió.

☙ ❖ ☘

El trabajo incansable puede ser señal de una adicción, o una virtud entregada al servicio de los demás. Depende de la intención y del espíritu con que se haga. Se puede hacer por conseguir alabanzas y fama personal, o por el amor a los demás, a su bien como personas y al servicio de Dios. Lo importante, como para santa Magdalena, es la pureza de la intención.

¿Qué me motiva a trabajar y a la acción? ¿En qué momentos hago cosas que en realidad son para mi propio honor? ¿Cómo pongo en manos de Dios todas mis acciones e intereses?

San Felipe Neri

Alégrense y gocen contigo todos los que te buscan. Digan siempre: Grande es el Señor, los que anhelan tu salvación.
—Salmo 40:17

Nació en Italia en 1515 y a la muerte de su madre, su padre lo envió a casa de un tío muy rico, que pensaba hacerlo heredero de sus bienes. Pero un día Felipe se dio cuenta de que las riquezas podrían impedirle dedicarse a Dios y salió de la casa de su tío. Fue a Roma donde un pariente le ofreció lugar en su casa si enseñaba a sus hijos. Luego se dedicó a enseñar catecismo a los pobres de Roma. Durante 40 años fue el mejor catequista de la ciudad. Tenía el don de la alegría y la amabilidad. Era seglar y, como ya tenía los estudios de teología, se ordenó sacerdote. Quería viajar como misionero, pero su director espiritual le dijo que su lugar de misión era Roma. Fundó entonces una congregación de sacerdotes, el Oratorio. En su casa de Roma, reunía a centenares de niños desamparados a los que enseñaba en un ambiente de alegría. También daba consejo a quienes se le acercaban.

෪ ❖ ༀ

Las personas alegres facilitan la vida de todos los de su alrededor. Las cosas que se hacen con alegría suelen estar mucho mejor hechas. No se trata de negar el dolor y la dificultad, sino de encontrar el sentido de lo que se hace y buscar la presencia de Dios en todo.

¿Reina en mi hogar la alegría? ¿Busco el sentido de las cosas y el agradecimiento por las bendiciones de Dios de manera que, incluso en la dificultad, podamos encontrar gozo?

San Agustín de Canterbury

Sé en quién he puesto mi confianza y estoy convencido de que puede custodiar el bien que me ha encomendado hasta el último día.
—2 Timoteo 1:12

Agustín era el superior de un convento benedictino en Roma cuando el Papa Gregorio Magno pensó en la evangelización de Inglaterra, y lo envió con treinta y nueve monjes más. Casi al llegar a Inglaterra, los monjes sintieron terror de entrar en la isla, y le pidieron a Agustín que regresara a Roma a hablar con el papa. Agustín lo hizo y Gregorio lo animó tanto, que los monjes se animaron a entrar en la isla. Sorprendentemente, el rey los recibió y pronto se hizo bautizar con otros veinte mil ingleses. El papa entonces nombró a Agustín arzobispo y le dio instrucciones de no destruir los templos ni las costumbres del pueblo, sino evangelizarlas y encontrar la semilla cristiana. Agustín trabajó incansablemente por la conversión de Inglaterra y por la organización de la Iglesia en ese país. Gozó de gran fama de santidad entre el pueblo.

❧ ❖ ☙

A veces los temores son más bien fruto de prejuicios sobre lo que no se conoce que de realidades. Se pueden anticipar males o agravios de personas que, en realidad, no están mal dispuestas. Un espíritu abierto tiene la confianza de esperar lo mejor de los demás, conocidos o no. Eso ayuda enormemente a las relaciones humanas.

¿Anticipo a veces malas reacciones de personas que no conozco? ¿Me he visto alguna vez sorprendido por la buena disposición y actitud? ¿Cómo confío, en primer lugar, en la bondad básica de las personas?

San Germán de París

Hijo, tú siempre estás conmigo y todo lo mío es tuyo.
—Lucas 15:31

Francés, de comienzos del siglo VI, tuvo una gran influencia sobre el rey de París, quien bajo su guía se convirtió de una vida bastante disipada. Germán trabajó incansablemente contra los males causados por las guerras y la mala vida de los nobles. Convenció al rey para que eliminara prácticas paganas, pero también para que limitara los excesos que se tenían a veces en las celebraciones cristianas. El rey que sucedió a Childebert, a quien había convertido Germán, tuvo un reinado muy corto y sus cuatro hijos se disputaron la monarquía. Germán trabajó incansablemente por la paz, pero sin buenos resultados. Cuando al fin se logró la paz de París, Germán cayó enfermo y murió al año siguiente. Es considerado patrón de la ciudad.

※❖❧

Las herencias a menudo traen conflictos entre los herederos. Todos parecen querer tener derecho a más. Hoy día se habla mucho de la rivalidad entre hermanos, pero el hecho es que desde los comienzos de la Biblia se ven conflictos entre hermanos. La envidia, en el fondo, es un problema de identidad. Cuando alguien no está a gusto en su propia piel, tiende a envidiar a otros, que le parece que tienen más o por ser algo que él no es. Contra la envidia siempre está el agradecimiento por lo mucho recibido.

¿Cómo enseñamos a nuestros hijos a ser agradecidos y a celebrar lo bueno que cada uno ha recibido, sin necesidad de desear lo que tiene el otro? ¿Procuramos dar a cada uno lo que necesita según sus dones y capacidades?

Santa Julia Úrsula Ledochowska

Me hice todo a todos para salvar al menos a algunos.
—1 Corintios 9:22

Julia Ledochowska fue una mujer austriaca cuya familia se trasladó a Polonia a finales del siglo XIX. Entró al convento de las Hermanas Ursulinas en Cracovia, donde se distinguió por su espiritualidad y la buena enseñanza que proporcionaba a las estudiantes. En 1886 viajó a Rusia, donde se hizo cargo de un internado para jóvenes polacas. La comunidad comenzó a crecer, pero tenían que vivir la vida religiosa en secreto a causa de la persecución política. A raíz del comienzo de la Primera Guerra Mundial, la comunidad se trasladó a Escandinavia. Al fin pudieron regresar a Polonia en 1920, donde recibieron permiso del Vaticano para formar la Congregación de Hermanas Ursulinas del Corazón de Jesús Agonizante, entregadas a la educación de jóvenes, y también al desarrollo humano en los lugares en que se encontraran. Julia Úrsula promovió muchas iniciativas de formación de jóvenes y adultos.

ဢ❖ဢ

Los cambios son difíciles. Es difícil dejar lo conocido. Pero Dios continuamente llama a pensar en las circunstancias y las necesidades que cambian según los tiempos o los acontecimientos políticos. Y hay que estar abierto a responder, como Julia, sin aferrarse a lo acostumbrado, para poder cubrir la verdadera necesidad alrededor.

Señor Jesús, danos un corazón abierto y flexible para no aferrarnos a lo que ya sabemos hacer y a los lugares donde estamos cómodos, y salir al encuentro de las personas que tienen sed de ti allí donde estén y en las circunstancias en las que se hallen. Danos la libertad de no aferrarnos a lugares, modos, o costumbres, para aferrarnos en todo momento a ti. Amén.

San Fernando III

No sea así entre ustedes; más bien, quien entre ustedes quiera llegar a ser grande, que se haga servidor de los demás.
—Mateo 20:26

Era hijo de Alfonso IX de España y primo de san Luis de Francia. Fue modelo de gobernante, hombre de fe, padre y esposo. Construyó catedrales y fue el fundador de la Universidad de Salamanca. Firmaba sus cartas como "Caballero de Jesucristo, Siervo de la Virgen María". Consiguió liberar gran parte del reino del dominio árabe y propagó la devoción a la Santísima Virgen.

☙ ❖ ❧

El cargo monárquico lleva consigo honores y majestad. Fernando, sin embargo, se consideraba, ante todo, siervo. Un siervo que buscaba en todo la extensión de la fe y la evangelización. En la tentación frecuente de asociar puestos y posiciones de autoridad con un trato especial, se puede perder de vista el sentido de por el que se trabaja. Y también un poco el sentido de identidad. Quienes tienen una cierta autoridad, esperan, a veces, la reverencia y sumisión de los demás y olvidan que su posición no tiene razón de ser si no es para servir.

¿Veo a veces cómo algunas personas esperan un trato especial porque tienen un puesto de autoridad (por pequeño que parezca)? ¿Siento a veces esa tentación de esperar de los demás privilegios u honores?

María visita a su prima Isabel

Entonces María se levantó y se dirigió apresuradamente a la serranía, a un
pueblo de Judea. Entró en casa de Zacarías y saludó a Isabel. Cuando Isabel
oyó el saludo de María, la criatura dio un salto en su vientre. Isabel, llena de
Espíritu Santo, exclamó con voz fuerte:
Bendita tú entre las mujeres y bendito el fruto de tu vientre. ¿Quién soy yo para
que me visite la Madre de mi Señor?
—Lucas 1:39–43

Cuenta el Evangelio de hoy que María salió presurosa a ayudar a su anciana prima Isabel. No la detuvo ni su propio embarazo ni la dificultad del camino. En el encuentro de las dos mujeres, hay reconocimiento de la salvación, la presencia del Señor y una gran alegría.

ဆာ ❖ ଓଃ

En la cultura hispana, las visitas suelen ser inesperadas: a veces, causa de alegría y en otras de incomodidad. Pero siempre se reciben bien, porque la hospitalidad es uno de los valores más fundamentales. Lo profundo de la hospitalidad es el reconocimiento de la imagen de Dios presente en quien viene a visitar. Ese reconocimiento, como para Isabel, es causa de alegría para quien recibe y también para quien es bienvenido, ya que se agradece el tener así la puerta abierta.

Señor Jesús, como a María, tú nos haces bienaventurados porque siempre nos visitas
en cada Eucaristía. Tu hospitalidad tiene para nosotros las dos dimensiones: nos
recibes como tuyos, pero también nos pides ser recibido y que vivamos en ti, porque
tú vives en nosotros. Que el reconocimiento de esta altísima gracia nos haga
agradecidos y nos llene de alegría.

Junio

Beato Juan Bautista Scalabrini

*Los recogeré por las naciones, los reuniré de todos los países y los llevaré
a su tierra.*
—Ezequiel 36:24

Juan Bautista Scalabrini nació en 1839 en Italia. Después de la secundaria, ingresó en el seminario diocesano. Fue profesor del seminario y después párroco. El Papa Pío IX lo nombró obispo, y Juan Bautista desarrolló una actividad pastoral extraordinaria. Visitó cinco veces las 365 parroquias de la extensa diócesis, organizó seminarios, reformó estudios, predicó, animó a la fe del pueblo y se acercó personalmente a las necesidades del pueblo, visitando enfermos y encarcelados. Fundó asociaciones obreras, cajas de ahorros, cooperativas y otras entidades de acción católica. En su tiempo, se dio una enorme ola de emigración desde Italia y Scalabrini fundó una congregación para asistir religiosa, moral, social y legalmente a los emigrantes.

☙ ❖ ❧

Salir de la propia tierra no es nada fácil. Supone enfrentarse a mil dificultades y experiencias distintas. El sueño de algo mejor a menudo se convierte en pesadilla, hasta que se pueden levantar y empezar a progresar. Pero todos los cristianos son pueblo en marcha: vienen de Dios y hacia Dios, su patria verdadera. Lo importante es que unos a otros se ofrezcan el acompañamiento y apoyo generoso en el camino.

*¿Qué experiencia de dejar mi casa he tenido? ¿Dónde y con quién encontré apoyo?
¿Quién me ayudó o me está ayudando a salir adelante? ¿Cómo puedo yo
acompañar a otros espiritual y materialmente en su camino?*

San Félix de Nicosia

La Sabiduría es luminosa y eterna,
la ven sin dificultad los que la aman,
y los que van buscándola, la encuentran;
ella misma se da a conocer a los que la desean.

—Sabiduría 6:12–13

Nació en Italia a principios del siglo XVIII en una familia muy humilde. De niño, trabajó de zapatero para ayudar en el hogar. Nunca pudo ir a la escuela y cuando quiso ingresar en el convento capuchino, lo rechazaron por ser analfabeto. Después de siete años de insistencia, fue admitido como hermano lego. Su función era mendigar por la ciudad para conseguir limosnas que entregaba a los pobres. De esta manera, tocando de puerta en puerta, hizo una gran obra de evangelización. A pesar de no saber leer, conocía bien las Escrituras y la doctrina de la Iglesia, porque se esforzaba por aprender pasajes de memoria. Era muy devoto de la Eucaristía y logró la conversión de muchos.

✞

Dios no hace distinción entre las personas. Las personas pobres, ricas, con educación o sin ella, todas son llamadas al servicio y al amor de Dios, y él concede la sabiduría necesaria a quienes le responden. Pero hoy día, en nuestra sociedad, es importante tener algunos conocimientos para poder acceder a oportunidades sociales. Hay centros populares y parroquias que ofrecen apoyo para la lectura y escritura, hacer el GED o aprender inglés. Es una puerta abierta a una vida algo más realizada.

¿Conozco a personas que no han tenido oportunidades de estudiar? ¿Hay cerca de mí alguna oferta de estudios en parroquias o centros populares? ¿Cómo puedo animar y apoyar en la búsqueda de este derecho fundamental que es la educación?

Santos Carlos Luanga, José Mkasa y compañeros

En medio de los paganos procedan honradamente y así los que los calumnian como malhechores, al presenciar las buenas obras de ustedes, glorificarán a Dios el día de su visita.

—1 Pedro 2:12

En el siglo XIX, los misioneros evangelizaron África y la comunidad cristiana se extendió rápidamente. En un principio, no hubo problemas, pero el rey de Uganda tenía un estilo de vida muy inmoral y se dio cuenta de que el testimonio cristiano interfería con él. Comenzó a perseguir a los cristianos y ordenó matar a José Mkasa, el líder de la comunidad. Carlos Luanga reemplazó a José. El rey quería que Carlos, que era paje en su corte, con otros veinte jóvenes rechazaran la fe cristiana. Todos murieron proclamando el nombre de Jesús.

❧ ✤ ❧

El estilo cristiano de vida, aun sin palabras, delata la corrupción y la inmoralidad de alrededor, porque va contracorriente. Lo más fácil, sin embargo, es adaptarse a las normas imperantes en la sociedad, pasar desapercibidos y no tener problemas de persecución, rechazo o crítica. Pero ese conformarse niega la identidad católica. Aun sin palabras, simplemente viviendo fielmente a las enseñanzas de Cristo, ya se está siendo profeta y mártir.

¿Qué aspectos del estilo cristiano denuncian modos y prácticas de la sociedad a mi alrededor? ¿Qué prácticas de esta sociedad están en contraste con lo que creo? ¿Cómo puedo mantenerme fiel a lo que creo?

San Francisco Caracciolo

Saben interpretar el aspecto de la tierra y el cielo, ¿cómo entonces no saben interpretar el momento presente?

—Lucas 12:56

Una equivocación hizo que Francisco, que deseaba seguir a Cristo, pero no había encontrado una comunidad, se convirtiera en fundador y santo. Francisco, nacido en Italia en el siglo XVI, recibió una carta destinada a un tal Ascanio Caracciolo pidiendo colaboración en una fundación. No era para él, pero cuando Francisco la leyó, se dio cuenta de que la comunidad propuesta era lo que él estaba buscando. Fue la Congregación de Clérigos Regulares, que dedican la mitad de su tiempo a la oración y la otra mitad a la predicación. A Francisco lo llamaban el predicador del amor de Dios, porque constantemente predicaba sobre la misericordia de Dios para los pecadores.

෫ ❖ ෬

Para Dios no hay casualidades, y puede servirse de cualquier circunstancia para extender una llamada para su servicio y el bien de los demás. A veces las personas piden signos, y Dios los da, pero normalmente no son señales milagrosas, sino llamadas al bien en un encuentro con alguien que necesita consuelo, en una enfermedad o el peligro de un hijo, en una palabra de cariño ofrecida en el momento oportuno, así como en las propias equivocaciones, fallos y debilidades. Dios nos habla continuamente y nada es casual.

Señor, Dios del amor, concédenos la gracia de tener los ojos y los oídos del corazón siempre abiertos a tus llamadas. Que no perdamos las oportunidades de gracia que nos ofreces continuamente, en cada uno de nuestros días. Que, por buscar signos extraordinarias, no perdamos las extraordinarias gracias que nos ofreces en pequeñas señales, acciones y encuentros diarios. Amén.

San Bonifacio

Que la gente nos considere como servidores de Cristo y administradores de los secretos de Dios.

—1 Corintios 4:1

Winfrido era inglés, pero se le conoce como Bonifacio y es el apóstol de Alemania. Escribió la primera gramática latina producida en Inglaterra. Fue ordenado sacerdote cuando tenía 30 años y se dedicó al estudio de la Biblia. El Papa Gregorio II envió a Winfrido a predicar y le cambió el nombre a Bonifacio, que significa "bienhechor". Bonifacio partió inmediatamente hacia Alemania y al poco tiempo, el papa lo nombró obispo de toda Alemania, con poder para crear más diócesis. Con un discípulo suyo, Bonifacio fundó la Abadía de Fulda, que ha sido un importante centro de espiritualidad y evangelización de Alemania. Cuando se disponía a realizar una Confirmación, una horda violenta entró en el templo y lo asesinó.

❧ ✦ ☙

La misión del anuncio del Evangelio corresponde a todos los cristianos por su Bautismo. Algunos, sin embargo, tienen la llamada especial a salir de su tierra y a proclamar la Palabra en otros pueblos. Así se ha podido extender la Iglesia. Eso es necesario, pero no quita la responsabilidad a quienes tienen que ser testigos, discípulos misioneros desde su propia ciudad y circunstancia.

¿Cuál es el testimonio que puedo dar hoy a mi alrededor? ¿Cómo puedo ser presencia y anuncio de Cristo para otros por medio de mi servicio, obras de amor, ayuda, solidaridad y ejemplo? ¿Qué podría hacer hoy?

San Marcelino Champagnat

Cuando te acerques a servir al Señor,
prepárate para la prueba;
mantén el corazón firme, sé valiente,
no te asustes cuando te sobrevenga una desgracia.
—Eclesiástico 2:1–2

Era un buen muchacho francés nacido en una familia humilde durante la Revolución francesa. Como no pudo ir a la escuela, tuvo dificultades para ser admitido en el seminario, pero con mucho tesón, logró estudiar y pasar los cursos necesarios. Nadie hubiera podido imaginar que, años más tarde, Marcelino sería fundador de la Congregación de Hermanos Maristas. Cuando fue ordenado y destinado a una parroquia, vio que los niños no tenían escuela ni catequesis y los mayores apenas iban a la Iglesia. Pronto reunió a jóvenes que habían expresado su deseo de ser religiosos y eso fue el comienzo de los hermanos Maristas. Al cabo de un año, Marcelino abrió una escuela y luego siguieron más. En el momento de su muerte, a los cincuenta y un años, ya había cincuenta casas y escuelas y alrededor de siete mil alumnos.

☙ ❖ ❧

Hay una terca fidelidad que no se deja vencer por los obstáculos, ya sean de la propia personalidad o del exterior. Marcelino superó su propia ignorancia y los obstáculos a su alrededor, sin ceder en ningún momento ni a los consejos de abandonar su propósito, ni a las dificultades sociales y económicas. ¡Se consiguen grandes cosas cuando "no se sabe" que no se pueden hacer!

¿Qué obstáculos he tenido que vencer para llegar a donde estoy hoy? ¿Qué cosas he abandonado por pensar que no iba a poder? ¿Hubieran merecido la pena? ¿Pienso que estoy todavía a tiempo?

Beata Ana de San Bartolomé

*He peleado el buen combate, he terminado la carrera, he mantenido la fe.
Sólo me espera la corona de la justicia que el Señor como justo juez me
entregará aquel día.*

—2 Timoteo 4:7–8

Ana fue una joven pobre pastora española, que tuvo que luchar mucho para seguir su vocación. Aunque no tenía estudios, y sus hermanos y familiares se oponían totalmente a su vocación, Ana tenía una visión de un Carmelo reformado y cuando se encontró con Teresa de Ávila, supo que su lugar estaba con ella. Fue compañera y fiel amiga de Teresa y más tarde fue enviada a Francia, Bélgica y Holanda a fundar, en medio de grandes persecuciones y oposición de muchos. Pero, como Teresa, Ana tenía muy claro dónde la llamaba Dios y siguió su camino hasta muy avanzada edad. Cuando murió, como Teresa, murió siendo "fiel hija de la Iglesia".

❧ ❖ ☙

Hay personas, dentro y fuera de la Iglesia, que, incluso con buena intención, pretenden desviar a otras del camino que ellas ven marcado por Dios. Las opiniones, que contrastan con las propias, pueden hacer tambalear cualquier decisión. Es fácil dejarse llevar por lo que dicen los demás, aunque internamente se intuya que el camino es otro. Solamente una fuerza más grande e interna, que es la voz de Dios, puede dar cimiento y raíz a las decisiones personales.

*Señor Jesús, cuando todo a nuestro alrededor parece querer conducirnos lejos de ti,
con reclamos de comodidad, seguridad, posesiones o prestigio, ábrenos el corazón
para escuchar tu voz dentro y tener la seguridad de que, en el camino que nos has
marcado, siempre vas a estar presente con tu fuerza. Amén.*

San Nicolás de Gésturi

Lo mismo que el Hijo del Hombre no vino a ser servido, sino a servir y a dar su vida como rescate por muchos.

—Mateo 20:28

Nacido en Italia en 1882, en una familia modesta, se llamaba Juan Medda. Quedó huérfano pronto y fue a vivir con una hermana. Desde muy niño sintió la vocación religiosa, pero la pobreza le impidió seguirla durante bastantes años. Por fin, a los veintinueve años pudo entrar como terciario oblato en el convento capuchino. Sus diez primeros años de vida religiosa los pasó en distintos conventos de Cerdeña, en los que desempeñó principalmente el oficio de cocinero. En 1924 fue trasladado a Cagliari, donde permaneció treinta y cuatro años cumpliendo el oficio de "limosnero". Muchísimos, al encontrarse con él, le hacían confidencias y le pedían consejo y oraciones. Además, muchas familias lo llamaban para que visitara a sus enfermos. Vivió en el silencio y la fidelidad, ofreciendo su atención a todos los que lo necesitaran.

❧ ✦ ☙

Los trabajos más pequeños pueden ser los de mayor servicio para otros. Ninguna actividad humana, realizada como servicio y con sentido de misión, es insignificante. Quien cocina puede estar realizando una misión tan importante como quien da una clase en la universidad o predica desde una catedral.

Señor Dios nuestro, en las cosas más pequeñas de nuestro día, ahí está tu mano. Ayúdanos a hacerlo todo, lo pequeño y lo grande, con la alegría de saber que es para el servicio de nuestros hermanos y para tu gloria. Amén.

San José de Anchieta

Ya coman, ya beban o hagan lo que sea, háganlo todo para la gloria de Dios.
—1 Corintios 10:31

El padre de José era primo de san Ignacio de Loyola. José estudió en Portugal, destacando como un excelente estudiante y poeta. Alguien lo alentó a ingresar en la Compañía de Jesús y fue enviado a Brasil, donde empezó su primera labor de catequesis con los indios tupis, a quienes evangelizó mediante la poesía. En otro poblado indígena fundó un colegio, que atrajo a mucha gente y fue el comienzo de lo que es hoy la gran ciudad de Sao Paulo. Más tarde, en Rio de Janeiro, construyó un colegio y el primer hospital de la ciudad.

౭౦ ❖ ౧౩

Los talentos de cada persona no son regalos que Dios hace para el propio disfrute. Están destinados a ponerse al servicio de los demás. Reconocer los propios talentos es importante y, lejos de ser una falta de humildad, es reconocimiento de lo que Dios regala. Hay personas que pueden escribir, otras que pueden hablar o cantar bien, otras que pueden cocinar, dibujar. . . todos esos dones tienen que servir para el bien de otros.

¿Qué talentos pienso que Dios me ha dado? ¿Cómo los pongo al servicio de mi familia o de mi comunidad? ¿Siento a veces timidez al expresarlos, o los considero no como mérito propio, sino como don de Dios?

Beatos Tomás Green y Gualterio Pierson

"Si se mantienen fieles a mi palabra, serán realmente discípulos míos, conocerán la verdad, y la verdad los hará libres".
—Juan 8:31–32

Tomás Moro y Juan Fisher son conocidos por haberse opuesto a Enrique VIII. Menos conocidos, pero mártires por la misma causa, son Tomás Green y Gualterio Pierson, que eran monjes en Londres, Inglaterra. Se negaron rotundamente a firmar un juramento de lealtad a Enrique VIII, que implicaba reconocer su divorcio y su poder para autodenominarse como cabeza de la Iglesia en Inglaterra, y fueron encerrados en una cárcel donde murieron de hambre y enfermedad.

めい❖ひひ

Firmar un papel, como la palabra de honor dada, pueden parecer cosas sin importancia. En el fondo, sin embargo, comprometen la identidad y la libertad de la persona, si en tales acciones se falta a la verdad. Firmar o declarar algo con promesa equivale a entregar la propia persona, comprometer el propio honor. Solo se puede hacer desde una gran libertad. Prometer en falso, mentir, es en el fondo esclavizarse.

¿Ha habido momentos en que, por no "quedar mal" o que alguien no pensara mal de mí, he comprometido mis convicciones?

San Bernabé

La multitud de los creyentes tenía una sola alma y un solo corazón. Nadie consideraba sus bienes como propios, sino que todo lo tenían en común. Un tal José, a quien los apóstoles llamaban Bernabé, que significa Consolado, *levita y chipriota de nacimiento, poseía un campo; lo vendió y puso el dinero a disposición de los apóstoles.*

—Hechos de los Apóstoles 4:32, 36

Bernabé era un judío de la tribu de Leví. Fue compañero de Pablo en la tarea de evangelización. En los Hechos de los Apóstoles se menciona que vendió sus propiedades y puso el dinero a disposición de la comunidad. Evangelizó en Antioquía y luego en Chipre. Se dice que Bernabé dio su vida por la fe y fue apedreado en Salamina.

❧ ✦ ☙

Hoy día, hay tantas necesidades y miserias en el mundo, que resulta difícil alcanzar a todos. Pero uno de los mayores valores de la comunidad hispana es la solidaridad. En cuanto se conoce una necesidad, todos entregan lo que pueden para asistir a quien está en problemas. Es ese mismo espíritu de "ponerlo todo en común", que era un gran motor de la primera comunidad cristiana. Se dice que entre ellos no había quien pasara necesidad.

Señor Dios nuestro, dueño y dador de todo. Tú nos has creado a todos como hijos tuyos y hermanos entre nosotros, y nos has dado todo lo que somos y tenemos. Todo te pertenece y todo debe estar al servicio de tus hijos. Danos luz para reconocer esto y desprendimiento para no aferrarnos a lo que somos o tenemos. Amén.

San Juan de Sahagún

Quien entre ustedes quiera llegar a ser grande, que se haga servidor de los demás y quien quiera ser el primero, que se haga sirviente de los demás.
—Mateo 20:26–27

El nacimiento de Juan fue algo casi milagroso, porque después de muchos años de matrimonio, sus padres no tenían hijos y se los pidieron con mucho fervor a la Virgen. Juan fue educado por los monjes benedictinos y estudió en el seminario. Como era muy inteligente, tuvo cargos honoríficos, pero él pidió ser trasladado a una parroquia pobre. Después de varios años de sacerdocio, estudió Teología en la Universidad de Salamanca y empezó a ser un gran predicador. Una experiencia de enfermedad le hizo pensar que su verdadera vocación estaba en una comunidad religiosa y se hizo monje agustino. Al principio, en el monasterio, a pesar de ser un doctor en Teología, lo pusieron a hacer los trabajos más sencillos, y los realizaba con gran humildad. Era muy amable y conciliador, y consiguió muchas conversiones y reconciliaciones de grupos enemigos. Predicaba fuertemente contra los ricos, lo cual le atrajo algunas enemistades. Sus preferidos eran los huérfanos, los enfermos y los ancianos.

 හ ✣ ෬

Los honores, el reconocimiento, el prestigio, son muy atractivos. Y sin embargo, en las figuras más grandes, siempre se enfatiza la preferencia por los pobres, los más pequeños, los desconocidos y los que sirven. No es, en nuestros días, una posición popular, pero está en el núcleo del mensaje cristiano.

¿Me siento a veces dolido porque no se me ha reconocido una buena acción, o un éxito o avance en mi trabajo o estudios? ¿A qué "pequeños" de mi alrededor sirvo?

San Antonio de Padua

Supongan que un hermano o hermana andan medio desnudos, o sin el alimento necesario, y uno de ustedes le dice: vayan en paz, abríguense y coman todo lo que quieran; pero no les da lo que sus cuerpos necesitan, ¿de qué sirve?

—Santiago 2:15–16

Antonio nació en Lisboa, Portugal, en el siglo XII. Se llamaba Fernando y era hijo de nobles de origen francés. Desde muy joven quiso ser sacerdote, pero su familia no aceptó su vocación. Para evitar presiones, renunció a la herencia de su familia y marchó a Coimbra, donde conoció una comunidad franciscana. Cuando llegaron al monasterio restos de los primeros mártires franciscanos muertos en Marruecos, decidió ingresar en la orden. Ahí cambió su nombre a Antonio. Fue a Marruecos, y al tratar de regresar a Portugal, una tempestad llevó el barco a Sicilia. Estando en Italia conoció a San Francisco de Asís y decidió permanecer allí. Más tarde, sus superiores lo enviaron a Francia y luego a Padua, donde fundó una escuela franciscana. Allí se quedó el resto de su vida, teniendo una enorme influencia en la vida de la ciudad por su predicación. Escribió varios tratados de mística y se publicaron sus sermones.

଼଼ ❖ ଼଼

Las buenas palabras y buenos consejos y el testimonio de Cristo son importantes y pueden ser muy beneficiosos. Pero lo que verdaderamente "jala" es el ejemplo. No todos pueden ir a misiones, pero el ejemplo de vida está al alcance de todos y es misión de todos.

Señor Jesús, concédenos de tal manera identificarnos contigo que toda nuestra vida, sin palabras, sea una proclamación sonora de tu amor y de tu mensaje de salvación. Amén.

Santos mártires de Córdoba

*El reino de los cielos se parece a un tesoro escondido en un campo: lo descubre
un hombre, lo vuelve a esconder y, lleno de alegría, vende todas sus
posesiones para comprar aquel campo. El reino de los cielos se parece a un
comerciante de perlas finas: al descubrir una de gran valor va, vende todas sus
posesiones y la compra.*

—Mateo 13:44–46

Aunque no se conoce mucho de sus vidas, se sabe que un grupo de cuarenta
y ocho cristianos mozárabes de Córdoba fueron condenados a muerte en el
Emirato de Córdoba. San Eulogio, quien recogió el relato de las ejecuciones,
fue uno de los dos últimos ejecutados. Provenían de toda España y algunos
también de Portugal, Palestina y Siria. Treinta y cinco eran monjes, y el resto
seglares, hombres y mujeres. Cuatro eran conversos que venían de familias
musulmanas y se habían convertido, cinco de matrimonios mixtos y tres
antiguos cristianos convertidos al islam, que habían regresado a la Iglesia.

☙ ❖ ❧

A menudo se encuentran personas que impresionan por su constancia y
perseverancia. Parece como que han encontrado algo precioso y no se pueden
volver atrás. Por la perla de mayor valor se puede dejar todo, incluso lo que
parece más querido. A veces las preocupaciones de la vida, o un instinto de
preservación física o social pueden desviar la intención. Pero hay algo que
es siempre constante, como en las vidas de estas personas tan diversas, que
encontraron su camino y no lo abandonaron.

*¿Cómo discierno lo que es bueno para mí, mi familia y mi relación con Dios? ¿Qué
cosas me hacen algunas veces tambalear? ¿Qué es de tan gran valor para mí que
estoy dispuesto a darlo todo?*

Santa Micaela del Santísimo Sacramento

Felices los afligidos, porque serán consolados. Felices los misericordiosos,
porque serán tratados con misericordia.
—Mateo 5:4, 7

Hay personas a las que parece perseguir la desgracia, y Micaela era una de esas. Nació en España en el siglo XIX. Primero murió su madre, y luego, repentinamente, su padre. Un hermano falleció en un accidente de caballo y una hermana enloqueció cuando vio una ejecución siendo todavía una niña. Otra de sus hermanas tuvo que huir del país por persecución política de su esposo. Después de un desengaño amoroso, viajó con otro hermano, que era diplomático, a París. Allí vivía la vida de la alta clase, con fiestas y honores, pero se levantaba tempranísimo para asistir a misa, hacer sus devociones y asistir a los pobres. Muchas personas la criticaban por bajarse a tratar con pobres, siendo de alta clase. Era muy buscada como consejera, incluso de la reina. Hacia 1846, con siete amigas, fundó la Congregación de Adoratrices del Santísimo Sacramento para ayudar a mujeres que se habían desviado del buen camino.

❧ ✦ ☙

Los ojos a menudo se deslumbran con el exterior de las personas y se piensa que son importantes por el cargo que tienen o la riqueza que poseen. Pero Dios piensa de otra manera. La importancia viene de ser hijo de Dios. Micaela tuvo la fortuna de ver más allá de la desgracia personal y también del éxito personal.

Señor Dios, se nos ha dicho que ni el fracaso ni el éxito son nombres tuyos. Ayúdanos
a mantener los ojos del corazón abiertos para verte siempre en toda
circunstancia. Amén.

San Juan Francisco Regis

Por tanto, ve, yo estaré en tu boca y te enseñaré lo que tienes que decir.
—Éxodo 4:12

Este santo francés del siglo XVII fue siempre muy criticado. . . por ser demasiado sencillo y demasiado bueno. En el noviciado jesuita se destacó por su intensa vida de oración. Después de ser ordenado sacerdote, enseñó gramática en colegios jesuitas y más tarde pasó muchos años predicando en zonas pobres controladas por herejes hugonotes. ¡Se comentaba que hacía el oficio de cinco misioneros! Atraía por su gran bondad y sencillez, porque no era tanto lo que decía, sino su propia persona la que convencía y movía a muchos a la conversión. También estableció refugios para prostitutas y atendió a enfermos de la peste bubónica. Su trabajo incansable agotó sus fuerzas físicas y murió de pleuresía a los sesenta y un años.

༄ ❖ ༄

En las familias hispanas, es frecuente que sean las abuelitas las que transmitan la fe. No se trata de que sepan mucho, ni de que hayan estudiado teología, sino de la sinceridad de su fe y sus palabras sencillas, que todos pueden entender. Dios utiliza a quienes se ponen a su disposición como instrumentos, no por sus propias fuerzas o sabiduría, sino por su entrega generosa y sin límites, como la de san Juan Francisco Regis.

¿Quién tiene más atractivo e influencia en tu vida de fe? ¿A quién escuchas con más apertura, como si fuera la propia voz de Dios? ¿En qué momentos has sentido que has sido instrumento de Dios?

San Alberto

Así dice el Señor, Dios de Israel: el cántaro de harina no se vaciará, la aceitera de aceite no se agotará, hasta el día en que el Señor envíe la lluvia sobre la tierra.
—1 Reyes 17:14

El polaco Alberto Chmielowski, nació en Cracovia en 1845 y se distinguió por su apasionada entrega en diversos campos. En su juventud luchó por la libertad de su patria y tomó parte en la insurrección de Polonia, donde cayó prisionero y perdió una pierna; luego desarrolló su vocación artística en París y Múnich. Pero su mayor pasión fue el seguimiento de Cristo y decidió dedicar todos sus talentos a la gloria de Dios. Más tarde entró en la Compañía de Jesús como hermano lego, pero tuvo que dejar el noviciado por mala salud. Entonces se dedicó intensamente a vivir al lado de los marginados. Fundó la orden tercera de san Francisco, denominada de siervos de los pobres. Organizó asilos, comedores sociales, orfanatos y refugios para personas sin techo. Enseñó a todos que "es necesario ser bueno como el pan que está en la mesa y que alimenta a todos".

❧

Ser bueno como el pan no es ni más ni menos que ser como Cristo, que se hizo pan para la salvación del mundo. Pero para eso, como en la vida de Alberto, es necesario partirse y repartirse. No es fácil, porque supone mucho sacrificio personal y poner todos los talentos recibidos de Dios y todas las energías, al servicio de los demás.

Santa Juliana Falconieri

El rocío alivia el calor,
así una palabra buena vale más que un regalo;
¿no vale la palabra más que un regalo
cuando procede de un hombre caritativo?
—Eclesiástico 18:16–17

Una joven italiana del siglo XIII, de familia muy acomodada, fundó un modo de vivir la vida religiosa desde el hogar y desde el mundo. Su estilo convenció a muchas otras jóvenes y así nacieron las religiosas terciarias servitas. Juliana se caracterizó por su bondad, caridad y amabilidad, fruto de una profunda vida de oración.

❧❖❧

Hay personas amables por naturaleza, pero no siempre es fácil ser amable. La virtud es una práctica que acaba convirtiéndose en costumbre. No suele improvisarse, ya que a menudo uno se encuentra con personas o situaciones desagradables, que exigen un esfuerzo grande de paciencia y aguante. Podría parecer que las personas amables a veces son blandas, pero la realidad es que es necesaria mucha fortaleza para ser constantemente amables con todos. Solo puede ser fruto de una fuerte relación con Dios y con su bondad.

¿A qué personas amables conozco? ¿Pienso que son blandas o mensas? ¿Con quiénes me cuesta más ser amable? ¿Trato de practicar esta virtud constantemente?

San Romualdo

Tus juicios son grandiosos e inexplicables, por eso las almas que no aprenden
se extraviaron. Tus santos, en cambio, tenían una luz magnífica [...]
—Sabiduría 17:1, 18:1

Nacido en una familia noble italiana a finales del siglo X, Romualdo creció en un ambiente muy laxo y lleno de vicios. Pero contempló horrorizado la muerte de un pariente a manos de su propio padre, y eso lo llevó a internarse en un monasterio a orar. Después de tres años, salió a evangelizar y llegó a Hungría, pero no pudo continuar su viaje por enfermedad y regresó a Italia. Fundó monasterios y ermitas e inició una congregación, la Camaldulense, que unía la vida de oración con la de comunidad.

❧ ✣ ❧

Existen algunos momentos en la vida que sacuden convicciones y costumbres. Para todos, más o menos dramáticamente, hay momentos que cambian la vida. Dios utiliza a menudo grandes emociones, alegrías o dolores, para sacar a las personas de su complacencia y encaminarlas por el camino del bien. Solo es necesario estar atento y reaccionar en el momento en que Dios llama. A menudo las experiencias no son tan dramáticas como la de Romualdo, pero sí pueden ser momentos de enfrentamiento con cuestiones de vida y de muerte, con decisiones vitales o con momentos importantes de la vida.

¿He tenido alguna experiencia en que haya sentido que tenía que cambiar mi vida,
dejando alguna costumbre o comodidad, y entrando en un nuevo camino más
acorde con lo que Dios me pedía?

San Juan de Matera

El Señor se fija en los que lo aman,
es su robusto escudo, su firme apoyo,
sombra para el calor, reparo a mediodía,
protección del que tropieza, auxilio del que cae.
—Eclesiástico 34:16

Nacido en el siglo XI en Italia, se podría decir que Juan fue un santo raro. Desde muy niño soñaba con ser ermitaño y cuando alcanzó la mayoría de edad, marchó de su casa e ingresó en un monasterio. Pero tenía un carácter serio y retraído y no se unía a los monjes en su convivencia, por lo que caía muy antipático. Al final, se vio obligado a abandonar el monasterio, pero poco después regresó a su pueblo donde permaneció durante dos años y medio sin decir una sola palabra. Entonces tuvo una visión que lo llamaba a reconstruir una iglesia en ruinas. Lo hizo, pero lo acusaron de haber encontrado y guardado un tesoro, y acabó en la cárcel. No se sabe cómo escapó, pero entonces dedicó su vida a la predicación con resultados de conversiones abundantes. Entonces muchos empezaron a seguirlo y a venerarlo por su sabiduría, sus milagros y sus virtudes.

ෆ✤ଔ

Como solo se puede ser bueno por el poder de Dios y no por el propio, Dios utiliza la materia de la que está hecha cada persona y también su personalidad, para hacer sus obras extraordinarias. Juan parecía ser una figura antipática, y sin embargo, Dios obró en él para el bien de otros.

Señor Jesús, cuando nos fiamos de nuestras propias fuerzas, talentos o simpatía,
llámanos suavemente para que dejemos a tu gracia obrar en nosotros, en nuestra
personalidad agradable o antipática, en todos nuestros pensamientos y acciones.

San Luis Gonzaga

¿Por qué me buscaban? ¿No sabían que yo debo estar en los asuntos de mi padre?
—Lucas 2:49

Luis nació en una familia noble italiana en 1568. Era hijo de un marqués y de una dama de honor de la reina de España, la esposa de Felipe II. El padre de Luis quería que tuviera un futuro brillante como militar y Luis fue paje del rey. Pero cuando anunció su deseo de renunciar a su herencia en favor de su hermano y entrar en la Compañía de Jesús, el padre se enfureció. Fue solo más tarde, que por fin el padre envió a Luis al noviciado jesuita declarando que enviaba lo mejor de su casa, en quien habían puesto todas sus esperanzas. En el noviciado, Luis llevó una vida ejemplar, de profunda oración. Cuando se desató una epidemia en la ciudad, salió a socorrer a las víctimas y él mismo fue afectado. Murió lleno de alegría cuando tenía solo veintitrés años. Es el patrón de la juventud.

ℰↃ ❖ ℭℛ

Es difícil a veces darse cuenta de que los hijos no pertenecen a los padres, y que tienen que tener la libertad de decidir su propio futuro, sobre todo cuando se trata de una llamada de Dios. La felicidad que les puede traer seguir ese camino puede ser mucho mayor que todos los éxitos y triunfos civiles.

¿Escuchamos los anhelos y aspiraciones de nuestros hijos? ¿Cómo reaccionamos cuando quieren seguir un camino distinto al que habíamos soñado para ellos? ¿Estamos abiertos a la posibilidad de una vocación sacerdotal, religiosa o de fuerte compromiso misionero?

Santos Juan Fisher y Tomás Moro

Practico la justicia y el derecho: no me entregues a mis opresores. Sal fiador por tu siervo. [. . .] Es hora de actuar, Señor, han quebrantado tu ley.
—Salmo 119:121–122, 126

Estos dos santos ingleses del siglo XV fueron personas brillantes intelectualmente, y poderosas política y religiosamente. Juan Fisher fue nombrado obispo con solo treinta y cinco años y visitó todas las parroquias de su diócesis para animar y fortalecer la vida de fe del clero y del pueblo. También escribió muchos libros. Tomás Moro, por su parte, un hombre laico casado, fue canciller del reino, un gran escritor y humanista. Ambos se opusieron firmemente al divorcio del rey Enrique VIII y a su intento de autodenominarse como jefe de la Iglesia y se negaron a firmar el Acta de Sucesión y Supremacía. Ambos fueron encarcelados y ejecutados.

❧ ✦ ☙

Seguramente muchas otras personas cercanas al rey Enrique accedieron a firmar el acta y salvaron sus vidas. Pero la valentía de Juan y Tomás, que no salvaron sus vidas, ha servido de ejemplo, inspiración y fortaleza para las muchas luchas en que, en todos los tiempos, y no menos en el presente, se mantienen por la fe y la verdad frente a las fuerzas políticas y las presiones sociales. De modos más o menos grandes, toda persona en algún momento se enfrenta a la opción de defender sus valores o seguir la corriente social. Y siente que tiene que ser fiel a sí misma.

¿Qué situaciones políticas o sociales de hoy día nos sitúan en la necesidad de adoptar una postura clara y acorde con nuestra fe? ¿Qué nos puede ayudar a hacer lo que sabemos es correcto?

San José Cafasso

Una cosa pido al Señor, es lo que busco:
habitar en la casa del Señor
todos los días de mi vida;
admirando la belleza del Señor.

—Salmo 27:4

José nació en una familia italiana acomodada en el siglo XIX. Fue el mejor amigo de san Juan Bosco y de muchos seminaristas pobres. Fue rector del seminario de Turín por doce años y formó a más de cien sacerdotes. Tuvo a varios santos entre sus alumnos. Ejercía además su ministerio en las cárceles, donde, con gran paciencia y amabilidad fue ganándose la confianza de muchos presos que se convirtieron a Dios. Su don principal era el del consejo, que hizo mucho bien a todo el que se le acercaba. Su serenidad y su alegría eran enormemente atractivas.

❧ ✧ ☙

José Cafasso no es muy conocido. Quizá él mismo lo hubiera preferido así. Es un santo que, sin hacer ruido ni estrépito, hizo el bien y llevó paz a dondequiera que fuera. Una vida así no es fácil para muchos. La mayoría de las personas quieren ser reconocidas, honradas y que se aprecie su valor y su obra. Pero el fruto de la acción de Dios frecuentemente se encuentra más en la vida diaria, normal y sencilla que transmite paz, alegría y serenidad a los demás.

¿Qué personas de mi alrededor me dan paz? ¿Cómo puedo ser transmisor de
serenidad, alegría y llamada a la conversión a Dios en mi vida diaria?

San Juan Bautista

Y a ti, niño, te llamarán profeta del Altísimo,
porque caminarás delante del Señor,
preparándole el camino;
anunciando a su pueblo la salvación
por el perdón de los pecados.
—Lucas 1:76–77

Juan, el hijo de Isabel, era primo de Jesús. Los Evangelios nos relatan la visita de María a su prima en el momento de su embarazo, y cómo "la criatura saltó de alegría" en el seno de María. Su padre, Zacarías, profetizó que Juan sería el que iría abriendo el camino a Jesús y, aunque no se sabe mucho de su vida hasta que aparece orante en el desierto, todas las palabras que pronuncia en el Evangelio son efectivamente de anuncio de la salvación de Jesús. Adelantándose un poco en el tiempo, la vida de Juan se relata en paralelo con la de Jesús: concepción milagrosa, predicación de la Buena Nueva y martirio. En todo momento, Juan siempre reconoce que quien viene detrás es mucho más grande que él.

❧ ❖ ☙

En estos momentos de dificultades políticas, sociales y eclesiales de todo tipo, la exclamación de Juan, "He aquí el Cordero de Dios, que quita el pecado del mundo", que se repite varias veces en la misa, parece más actual y urgente que nunca.

Cordero de Dios, que quitas el pecado del mundo, ¡ten piedad de nosotros!

San Próspero de Aquitania

¡Te basta mi gracia!; la fuerza se realiza en la debilidad. Así que muy a gusto
me gloriaré de mis debilidades, para que se aloje en mí el poder de Cristo. Por
eso estoy contento con las debilidades, insolencias, necesidades,
persecuciones y angustias por Cristo. Porque cuando soy débil,
entonces soy fuerte.

—2 Corintios 12:9–10

Próspero no es un santo muy conocido. Nació a finales del siglo IV. Fue
un laico comprometido profundamente con la Iglesia y con la verdad de su
doctrina. Continuó la elaboración de la teología de san Agustín contra la herejía
pelagiana, que afirmaba la predestinación como algo que limitaba la libertad de
la persona para seguir la voluntad de Dios. Próspero escribió tratados y animó
a san Agustín a desarrollar su teología más ampliamente. Acudió también al
Papa Celestino, que le escuchó y pidió a los obispos que siguieran la recta
doctrina de la dependencia total de la salvación de Dios, pero en plena libertad
de respuesta. Próspero pasó luego a ser secretario del Papa san León Magno.

ಐ ❖ ಬ

Hay personas que piensan que están dominadas por alguna fuerza externa. . .
"el demonio me hizo hacerlo", "pues, así soy. . .", como si no tuvieran libertad
suficiente para poner todo su ser al servicio de Dios y ejercitar la virtud
controlando sus impulsos y eligiendo el bien. Es cierto que la salvación es don
de Dios, pero depende de la colaboración humana y de su apertura a la gracia.

¿De qué maneras a veces te encuentras luchando contra algo que parece "el destino",
o te resignas a que las cosas sean como son?

San Antelmo

Lo que el Señor desea de ti:
que defiendas el derecho,
y ames la lealtad,
y que seas humilde con tu Dios.
—Miqueas 6:8

Nació en Francia en el siglo XII, de una familia de la nobleza. Fue ordenado sacerdote y entró en la orden de la Cartuja, donde fue abad, reunificó varios monasterios y defendió al Papa Alejandro III contra el antipapa. Fue ordenado obispo y desde esta posición reformó el clero. Excomulgó al Conde Humberto que había asesinado a un sacerdote. Luego fue enviado a Inglaterra a mediar en la disputa entre el rey Enrique II y santo Tomás Becket, pero no pudo llegar y regresó a Francia a cuidar de los pobres y leprosos.

❧ ✤ ☙

Para Antelmo, no parecía haber trabajo, pequeño o grande, que no se pudiera emprender para el servicio del Pueblo de Dios. Obraba tanto desde una posición alta, defendiendo valientemente la verdad ante los poderes más fuertes, como desde la humildad, heroicidad y generosidad del cuidado de pobres y leprosos. Toda obra, por sencilla que parezca, lleva a la santidad de vida.

¿En qué maneras puedo hoy servir a las personas de mi alrededor? ¿Me parecen a veces mejores los trabajos más "influyentes"?

San Ladislao de Hungría

El Señor dijo a Caín: ¿Por qué estás resentido y con la cabeza baja? Si obras bien, andarás con la cabeza levantada. Pero si obras mal, el pecado acecha a la puerta de tu casa para someterte. Sin embargo, tú puedes dominarlo.

—Génesis 4:6–7

Ladislao, nacido en el siglo XI, era el heredero del trono de Hungría en una corte llena de intrigas políticas. Nada más subir al trono, su hermanastro Salomón se levantó en armas contra él, negando su derecho real. Ladislao salió victorioso y fue ejemplar en el cumplimiento de sus deberes religiosos y reales. Llevó una vida austera, sin ninguna ambición personal.

ೞ ❖ ೞ

La rivalidad, entre hermanos o entre compañeros, es fruto de la envidia. Y la envidia suele ser fruto de las comparaciones. Cuando alguien no está satisfecho o agradecido con quien es y lo que tiene, aspira a lo que son o tienen los demás por creerlo un bien mayor que el propio. Es el origen de muchísimos conflictos, tanto en las familias como en la sociedad. Contra la envidia, existe la fuerza enorme de la gratitud por lo que cada uno recibe de Dios.

¿Doy gracias a Dios por todo lo que soy y tengo? ¿Me encuentro a veces molesto por lo que tienen los demás, por los honores que reciben o por los talentos que parecen tener?

San Irineo

La Sabiduría es luminosa y eterna, la ven sin dificultades los que la aman y los que van buscándola, la encuentran; ella misma se da a conocer a los que la desean.
—Sabiduría 6:12–13

Ireneo es un importante santo que nació en Asia Menor en el siglo II. Estudió a fondo las Sagradas Escrituras, literatura y filosofía y tuvo el privilegio de conocer a algunos de los primeros cristianos que habían tenido contacto directo con los apóstoles. Ireneo luchó contra una de las primeras herejías, la gnóstica, que afirmaba que solo a través de un conocimiento intuitivo y místico de lo espiritual se podía alcanzar la salvación. Escribió con suavidad y tratando no tanto de atacar, como de convertir y conducir a la verdad de la Iglesia. El tratado contra el gnosticismo ha llegado íntegro hasta nuestros tiempos, en su versión latina. Se dice que fue martirizado, pero no se sabe con seguridad.

☙ ❖ ❧

Ireneo estaba convencido de la verdad, y con suavidad, pero con firmeza, la defendió. Pero supo también escuchar. En la defensa de las propias convicciones y la fe, una de las cualidades mejores es la escucha. Solamente escuchando se puede llegar a una comunicación verdadera y sincera.

Señor, Dios nuestro, solamente tú eres nuestra verdad. Ayúdanos a abrir los oídos del corazón para escuchar a las personas de nuestro alrededor con comprensión y ternura; danos también una suave firmeza para defender lo que creemos que es tu verdad. Guíanos en el estudio, para que nuestras convicciones estén bien fundadas. Amén.

Santos Pedro y Pablo

Se reunían frecuentemente para escuchar la enseñanza de los apóstoles y participar en la vida común, en la fracción del pan y en las oraciones.
—Hechos de los Apóstoles 2:42

Dos personas tan distintas como Pedro y Pablo representan la unidad y catolicidad de la Iglesia. Los dos tienen en común, sin embargo, la pasión por Cristo. Pedro y Pablo no siempre estaban de acuerdo en todo, pero en Hechos de los Apóstoles se ve cómo Pablo respetaba la autoridad de Pedro, el primer papa. Pedro trató con Jesús durante su vida en la tierra; Pablo lo conoció ya resucitado. Tuvo una experiencia personal tan fuerte que se convirtió de perseguidor de cristianos al más ferviente y apasionado seguidor de Cristo.

෪ ❖ ෫

Pablo, con sus conocimientos humanos y Pedro desde su aparente rudeza, comparten un amor fuerte que es gracia y presencia de Dios para todo el que esté abierto a él. Son también los pilares de una Iglesia que incluye a personas de todo origen, clase social y nivel de educación, y que es universal. Son, además, los pilares de la Iglesia misionera, cuyo sentido e identidad es la evangelización.

¿Soy consciente de mi obligación como persona bautizada, de ser testigo del amor de Dios y de su Buena Noticia, y de evangelizar a otros? ¿De qué maneras resuelvo conflictos y trabajo por la unidad en mi propia comunidad parroquial?

Santos mártires de la primera Iglesia romana

*Se taparon los oídos y todos se arrojaron contra él [Esteban], lo arrastraron
fuera de la ciudad y se pusieron a apedrearlo.
Los testigos habían dejado los mantos a los pies de un muchacho llamado
Saulo. Mientras lo apedreaban, Esteban invocó:
"Señor Jesús, recibe mi espíritu".*
—Hechos de los Apóstoles 7:57–59

Son casi innumerables los cristianos que sufrieron las primeras persecuciones. Los que se celebran hoy sufrieron martirio en la persecución de Nerón, después del incendio de Roma, que él mismo había provocado en el año 64. Las maneras de martirio fueron muy diversas. Murieron antes que Pedro y Pablo y son llamados "discípulos de los apóstoles".

෧ ❖ ෬

Algunos santos canonizados por la Iglesia no tienen nombre, y quedan así en el anonimato. Como aquellos santos sin nombre de los primeros tiempos, existen hoy muchos testigos de Cristo a quienes quizá no se les reconozca por su nombre. Para ellos, el objetivo no estaba en el reconocimiento de su propio nombre, sino en el de Cristo. Existe una santidad diaria, en las cosas más pequeñas de la vida, que proclama a Cristo y es, por tanto, "mártir". Está en el sacrificio de madres por sus hijos, en el esfuerzo de solidaridad con quienes lo necesitan, en una vida de fe y oración constante, y en la alegría que se encuentra en toda circunstancia de la vida.

*¿De qué maneras puedo ser testigo hoy de Cristo en medio de mis ocupaciones y
deberes familiares y profesionales?*

Julio

San Junípero Serra

Caminaré en presencia del Señor
en la tierra de los vivientes.
—Salmo 116:9

Nació en 1713 en Mallorca, España. Se hizo fraile franciscano a los dieciséis años y, después de unos años de enseñanza, fue a México a evangelizar. En 1767, el rey de España decretó la expulsión de los misioneros jesuitas de todos los dominios de la corona. Los jesuitas que atendían a la población de las Californias fueron reemplazados por los franciscanos. Junípero y sus compañeros fundaron diversas misiones en California, donde se enseñaba a los indígenas agricultura, ganadería y construcción, además del catecismo. Junípero atendía las misiones, viajando de una a otra en burro o a pie, a pesar de tener un pie enfermo.

ॐ ❖ ☙

Los hispanos siempre hablan del camino, de estar en marcha. No es un errar en vano, como si estuvieran perdidos, sino con el sentido de alcanzar algo mejor. Se entiende la inmigración como parte de ese camino. San Junípero entendió bien el caminar: se trataba de ayudar a personas a alcanzar una vida plena en la tierra y también de caminar hacia la vida que no acaba. Sin descanso y con generosidad.

¿Cómo puedo hoy caminar con las personas de mi familia, mi comunidad y mis compañeros de trabajo hacia una vida más plena en la que todos tengan oportunidad de educación y una vida digna? ¿Cómo, al hacer eso, estoy también transmitiendo la Buena Nueva de la salvación?

San Bernardino Regalino

Sabemos que Dios dispone todas las cosas para el bien de los que le aman, de los llamados según su designio.

—Romanos 8:28

Nació en una familia noble italiana en el siglo XVI. Desde niño siempre mostró un carácter muy bondadoso. Estudió Filosofía en Bolonia y se estaba preparando para estudiar Medicina, pero se enamoró de una joven a quien no le gustaba esa carrera y, por no disgustarla, estudió Derecho Civil y Canónico. Al poco tiempo fue nombrado alcalde de la ciudad de Felizzano y luego fue fiscal en otra ciudad. En todas las áreas siempre fue recto, justo y muy hábil. Su novia falleció prematuramente y Bernardino se encontró con un vacío que solo Dios podía llenar. Después de un tiempo, decidió ingresar en la Compañía de Jesús. Después de su ordenación, se ocupó de la pastoral en puertos y cárceles y con los esclavos turcos de las galeras. Luego sus superiores lo enviaron a la ciudad de Lecce a fundar un colegio. En esa ciudad no solo atendió el colegio, sino que llevó a cabo toda clase de ministerios pastorales.

೧෴ಌ

La muerte de un ser querido a menudo se experimenta como un gran vacío, un hueco que no se llena con distracciones ni con cosas materiales. Por el poder de Cristo, toda muerte y toda herida puede servir para el bien de otros. A Bernardino el dolor lo movió a servir a Dios con todas sus fuerzas y a entregarse totalmente al servicio de los demás.

¿En qué momentos has experimentado que una muerte o un dolor podían ser fuente de un bien para otros al movilizar la energía del sufrimiento positivamente?

Santo Tomás, apóstol

Mira mis manos y toca mis heridas: extiende tu mano y palpa mi costado, en adelante, no seas incrédulo, sino hombre de fe.

—Juan 20:27

Uno de los doce apóstoles, Tomás era pescador. La historia más conocida de Tomás es la de su incredulidad cuando los demás le cuentan que han visto a Cristo resucitado. Pero también se cuenta que, después de la muerte de Jesús, los discípulos estaban encerrados por miedo y Tomás, sin embargo, estaba fuera, quizá resolviendo asuntos de la propia comunidad. De él es la preciosa confesión de fe al ver a Jesús con sus propios ojos: "Señor mío y Dios mío". Se afirma que Tomás predicó el Evangelio en India y fue martirizado en Calamina.

❧ ✣ ☙

Es demasiado fácil acusar a Tomás de incrédulo, y sin embargo, las dudas son muy comunes y normales. No se puede ver a Dios y es solo la fe la que sostiene, pero, ¿quién no ha dudado alguna vez? Tomás reconoce a Cristo cuando comprueba su dolor. Las heridas de Cristo están siempre a nuestro alrededor. Al reconocer la mano de Dios y su acción en la vida, la única respuesta es esa exclamación conmovida de adoración de Tomás: ¡Señor mío y Dios mío!

Señor Jesús, nuestros ojos no te ven físicamente, y nuestras manos no te tocan, y a veces tropezamos y dudamos. Ayúdanos a reconocerte como nuestro Dios en el dolor y en la alegría, y a comunicar nuestra fe valiente, apasionada y generosamente.

Beato Pier Giorgio Frassati

Me acercaré al altar de Dios,
al Dios, gozo de mi vida,
y te daré gracias al son del arpa,
Dios, Dios mío.

—Salmo 43:4

Pier Giorgio nació a principios del siglo XX. Su padre era el fundador y director de un periódico y su madre una pintora famosa. Como adolescente y joven se integró en la Acción Católica, el Apostolado de la Oración y la Asociación de jóvenes adoradores universitarios. Quería estudiar Ingeniería para trabajar con operarios pobres. Llevaba una vida muy sencilla y entregaba a obras de caridad gran parte del dinero que le daban sus padres para sus gastos. Era un joven muy activo, deportista, escalador y montañista. A la vez, ayudaba a sus compañeros a acercarse a Cristo y a asistir a la Iglesia. A los veinticuatro años contrajo poliomielitis y murió en apenas una semana.

৪০ ❖ ৫৪

La felicidad no depende de lo que se tenga, sino de lo que se haga con lo recibido. Para Pier Giorgio, la felicidad estaba en ser un joven normal, alegre, deportista y sociable, pero entregado a los pobres y a su seguimiento de Cristo. Podría, por su clase social y su dinero, haber servido al dinero, pero prefirió servir a Dios con todas sus fuerzas.

¿Qué es la felicidad para mí? ¿Dónde encuentro más satisfacción y alegría? ¿En qué lugares busco a Dios? ¿Qué de mí estoy dispuesto a entregar para beneficiar a los demás?

San Antonio María Zaccaria

Con sumo gusto gastaré y me gastaré por ustedes.
—2 Corintios 12:15

Nació en Italia en 1502 y quedó huérfano muy pequeño. Estudió Medicina y, aunque su familia tenía dinero, vivió muy sencillamente para ayudar a los más necesitados. Al graduarse de médico, dedicó todos sus esfuerzos a atender a los pobres, la mayoría de las veces gratuitamente. Aprovechaba también su profesión para ayudar a las personas a acercarse más a Dios. Unos años después de su graduación, un director espiritual lo animó a estudiar para el sacerdocio. Después de su ordenación se trasladó a Milán, donde fundó una comunidad de religiosas dedicadas a la atención de mujeres jóvenes en peligro. Luego con otros compañeros fundó la comunidad de "Clérigos de San Pablo" para la renovación de la vida espiritual del pueblo. Propagó la devoción a la Pasión y muerte de Cristo y a la Eucaristía. Trabajó tanto que se agotó físicamente y murió cuando tenía solo treinta y siete años.

❦

Es prudente cuidar la propia salud y se debe hacer siempre que sea posible. Pero a veces el amor y la necesidad indican que hay que dar toda la energía y la fuerza para el bien de los demás. Antonio se desgastó literalmente por llevar a todos a Cristo y considerar siempre las necesidades de los demás antes que las propias.

¿En qué momentos he tenido o tengo que hacer esfuerzos enormes para atender las necesidades de los seres queridos o de las personas de mi alrededor en la comunidad o el barrio? ¿Lo hago con alegría y dedicación?

Santa María Goretti

¿No saben que su cuerpo es santuario del Espíritu Santo, que han recibido de
Dios y habita en ustedes? De modo que no se pertenecen a ustedes mismos,
sino que han sido comprados a un gran precio [. . .]
—1 Corintios 6:19–20

María nació en 1890, en una familia muy pobre pero muy devota. Su padre murió joven y su madre tuvo que trabajar fuera de la casa para mantener a la familia. Dejó el hogar en manos de los hijos mayores, especialmente de María, que equilibraba sus obligaciones con una intensa vida de oración. Alessandro, un joven vecino que se caracterizaba por ser vicioso y rudo, pronto empezó a hacer insinuaciones groseras a María, que se sintió atemorizada. Un día Alessandro intentó tener relaciones sexuales con María, que se resistió. Ante la negativa de ella, el joven la acuchilló. Antes de morir, María ofreció sus sufrimientos y perdonó a Alessandro, que más tarde se arrepintió estando en la cárcel. Años más tarde, en la ceremonia de su canonización, Alessandro y la madre de María irían a comulgar juntos.

✇

La bondad de María en todas las áreas de su vida y su firmeza al defender su integridad son un modelo para muchos jóvenes que, incluso sin ser forzados violentamente, pueden sentir la tentación y el impulso de forzar a otro o de entregarse antes de tiempo y sin el necesario compromiso, amor y madurez. Es necesaria, por tanto, una sólida formación de la sexualidad por parte de las familias y la Iglesia.

¿Cómo conversamos sobre temas sexuales en la familia? ¿Qué recursos o apoyos
proporcionamos a nuestros hijos para que mantengan su integridad física y moral?

Beata María Romero Menesses

Yo los elegí a ustedes y los destiné para que vayan y den fruto, un fruto que permanezca.
—Juan 15:16

María Romero Meneses nació en Nicaragua en 1902, en una familia rica, pero de gran sensibilidad hacia los más necesitados. Estudió Arte y tenía un gran talento para la música y la pintura. Conoció a las Hermanas Salesianas y pronto descubrió su vocación religiosa. Desarrolló una gran labor evangélica y social en Costa Rica, en zonas cercanas a San José. Consiguió mucho apoyo de empresarios y profesionales para solucionar grandes temas sociales de la gente empobrecida, como asistencia médica gratuita y cursos de formación profesional, así como clases de catequesis y alfabetización. Creó además casas para familias sin techo. Fue el comienzo de las ciudadelas de María Auxiliadora, que continúan a través de una asociación de laicos.

❧✥❧

Cada persona tiene sus propios talentos y dones, que no se dan para el aprovechamiento propio, sino para el bien de los demás, y que se multiplican al entregarse. No son siempre bienes materiales, aunque también estos se pueden entregar. La alegría, generosidad y entrega de María, olvidándose de su propia comodidad se multiplicaron y son duraderos.

¿Qué talentos y dones tengo que puedo poner al servicio de los demás, en mi propia familia y en la comunidad? ¿Me doy cuenta y agradezco que todo lo que tengo y soy no es para mí, sino para la riqueza y multiplicación de beneficios para otros?

San Eugenio III

Vengan a mí, los que están cansados y agobiados y yo los aliviaré. Carguen con mi yugo y aprendan de mí, que soy tolerante y humilde de corazón y encontrarán descanso para su vida. Porque mi yugo es suave y mi carga ligera.

—Mateo 11:28–30

Este papa del siglo XII nació en Italia y se llamaba Bernardo. Ingresó en el monasterio cisterciense y estableció otro convento a petición de san Bernardo de Claraval. A la muerte del Papa Lucio II, fue elegido papa. Predicó una cruzada, que tuvo éxito, pero la segunda fracasó. Luego presidió sínodos que se ocuparon de revitalizar la vida cristiana. Organizó escuelas de filosofía y teología. Sufrió fracasos y conflictos con poderes políticos y religiosos, pero mantuvo su convicción, su fe, y sus esfuerzos por el bien de la Iglesia y la fe del pueblo.

∞ ❖ ∞

A veces los mejores intentos no prosperan. Cuando eso ocurre, es frecuente que la decepción y la desilusión se apoderen de la persona. Eugenio no se dejó vencer y siguió buscando caminos para fortalecer la fe de la Iglesia, convencido de lo que se ha dicho a veces: el éxito no es uno de los nombres de Dios. Tampoco el fracaso.

Señor Dios nuestro, cuando encontramos obstáculos en el camino y nuestros esfuerzos son fallidos, danos la fuerza de confiar solo en ti y no en nuestras propias fuerzas. Ayúdanos a emprender de nuevo el camino, a abrir nuevas puertas en tu santo nombre. Amén.

Santa Paolina do Corazao Agonizante de Jesús

Lo que tengan que hacer háganlo de corazón, como sirviendo a Dios y no a hombres; convencidos de que el Señor los recompensará dándoles la herencia prometida. Es a Cristo a quien sirven.
—Colosenses 3:23–24

Amabile Lucia Visintainer, hoy Santa Paulina, nació en 1865 en Italia. Diez años más tarde, la familia emigró a Brasil. Desde muy niña, Amabile demostró una gran devoción. Cuando tenía veinticinco años, fundó la Congregación de Hermanitas de la Inmaculada Concepción. Atendían a huérfanos, hijos de antiguos esclavos y esclavos viejos y abandonados en Sao Paolo. Fue elegida madre superiora general de por vida, pero por alguna razón, el arzobispo de Sao Paolo la depuso y la envió a trabajar con los enfermos y ancianos, sin poder nunca más ocupar ningún otro cargo en la congregación. La madre Paulina hizo su testamento espiritual aconsejando a las hermanas que fueran humildes, confiaran siempre y nunca se desanimaran incluso en tiempos contrarios. Es la primera santa de Brasil.

ℴ❧≓

Ante la injusticia de no recibir el reconocimiento adecuado, o incluso de verse olvidado después de que se ha hecho un gran trabajo, se puede responder con el desánimo, la decepción y la depresión. Sin embargo, la madre Paulina simplemente respondió con humildad y alegría, como si la obra que había fundado no fuera de ella. Ese desprendimiento es difícil, pero es la marca de quienes trabajan por el Señor y no por los humanos.

¿Cuál es mi motivación más profunda para hacer las cosas? ¿Me molesta cuando no me reconocen algo que he hecho bien?

Santa Felicidad y sus siete hijos

*Es Raquel, que llora inconsolable a sus hijos que ya no viven. Así dice el Señor:
Reprime tus sollozos, enjuga tus lágrimas [. . .] tu trabajo será pagado,
volverán del país enemigo; hay esperanza de un porvenir.*
—Jeremías 31:15–17

Felicidad era una dama noble romana que tenía siete hijos: Félix, Felipe, Marcial, Vidal, Alejandro, Máximo y Jenaro. Según las actas de los mártires, Felicidad y sus hijos fueron arrestados y presionados para renunciar a su fe. Se resistieron firme y valientemente y fueron distribuidos entre cuatro jueces para ser sentenciados a distintas formas de muerte. Sus restos se encontraron, efectivamente, en cuatro lugares distintos. Es patrona de las madres que han sufrido la muerte de sus hijos.

❧ ✣ ☙

En nuestras comunidades y ciudades, muchas mujeres tienen que sufrir el enorme dolor de perder a sus hijos, a veces a causa de la violencia de las pandillas, drogas, accidentes o enfermedades. Es un dolor desgarrador, que algunas mujeres han sabido convertir en fuente de energía para luchar contra el mal en muchas formas: acciones para evitar las pandillas, madres contra las drogas o el alcohol, o trabajo voluntario en hospitales y junto a los enfermos, así como creando asociaciones de apoyo y grupos de oración de madres. Es una manera de convertir esa energía y esa herida en curación para otros.

*Dios Todopoderoso y misericordioso, protege a nuestros hijos de todos los males y
tentaciones que les acechan en esta sociedad. Danos fortaleza para apoyarnos unas
a otras y luchar contra el mal haciendo en todo momento el bien. Amén.*

San Benito de Nursia

Por perfecto que sea un hombre,
si le falta tu Sabiduría, no valdrá nada.
—Sabiduría 9:6

Benito vivía en Roma, Italia, en el siglo VI, pero decidió salir de la ciudad disgustado por la vida de vicio que se vivía allí. Vivió como ermitaño durante algún tiempo y luego una comunidad de monjes le insistió para que ocupara el lugar del abad que había muerto. Pero los monjes pronto se dieron cuenta de que no querían ajustarse a las normas demasiado estrictas de Benito. Entonces Benito regresó a su ermita y enseguida se le unieron discípulos atraídos por su santidad. Entonces empezó la gran orden benedictina en doce monasterios. Luego Benito se trasladó a Monte Cassino donde se empezó a concretar su regla, que describe una vida de oración litúrgica, estudio y trabajo. Benito es patrón de Europa.

ৎ০❖৪৩

Para la mayoría de los fieles, escapar del mundo para evitar sus tentaciones no es una opción realista. Pero la "regla" de Benito, que se puede concretar en las sencillas palabras "ora y trabaja", está al alcance de todos. Es bueno dedicar un tiempo especial a la oración, pero también se puede llevar el sentido de presencia de Dios a todos los momentos de la vida, durante el trabajo, la convivencia con los demás y el descanso.

¿Dedicas diariamente un tiempo a la oración? ¿Cómo pueden tus actividades diarias convertirse en oración también y ayudarte a vivir en relación más íntima con Dios?

Santos Luis Martín y Celia Guerin

Hay tres cosas que me gustan,
que agradan a Dios y a los hombres:
concordia entre hermanos, amistad entre vecinos,
mujer y marido que se llevan bien.

—Eclesiástico 25:1

Luis Martín, nacido en Francia en 1823, de joven quiso ser religioso, pero luego descubrió que no era su verdadera vocación. Entonces aprendió relojería y puso un establecimiento de relojes. Celia, asimismo nacida en Francia, también quería ser religiosa, pero por alguna razón no fue admitida y se dedicó a confeccionar encajes. Ambos eran personas de profunda oración y piedad. Cuando Luis y Celia se conocieron y se enamoraron, decidieron construir una familia cristiana llena de amor. Tuvieron nueve hijos, de los cuales cuatro murieron prematuramente. Celia murió joven, dejando a cinco hijas de entre cuatro y diecisiete años a cargo de Luis. Tres de ellas entraron en el Carmelo. La más pequeña era Teresita del Niño Jesús, doctora de la Iglesia y patrona de las misiones.

⊗ ❖ ⊘

Se habla con frecuencia de las vocaciones sacerdotales y religiosas, y quizá a veces se olvida que el matrimonio también es una llamada de Dios. Se trata de construir juntos un hogar donde los hijos puedan realizarse humana y espiritualmente; se trata de vivir una relación de amor a menudo difícil y sacrificada. Es una vocación santa y llamada a construir santidad.

¿Consideras tu relación familiar como una llamada de Dios? ¿De qué maneras se manifiesta tu vida de fe en esa relación? ¿Cómo la puedes transmitir a los más pequeños?

Santa Teresa de Jesús de los Andes

Por último, hermanos, ocúpense de cuanto es verdadero y noble, justo y puro,
amable y loable, de toda virtud y todo valor.
—Filipenses 4:8

Juana nació en Chile en 1900 en una familia acomodada. Era una niña terca, egoísta y caprichosa, pero siempre muy piadosa, y luchó mucho para controlar sus impulsos y hacer que sus actos estuvieran en armonía con sus buenos deseos. Para cuando tenía diez años, había cambiado muchísimo. Era una joven simpática, sociable, deportista y alegre, y sus compañeras la tomaban como modelo. A los catorce años, decidió entrar en el Carmelo de Los Andes, donde tomó el nombre de Teresa. Desarrolló una intensa vida de oración y amor apasionado por Cristo. Desde muy joven intuyó que iba a morir pronto, y en efecto, murió en el noviciado cuando aún no había cumplido veinte años. Es la primera santa chilena.

৪০ ✧ ୧෭

Dios no pide a quienes llama que cambien de personalidad, sino simplemente que dirijan sus energías a lo que es importante y complace a Dios. Por eso, aunque a veces hay personas que dicen que son de cierta manera y no pueden cambiar, eso no es totalmente cierto, ya que la gracia y la presencia de Dios pueden ayudar. Una persona malhumorada puede manejar su genio hasta convertirse en pacífica; una persona egoísta puede practicar la entrega y llegar a ser generosa.

¿Cuáles de tus defectos te parecen más difíciles? ¿Qué virtudes tienes que puedes
poner al servicio de los demás? ¿Cómo entregas todo eso a Dios en la oración?

Santa Kateri Tekakwitha

*Todo lo considero pérdida comparado con el bien supremo de conocer a
Cristo Jesús mi Señor.*

—Filipenses 3:8

Esta primera indígena canonizada nació en el estado de Nueva York en 1668. Su padre pertenecía a la tribu Mohawk, y además era el jefe, y su madre pertenecía a la tribu Algonquin. Los padres de Kateri y su hermano murieron en una epidemia de viruela, que también desfiguró el rostro de la joven. Kateri, que había aprendido una profunda fe de su madre, fue a vivir con unos familiares que eran opuestos a la fe cristiana. Aprovechando la visita de unos misioneros jesuitas, Kateri fue bautizada, pero causó una gran hostilidad en su tribu. Los misioneros le aconsejaron que huyera de la tribu y se refugiara en lo que es hoy Canadá. Kateri hizo un voto de castidad, lo cual era ajeno a la cultura, y se dedicó a la catequesis de los niños y a ayudar a enfermos y ancianos. Murió cuando solo tenía veinticuatro años. Había conseguido el respeto de la tribu, que la llamaba "Lirio de los Mohawks".

❧ ❖ ☙

Toda cultura tiene valores familiares y comunitarios muy respetables. Pero a veces se puede confundir cultura con valores personales, como en el caso de los familiares de Kateri. En algunos momentos, la fe pide acciones que parecen "contraculturales", pero que están de acuerdo con los valores del Evangelio. En ese caso, hay que discernir para emprender la acción más de acuerdo con la conciencia.

¿Qué valores de tu cultura te parece que se deben conservar y transmitir? ¿Cuáles deberían purificarse o cambiar?

San Buenaventura

Aunque yo hablara todas las lenguas de los hombres y de los ángeles, si no tengo amor, soy como una campana que resuena o un platillo estruendoso.
—1 Corintios 13:1

Buenaventura nació en el siglo XIII en Italia. Ingresó en la orden franciscana y estudió en la Universidad de París donde luego enseñó Teología y Sagradas Escrituras. Estaba dotado de una gran inteligencia y de un discernimiento muy agudo para llegar a lo esencial. Escribió un importante tratado teológico y otras muchas obras de espiritualidad. Fue elegido superior de los frailes menores cuando los miembros de la orden estaban muy divididos sobre la práctica de la regla. Fue ordenado obispo y se le encargó la preparación de los temas del Concilio Ecuménico de Lyon, sobre la unión de los ortodoxos griegos. Con toda su inteligencia, Buenaventura en realidad brillaba por su sencillez y humildad. Es doctor de la Iglesia.

ཉ ❖ ༄

Cuantas más cosas se conocen sobre Dios, más consciencia se tiene de la enorme distancia entre la divinidad y la humanidad. Tal conocimiento, en lugar de llevar al orgullo y la arrogancia, suele conducir a una gran humildad y sencillez, ya que Dios, en toda su grandeza, es la mayor sencillez resumida en su identidad: amor.

Señor Dios Altísimo, que tu conocimiento nos estremezca y nos llene de la luz de tu amor para acercarnos a los demás con sencillez y amor siempre. Amén.

Nuestra Señora del Carmen

Calmo y silencio mi anhelo
como un niño junto a su madre,
como un niño junto al Señor.
—Salmo 131:2

Se dice que fue en el monte Carmelo donde el profeta Elías oraba. En el siglo XII, cuando llegaron las Cruzadas a Tierra Santa, encontraron una colonia de ermitaños allí. La orden estaba consagrada a la vida contemplativa bajo el patrocinio de la Virgen María. Junto a esa orden, hay otras congregaciones y grupos inspirados en la misma espiritualidad de oración profunda y acción. Los carmelitas se extendieron por Europa y san Simón Stock, que fue uno de los superiores generales de la orden, recibió de la Virgen el escapulario como signo de protección. En Hispanoamérica, el culto a la Virgen del Carmen está muy difundido, debido principalmente al celo apostólico que mostraron los carmelitas en la evangelización de estas naciones. Nuestra Señora del Carmen es patrona de las gentes del mar y de Chile.

☙ ❖ ❧

María se hace presente de muchas maneras y su protección se ofrece en todas las áreas de la vida. La conocemos por distintos nombres, pero siempre es madre a quien nos encomendamos pidiendo su protección y su ejemplo para educar, cuidar y proteger a nuestros niños.

¿Qué cosas me preocupan más sobre la crianza y educación de mis hijos? ¿De qué
peligros los quisiera proteger?

Beatas mártires de Compiegne

La vida de los justos está en manos de Dios y no los tocará el tormento. La gente insensata pensaba que morían, consideraba su muerte como una desgracia, y su partida de entre nosotros, como destrucción [. . .]
—Sabiduría 3:1–3

Al estallar la Revolución francesa, en 1789, había dieciséis monjas carmelitas en Compiegne. La Asamblea francesa había hecho público un decreto por el que los religiosos debían prestar juramento a la Constitución y entregar todos sus bienes. Las monjas tuvieron que dejar su casa; hicieron cuatro grupos y se fueron a vivir en cuatro casas distintas, pero siguieron practicando sus reglas. El orden de su vida llamó la atención y fueron denunciadas con falsos cargos de conspirar contra el estado y procurar el restablecimiento de la monarquía. Fueron arrestadas y conducidas a la guillotina. En el camino, iban cantando la Salve y, antes de la ejecución, cantaron el Te Deum. Luego hicieron una renovación de sus promesas bautismales y de sus votos religiosos. Una por una, pidieron la bendición de la madre superiora antes de morir.

ஐ❖ஐ

Es en la fidelidad a los propios compromisos donde se aprende a vivir y también a morir. Es la repetición de actos sencillos de afecto, de servicio, de entrega de unos a otros, y de constancia en la oración lo que acostumbra a cimentar la fe en una vida verdadera y duradera.

¿Cómo practico cada día los compromisos que tengo como cristiano de seguir a Jesucristo? ¿Cómo procuro practicar mis compromisos de amor y fidelidad a mi cónyuge y a mis obligaciones familiares?

San Arsenio

El que domina la lengua, vivirá sin peleas;
el que detesta los chismes, sufrirá pocos males.
No repitas un chisme
y no perderás nada;
no se lo cuentes ni a amigo ni a enemigo,
y no lo descubras, a no ser que incurras en pecado.
—Eclesiástico 19:6–8

Arsenio era un senador romano muy sabio. Cuando Teodosio el Grande, emperador cristiano del siglo IV, buscaba un buen profesor para sus dos hijos, el Papa San Dámaso le recomendó a Arsenio. Durante diez años, San Arsenio vivió en el palacio del emperador educando a sus dos hijos. Pasó una gran crisis espiritual y decidió marchar al desierto a orar. Ingresó en un monasterio donde los monjes le pusieron a prueba pensando que un hombre tan ilustre no podría vivir en un espíritu de humildad. Mucha gente acudía a él buscando consejo y él lo daba con breves frases. Se conserva una reflexión en la que Arsenio afirma: "Muchas veces he tenido que arrepentirme de haber hablado. Pero nunca me he arrepentido de haber guardado silencio".

❧ ✤ ☙

Hay cosas que es más sabio y más prudente callar: una confidencia que se nos ha hecho; una mala acción o infidelidad de alguien; un "chisme" que se ha escuchado; una crítica, incluso si es merecida. Hablar es bueno siempre que con la palabra se haga bien; pero en muchas ocasiones, el silencio es preferible.

¿Acostumbro a hacer comentarios sobre otras personas, a apresurarme a hacer juicios sobre algo? ¿En qué momentos me ha hecho bien el silencio de otra persona?

Santas Justa y Rufina

Vean: ¡qué bueno, qué grato convivir los hermanos unidos! [. . .] pues allí envía el Señor su bendición.

—Salmo 133:1, 3

Justa y Rufina, nacidas en el siglo III, eran hermanas e hijas de un alfarero de Sevilla. La familia era modesta, pero de mucha fe. Era costumbre en las fiestas del dios Adonis ir por las casas pidiendo dinero para la fiesta. Justa y Rufina se negaron a entregar ninguna cantidad y los que les exigían el dinero rompieron muchas de las vasijas de su padre. Justa y Rufina a su vez destrozaron la figura del ídolo. Entonces fueron encarceladas y amenazadas con torturas, pero las hermanas se mantuvieron firmes en su fe. Las sometieron a tormentos y luego las encerraron para que murieran de hambre y sed. Justa murió primero, y a Rufina la condujeron al anfiteatro donde la pusieron ante un león, que no le hizo nada. Entonces el prefecto ordenó degollarla. Las hermanas son patronas de la ciudad de Sevilla.

❧ ✦ ☙

Aunque a veces se habla de rivalidad entre hermanos, la relación entre hermanas o hermanos puede ser tan fuerte, que sostenga la fe y la identidad de las personas. Cuando la relación es sana hay una gran sintonía de sentimientos y de experiencias compartidas. Tal relación se fortalece con comunicación, convivencia, sinceridad, compartir la fe y apoyo mutuo. Tal relación hace capaces a los hermanos de superar situaciones difíciles de dolor o peligro.

¿Qué relaciones tengo con mis hermanos? ¿Procuro buscar tiempo para estar con ellos y celebrar? ¿Nos esforzamos por superar cualquier rivalidad o envidia que pueda existir entre nosotros?

San Aurelio

Ustedes son mis amigos si hacen lo que yo les mando [...] a ustedes los he llamado amigos porque les he dado a conocer todo lo que escuché a mi Padre.

—Juan 15:14–15

Aurelio, un diácono africano nacido en el siglo IV, era muy amigo de san Agustín. Entonces cuando Agustín fue ordenado obispo de Hipona y patriarca de África, Aurelio fue elegido obispo de Cartago, que era una sede muy importante. Aurelio tuvo que hacer frente a varias herejías y convocó concilios de los obispos africanos. En cierta ocasión, cuando Aurelio se quejó ante Agustín de que muchos monjes eran holgazanes, Agustín escribió un tratado sobre el trabajo de los monjes para mejorar la situación. No se tiene constancia de cuándo murió.

∞ ❖ ∞

La amistad puede movilizar energías positivas, que redundan en el bien de otros. Agustín escribió sobre el trabajo de los monjes para ayudar a Aurelio, pero esto también ayudó a reflexionar sobre la obligación del trabajo, y desafió a quienes eran perezosos. La pereza, o flojera, parece ser inofensiva: si no se hace nada, no se está haciendo mal a nadie, se podría decir. En realidad, lo que se deja de hacer es un bien que se niega a otros. El omitir la acción a veces puede ser tan hiriente como el hacer el mal directamente.

Señor Dios nuestro, siempre obrando para la salvación y el bien de los seres humanos, ayúdanos en nuestras relaciones de amistad, a animarnos unos a otros a hacer el bien; a no descansar en nuestras obras de justicia y caridad; a sacudir nuestra propia pereza e inercia para salir al encuentro de quienes nos necesitan. Amén.

San Lorenzo de Brindisi

Vivan en armonía unos con otros. No busquen grandezas, pónganse a la altura de los más humildes. No se tengan por sabios. [. . .] No te dejes vencer por el mal, por el contrario vence al mal haciendo el bien.

—Romanos 12:16, 21

Lorenzo nació en Italia en 1559. Cuando pidió ser admitido como religioso en los capuchinos, le advirtieron que la vida era dura y preguntó si en la celda habría un crucifijo. Era todo lo que necesitaba. Se dice que tenía una memoria prodigiosa y una enorme facilidad para los idiomas. Tenía además una excepcional capacidad para predicar, que él decía que no tenía nada que ver con él, aunque se preparaba mucho, sino que dejaba al Espíritu hablar. Fue superior general de la comunidad y recorrió muchos países visitando sus monasterios. Era sumamente comprensivo y bondadoso y tenía un estilo muy sencillo en su relación con los demás. Fue delegado del papa en diversos países, trabajando por la paz y la conversión.

ॐ ❖ ॐ

La bondad es enormemente fuerte y tan atractiva que arrastra y convence mucho más que la irritabilidad o el enojo. La bondad es cualidad propia de los que saben que solamente son instrumentos en manos de Dios; de los que no necesitan poseer o tener control para ser felices. Lorenzo era inteligentísimo y también bondadosísimo. Con su bondad, ganaba grandes batallas espirituales y acercaba a las personas a Dios.

¿Confundimos a veces bondad con debilidad? ¿A qué personas bondadosas conocemos? ¿Cómo nos han ayudado en nuestra vida a superar dificultades y a ir por el buen camino?

Santa María Magdalena

Ve a decir a mis hermanos: Subo al Padre, el Padre de ustedes, a mi Dios, el Dios de ustedes. María Magdalena fue a anunciar a los discípulos: He visto al Señor y me ha dicho esto.

—Juan 20:17–18

La liturgia identifica a tres mujeres con el nombre de María Magdalena: la pecadora, una de las mujeres que seguían a Jesús y la hermana de Lázaro. A menudo se la ha asociado con la pecadora que se arrojó a los pies de Jesús, pero lo que sí se conoce de Magdalena es que es el primer apóstol de la Resurrección, la primera que vio y reconoció a Cristo resucitado, su Señor y su amor. Fue la que corrió al sepulcro y la que buscaba ansiosamente a Jesús. Fue la enviada a sus hermanos a dar la Buena Noticia.

❦❖❦

El amor no se conforma con lo que parece una realidad terminada. Siempre va a buscar al ser querido con la esperanza de encontrarlo de nuevo. Se niega a reconocer la finalidad de la muerte física y está seguro de otra manera de vida. Así hizo María, que corrió al sepulcro. A veces, al ver su serenidad en momentos difíciles, se ha acusado a los hispanos de resignarse fácilmente. Es posible que más que resignación sea una manera de fortaleza y también de esperanza. Aunque las cosas parezcan terribles y finales, siempre hay un fuego dentro que espera y confía en otra realidad. Es el amor el que ofrece una confianza tan fuerte.

¿Qué me da fuerzas en momentos difíciles? ¿En qué apoyo mi esperanza? ¿Comunico buenas noticias y, sobre todo, la Buena Noticia de la salvación de Cristo?

Santa Brígida

Hijos, obedezcan a sus padres (en atención al Señor) porque esto es lo justo.
Padres, no irriten a sus hijos; edúquenlos, más bien en la disciplina e
instrúyanlos en el amor de Dios.
—Efesios 6:1, 4

Brígida nació en 1303. Su padre era gobernador de una provincia de Suecia y la familia tenía muchas posesiones, que empleaba en ayudar a la Iglesia y a los pobres. Se casó y tuvo un matrimonio feliz con ocho hijos. Una de sus hijas fue santa Catalina de Suecia. Un hijo y una hija fueron religiosos y otros dos se dieron a la mala vida y la hicieron sufrir. Los últimos años de su vida los pasó en Roma, Italia, donde se dedicó a la oración, al cuidado de enfermos y a las peregrinaciones. Pero también escribió a muchas autoridades civiles y religiosas corrigiendo errores y dando consejos, y sus avisos sirvieron para mejorar costumbres. Fundó también la Comunidad de San Salvador.

❧ ✤ ☙

No siempre se cumplen los sueños de los padres. A veces los hijos, por diversas influencias, por un carácter rebelde o por tentaciones que se les presentan, marchan por otros caminos. Algunos padres sienten que quizá hayan hecho algo mal, pero lo más probable es que hayan hecho todo lo que han sabido o podido. El resto hay que dejárselo a Dios, con oraciones para que, a su debido tiempo, los jóvenes que se han perdido encuentren su camino de regreso.

Señor Dios nuestro, por intercesión de tu madre María, cuya alma se vio traspasada de dolor, ayúdanos a mantener a nuestros hijos en la esperanza de una vida plena y feliz contigo. Amén.

San Charbel Maklouf

Después del fuego se oyó una brisa tenue; al sentirla, Elías se tapó el rostro con el manto [...] Me consume el celo por el Señor, Dios Todopoderoso.
—1 Reyes 19:12, 14

Charbel nació 1828 en Beka-Kafra, la aldea más alta del Líbano. Era hijo de familia pobre y numerosa. Su padre, Antón, murió pronto, abrumado por los impuestos con que les aplastaban los turcos, el país dominante. Charbel era muy devoto de María y fue ordenado sacerdote. Tenía una fuerte vocación a la contemplación y la oración, y vivía en una gruta cercana a un monasterio. De ahí salía para atender pastoralmente a diversos poblados. Muchos acudían a él buscando consejo. Se cuentan muchos prodigios realizados después de su muerte.

೮೦ ❖ ೧೩

En opinión de algunos, la vida de los contemplativos es algo inútil. Como también la vida de personas que ya no pueden trabajar físicamente y solo pueden rezar. Pero esas vidas, totalmente dedicadas al contacto y la conversación con Dios no están centradas en sí mismas o son egoístas, sino más bien entregadas a la continua elevación de las necesidades del mundo ante Dios. La mayoría de los laicos no puede seguir una vida así, pero sí puede agradecer el que constantemente estén ante Dios todas sus preocupaciones, dolores y alegrías, así como la alabanza y la adoración, a través de estas personas. Al fin, son vidas llenas de fruto.

¿Dedicas algunos momentos de oración al día? ¿Cuáles son tus formas favoritas de oración? ¿Qué sueles pedir? ¿Es para ti, o para otros?

Santiago apóstol

[El] sentarse a mi derecha y a mi izquierda no me toca a mí concederlo, sino que es para quienes está reservado.
—Marcos 10:40

Fue uno de los doce apóstoles del Señor y hermano de san Juan evangelista. Se le llamaba el Mayor, para distinguirlo del otro apóstol, Santiago el Menor, que era más joven que él. Era pescador, pero dejó las redes para seguir a Jesús. Con Juan y Pedro, formó parte del círculo más íntimo de Jesús. Aparece en distintos relatos del Evangelio como hombre apasionado y leal. Después de la muerte de Jesús se dice que evangelizó España y que su cuerpo se encuentra en Compostela, que durante muchos siglos ha sido, y sigue siendo, lugar de peregrinación y conversión.

❦

La madre de Santiago le pide a Jesús un puesto importante para sus hijos y Jesús pregunta si estarán dispuestos a beber el cáliz de dolor que él ha de beber. Como ningún discípulo puede ser mayor que su maestro, la decisión de seguir a Cristo implica muchas veces el aceptar el dolor, la dificultad y el conflicto que conlleva defender la fe, la verdad y la justicia. Estar dispuesto a eso es parte del compromiso bautismal. Aspirar a altos puestos dentro de la Iglesia o comunidad no es parte del desafío que lanza Cristo a sus seguidores.

¿Has visto a veces dentro de la comunidad a personas que parece que quieren ocupar los primeros puestos (o acaparar muchos ministerios)? ¿Sientes a veces, que te deberían ofrecer una alta posición por tu compromiso y trabajo?

Santos Joaquín y Ana

Mi madre y mis hermanos son los que escuchan la Palabra de Dios y la cumplen.
—Lucas 8:21

Una antigua tradición, que arranca del siglo II, atribuye los nombres san Joaquín y santa Ana a los padres de la Santísima Virgen María. No sabemos exactamente quiénes eran, pero en toda lógica, se asume que María tuvo padres. Por ser los padres de la Bienaventurada Virgen María, merecen honor dentro de la Iglesia. Son los patrones de los abuelos.

☙ ❖ ❧

En la sociedad moderna, el papel de los abuelos en hogares en que ambos padres trabajan es importantísimo. Muy frecuentemente, son ellos los que, sacrificada y silenciosamente, cuidan de los nietos, van a buscarlos a la escuela, les dan de comer, y lo que es más importante, les transmiten la fe. Muchas veces se les pregunta a los jóvenes dónde aprendieron la fe y la respuesta es rápida: "de mi abuelita". Su colaboración en la educación de los más pequeños y en asegurar un futuro con raíces fuertes, es impagable.

¿Damos por hecho que los abuelos van a ocuparse de los niños mientras estamos en otras ocupaciones? ¿De qué manera agradecemos eso? ¿Comprendemos la importancia de la transmisión de la fe que realizan los abuelos?

San Pantaleón

Pero te compadeces de todo porque todo lo puedes,
cierras los ojos a los pecados de los hombres para que se arrepientan.
Ama a todos los seres y no aborreces nada de lo que has hecho.
—Sabiduría 11:23–24

Pantaleón significa en griego "el que se compadece de todos". Médico nacido en el siglo IV en Turquía, era hijo de padre pagano y madre cristiana. En un principio conoció la fe, pero se dejó llevar por las costumbres paganas y se distanció hasta que un cristiano lo invitó de regreso a la Iglesia. A partir de entonces, se dedicó a servir a sus pacientes en el nombre de Dios. Regaló todo lo que tenía a los pobres. Fue delatado y, aunque el emperador, que era su amigo, intentó convencerlo de que apostatara o huyera y se salvara, Pantaleón se mantuvo firme en su fe y murió mártir.

❧✦☙

El nombre de Pantaleón resume su vida: el que se compadece de todos. Es fácil compadecerse de los niños o de las personas que necesitan ayuda material. Es fácil sentir compasión por las personas que caen bien y son amables. Compadecerse de todos significa una fuerza superior y difícil, porque hay que vencer repugnancias y antipatías. Porque compadecerse de todos significa también compadecerse de aquellos que parecen no merecer compasión; es el perdón y la misericordia extendida universalmente.

¿Me resulta difícil ser bueno con algunas personas que parecen haberse ganado la
antipatía de todos? ¿Con quienes me han ofendido?

San Pedro Poveda

Si te gusta escuchar, aprenderás;
si prestas oído, te instruirás
[. . .] observa quién es inteligente y madruga para visitarlo,
que tus pies desgasten el umbral de su puerta.
—Eclesiástico 6:33, 36

Pedro nació en España a finales del siglo XIX. Siendo seminarista, contempló la pobreza de personas que vivían en cuevas en las colinas y no tenían escuela. Entonces fundó las Escuelas del Sagrado Corazón, para chicos y chicas, e inició también talleres para adultos. Algo más tarde, ante la hostilidad de los gobiernos a la enseñanza de la religión en las escuelas, comenzó una red de maestros de escuelas públicas que pudieran mostrar a Cristo con su vida, ya que no lo podían hacer con sus palabras. Ese fue el comienzo de la Institución Teresiana, una asociación de laicos dedicados a la evangelización mediante la educación y la cultura, extendida por todo el mundo. Murió mártir de su fe al comienzo de la guerra civil española.

༺❖༻

Para Pedro Poveda el verdadero crecimiento humano tenía que estar ayudado por una educación sólida, con valores cristianos. En nuestros días, algunas personas todavía no han tenido acceso a su derecho a una educación y es necesario procurarla. Existen oportunidades en parroquias y en centros comunitarios tanto de estudiar como de ser voluntario. Es una llamada de fe.

Cristo, Señor nuestro, por intercesión de Pedro Poveda, te pedimos nos concedas valentía para dar testimonio de ti con nuestra propia vida en ambientes hostiles a la fe; que no descansemos hasta poder llevar a otros a ti a través de su derecho a la educación. Que no cesemos en nuestra propia educación.

Santa Marta

Marta, te preocupas y te inquietas por muchas cosas, cuando una sola es necesaria.
—Lucas 10:41–42

Marta, su hermana María y su hermano Lázaro, eran íntimos amigos de Jesús. Él se quedaba en su casa cuando pasaba por Betania. Siempre se asocia a Marta con la hospitalidad, porque es famoso el pasaje en que quiere que Jesús regañe a María porque no la está ayudando. Marta se ocupaba de las cosas de la casa, trataba de atender a las necesidades de todos y trabajaba mucho. También es famosa por el pasaje de la resurrección de su hermano en la que ella hace una preciosa confesión de fe en Cristo.

෪ ✣ ෫

Jesús le dice a Marta que María ha elegido la mejor parte, pero no para reprender a Marta por su actividad. La atención a las necesidades de las personas de alrededor es una misión muy alta. Pero da a entender que, si por estar tan ocupada va a estar algo enojona y se va a olvidar de gozar con la visita, es mejor que lo piense de otra manera. . . Cuando demasiada ocupación conduce a la irritación, conviene pararse y preguntarse por qué y por quién se está haciendo, para poder hacerlo con gusto y alegría.

¿Me ocupo de muchas cosas en la casa, pero me pongo de malhumor por tener que hacer tanto? ¿Sirvo con alegría y por amor, o por obligación o presión?

Santa María de Jesús Sacramentado Venegas

Yo soy el pan de vida; el que viene a mí no pasará hambre, el que cree en mí no pasará nunca sed.

—Juan 6:35

Nació en México en 1868, la decimosegunda hija de una familia numerosísima. Ya con treinta y siete años, asistió a unos ejercicios espirituales de las Hijas del Sagrado Corazón, que atendían a enfermos abandonados y pobres. Fue más tarde elegida superiora general y tuvo que dirigir la congregación durante la persecución religiosa. Fundó dieciséis casas para enfermos y ancianos y ella misma prodigó cuidados a los pacientes. Su fortaleza venía de su diaria participación en la Eucaristía. Murió ya muy anciana y es la primera santa de México.

☙ ❖ ❧

Se dice que no se puede dar lo que no se tiene. En medio de dificultades y persecuciones, y estando rodeada de dolor y pobreza, la madre María daba lo que sí tenía: el alimento del Señor que recibía cada día. Y lo hizo durante una larguísima vida, callada y humildemente. Para poder afrontar las dificultades que siempre van a estar presentes en toda vida humana, es necesario contar con la fuerza de Dios. Asistir a la mesa del Señor sabiendo que ahí está toda la fuerza necesaria es una manera eficaz de vivir con fortaleza y amor.

No podemos caminar con hambre bajo el sol. Danos siempre el mismo pan, tu Cuerpo y Sangre, Señor.

San Ignacio de Loyola

Que Cristo habite en sus corazones por la fe, que estén arraigados y cimentados en el amor, de modo que logren comprender, junto con todos los consagrados, la anchura y la longitud, la altura y la profundidad.

—Efesios 3:17–18

Nacido en una familia noble española del siglo XVI, Ignacio en su juventud emprendió una carrera militar. Pero, convaleciente de una herida, tuvo una conversión y se decidió a seguir a Jesucristo. Y lo hizo apasionadamente. Fundó la Compañía de Jesús, los jesuitas, que creció rápidamente. Envió a muchos de sus jesuitas a misiones, escribió más de seis mil cartas y predicó mucho. Uno de sus escritos más importantes, y que más influencia ha tenido en la vida de la Iglesia de muchos siglos, es *Ejercicios Espirituales*. La Compañía ha dado muchos grandes santos a la Iglesia. Viviendo a comienzos del protestantismo, Ignacio recomendaba a los jesuitas que tuvieran mansedumbre y respeto hacia todos, pero que tuvieran mucho conocimiento para poder defender su fe. Su lema era: "Para la mayor gloria de Dios".

☙ ❖ ❧

A veces se comienza un camino en la vida pensando que es el definitivo. Pero si llega una luz más fuerte y más convincente, hay que cambiar de rumbo. Para Ignacio, el amor de Cristo fue una fuerza tan grande que ni riquezas familiares, ni enfermedades, ni posibles honores militares o profesionales iban a poder detenerlo. Es una gran fortuna y gracia tener una visión tan clara, pero no es extraño que Dios se la conceda a quien quiera entrar en su luz.

¿Qué me mueve en la vida? ¿Cuál es mi objetivo? ¿He visto claramente mi vocación?

Agosto

San Alfonso María Liguori

Mi garganta está sedienta de ti, mi carne desfallece por ti ¡como tierra seca,
reseca, sin agua!
—Salmo 63:2

Alfonso nació en Italia en 1696. A los dieciséis años obtuvo un doctorado en Derecho Civil y Canónico. Su padre, que ambicionaba un futuro brillante para él, lo obligó a estudiar idiomas, música y arte. Como abogado, Alfonso obtenía importantes triunfos, pero un día fracasó en un juicio y decidió abandonar la carrera y seguir al Señor de cerca. Se tuvo que enfrentar a su padre, a su familia y a sí mismo. Cuando al fin fue ordenado sacerdote, se dedicó a trabajar con la gente más pobre de Nápoles. En 1572 fundó la Congregación del Santísimo Redentor para evangelizar mediante misiones populares. Escribió mucho, dejando once libros y dos mil manuscritos. Fue nombrado obispo y se dedicó a organizar grupos de misioneros y catequistas. Murió a los noventa años.

❧ ✤ ☙

No es malo tener éxito en la vida. Y seguramente cualquier profesional brillante puede hacer mucho bien. Es la motivación para hacer las cosas que determina la plenitud de la persona. Si falta el sentido de dirección hacia la llamada de Dios, no importa lo mucho que se logre o que se gane, siempre habrá un vacío. Le ocurrió así a san Alfonso, como les ocurre a muchas personas que están en constante búsqueda de "algo más". Se trata de un algo más que solo Dios puede llenar.

¿En qué cifro mi felicidad? ¿Qué metas deseo alcanzar? ¿Con qué finalidad?

San Eusebio de Vercelli

Para eso he nacido y para eso he venido al mundo, para dar testimonio de la verdad. Quien está de parte de la verdad, escucha mi voz.
—Juan 18:37

Este obispo del siglo IV es uno de los personajes más brillantes de la historia de la Iglesia. Fue nombrado obispo de Vercelli y desde ahí fortaleció la vida sacerdotal y monacal. Obedeció, incluso a riesgo de su vida, las indicaciones del papa de mediar en disputas contra la herejía arriana, que negaba la divinidad de Cristo. Se ganó la furia del emperador arriano Constancio, que lo desterró junto con los obispos que se habían opuesto a sus pretensiones. Muerto Constancio, Eusebio regresó a Vercelli y continuó defendiendo la divinidad y humanidad de Cristo, dentro y fuera de Italia. Aunque en el Martirologio Romano figura como mártir, no se sabe a ciencia cierta si lo fue físicamente, pero sin duda lo fue en el verdadero sentido de la palabra: como testigo fiel y valiente.

ꔷ ✣ ꕔ

Se habla mucho en nuestros días de "hablar la verdad al poder". Es algo arriesgado enfrentarse al poder, ya sea político, económico o incluso, psicológico. Se puede perder lo que se tiene materialmente, o el prestigio, la honra e inclusive el bienestar. Hay pocas cosas que merezcan la pena de una lucha, pero ciertamente las convicciones más profundas, la fe y todo lo que atañe a la justicia, merecen ser defendidos a toda costa.

Señor, Dios nuestro, nuestra roca y escudo. En momentos en que la justicia esté en juego, en momentos en que nuestra fe se vea atacada, concédenos la fuerza de responder y proclamar tu justicia y tu verdad.

San Josep Guardiet Pujols

Como está escrito:
Heriré al pastor y se dispersarán las ovejas.
—Marcos 14:27

Hijo de un farmacéutico catalán, Josep ingresó pronto en el seminario y se doctoró en Teología. Después de su ordenación fue párroco y se distinguió por un celo incansable y una enorme capacidad de trabajo. Lo llamaban el párroco de la sonrisa, por su amabilidad, sentido del humor y capacidad conciliadora. Su casa siempre estaba llena de gente y atendía a todos con gusto. Fue organizador de muchas peregrinaciones marianas. Cuando se instaló la república en España, Guardiet buscó maneras de comunicarse con la gente de manera legal, supliendo las prácticas religiosas que se habían prohibido. Cuando comenzó la persecución religiosa, se le ofrecieron a Guardiet lugares de refugio y oportunidades de salir del país, pero los rehusó diciendo que su sitio estaba junto a los feligreses. Recién comenzada la Guerra Civil, incendiaron su iglesia. Lo detuvieron y fue fusilado el 3 de agosto de 1936.

❧ ❖ ❧

Las personas de gran actividad y fuerte ética de trabajo a veces podrían dar la impresión de excesiva seriedad y aburrimiento. Josep supo unir una intensa actividad al servicio del pueblo con un carácter amable y alegre, y con una gran apertura y hospitalidad hacia todos. Se diría que internamente estaba totalmente anclado y por eso podía mantener la serenidad.

¿Cuánto empeño pongo en mi trabajo? ¿Considero que lo hago más como misión al servicio de mi familia y de otras personas, que como una simple profesión?

San Juan María Vianney

¡Ocultando estas cosas a los sabios y entendidos, se las diste a conocer a la gente sencilla!
—Mateo 11:25

El francés del siglo XVIII Juan María siempre tuvo dificultades en los estudios. Entró en el seminario, pero fue llamado a filas. Su regimiento recibió orden de marchar, pero Juan estaba orando y llegó tarde, así que le amenazaron con arrestarlo. Escapó con otros desertores. Su hermano se ofreció en su lugar y Juan pudo regresar al seminario. Fue nombrado párroco de Ars, una aldea difícil que era muy hostil. Juan fue ganándose al pueblo con su profunda espiritualidad y bondad, y con una prudente y misericordiosa dirección espiritual. Es famoso por las innumerables horas que pasaba en el confesonario y por el modo en que aconsejaba a los que buscaban su consejo, tanto la gente sencilla como obispos, sacerdotes y toda clase de personas. Se dice que más de veinte mil personas al año acudían a él. Instruía con lenguaje llano y ejemplos de la vida diaria, que transmitían fuertemente el amor de Dios. Es patrón de los sacerdotes.

ༀ❖ༀ

En nuestro mundo, se da mucha importancia al conocimiento y a la inteligencia, y quizá no tanta a la bondad y al testimonio de entrega de la vida. Sin embargo, la fuerza de la sinceridad y de la compasión arrastran mucho más que todo discurso intelectual. Juan se ganó a multitudes porque era auténtico en su mensaje y porque tenía una profunda compasión y entrega a su pueblo.

En mi experiencia de vida, ¿quién me ha convencido con más fuerza y me ha acercado más a Dios? ¿A quién confío mis inquietudes, deseos, faltas y avances?

Nuestra Señora de las Nieves

Nada es imposible para Dios.
—Lucas 1:37

Juan Patricio y su esposa, romanos del siglo IV, eran muy piadosos y caritativos. Tenían muchas riquezas y mucha fe, pero su gran tristeza era no poder tener hijos. Por último, se decidieron a nombrar heredera a la Virgen María y se pusieron bajo su amparo para discernir el destino de su herencia. En la noche del 4 de agosto, tuvieron una aparición de la Virgen que les pedía que construyeran una iglesia en una de las colinas de Roma, que ella señalaría con una gran nevada, cosa extrañísima y casi imposible en el agosto italiano. El 5 de agosto, con un sol espléndido en el resto de la ciudad, la colina Esquilino apareció cubierta de nieve. Allí se construyó la Basílica de Santa María la Mayor. Todo el pueblo de Roma ha acudido a ella durante siglos para pedirle auxilio en tiempos de calamidades y tragedia.

℘ ❖ ℘

Muchas veces en la vida humana, hay cosas que parecen imposibles —y que, científicamente y de otras muchas maneras— lo son. Para algunas parejas, es duro saber que no pueden tener hijos, y las adopciones son difíciles y costosas. Sin embargo, sabemos por la fe que nada es imposible para Dios. Y también que existen maneras de maternidad que van más allá de la maternidad física. Son maneras de protección, cuidado, acompañamiento y educación de otros que están al alcance de todos y que dan frutos de vida.

Además de tu mamá o papá, ¿quiénes han sido madres o padres para ti? ¿De quién eres madre o padre, si no física, espiritualmente?

San Hormisdas

Felices los que trabajan por la paz, porque se llamarán hijos de Dios.
—Mateo 5:9

Era un diácono de Roma, Italia, del siglo VI. Antes de ser ordenado obispo, estuvo casado y fue el padre de Silverio, quien después también sería papa y canonizado santo. Hormisdas fue elegido papa en 514 y tuvo que enfrentarse al problema del cisma que había provocado Acacio de Constantinopla, sobre las dos naturalezas de Cristo. Fue capaz de terminar el cisma. Es conocido como hombre hábil e inteligente, pero sobre todo, por ser conciliador y luchar por la paz.

౭০ ✤ ৫৪

¿Cuántas veces al día nos encontramos en situaciones de conflicto, en el trabajo o en la familia? Nadie se escapa de alguna contradicción, falta de acuerdo, discusión o pelea. A veces son cosas sin mayor importancia, en las que se puede ceder a la opinión o el gusto de otros, y otras veces se trata de asuntos esenciales que tocan las convicciones más profundas. Buscar la paz no significa asentir a todas las posiciones que se han enfrentado, sino tratar de escuchar, sopesar opiniones, perdonar, pedir perdón si es necesario, y buscar un acuerdo sin tener que abandonar la propia convicción, sobre todo si se trata de asuntos relacionados con la verdad y la justicia, donde no se puede ceder. Es bueno también tener poder de persuasión, que es una gracia que acompaña al testimonio de la propia vida.

¿En qué momentos he vivido situaciones conflictivas que al final se han solucionado bien? ¿Qué recursos o instrumentos empleé o vi que se empleaban en la solución del conflicto?

San Cayetano

Saca primero la viga de tu ojo y entonces podrás ver claramente para sacar la pelusa del ojo de tu hermano.
—Lucas 6:42

Hijo de un militar italiano del siglo XVI, Cayetano estudió en la Universidad de Padua, donde obtuvo dos doctorados. Era brillante y además muy bondadoso. Después de su ordenación, fue secretario privado del Papa Julio II. Viendo que las costumbres morales del clero estaban en decadencia, fundó una sociedad sacerdotal, los Teatinos, que buscaban llevar una vida santa y de animación del fervor de los fieles. Cuando Lutero comenzó su famosa protesta, Cayetano aconsejaba: "Lo primero que hay que hacer para reformar a la Iglesia es reformarse uno a sí mismo". Cayetano, de familia muy rica, se desprendió de sus bienes y los repartió entre los pobres. Fundó asociaciones llamadas Montes de Piedad, que prestaban dinero a personas sin recursos con muy bajos intereses. Murió a los sesenta y siete años desgastado por el trabajo.

☙ ❖ ❧

Las críticas a lo que hacen los demás, y a menudo a las acciones de la jerarquía de la Iglesia, pueden estar muy justificadas, pero la mayor parte de las veces son destructivas y no constructivas. El consejo y la vida de Cayetano ofrecen una vía distinta para una vida mejor y para un efecto más duradero y fructífero en la vida de la Iglesia: reformarse a uno mismo.

Señor Dios nuestro, concédenos luz dentro de nuestros corazones para ver de qué maneras podemos contribuir a la reforma de la Iglesia desde nuestro propio cambio de vida. Danos humildad para reconocer nuestros propios fallos y danos tu fuerza y tu gracia para cambiar.

Santo Domingo de Guzmán

Tengan siempre la alegría del Señor; se lo repito: estén alegres. Que la bondad
de ustedes sea reconocida por todos. El Señor está cerca.
—Filipenses 4:4–7

Este santo español del siglo XII se distinguió desde muy niño por su madurez.
Cuando tenía unos catorce años, llegó a su región una gran hambruna y
Domingo repartió todo lo que tenía. Cuando ya no tenía nada, vendió sus
posesiones más preciadas, sus libros, para dar de comer a otros. Acompañó a
un obispo en un viaje por el sur de Francia y se dio cuenta de que ciertas
herejías se habían extendido muchísimo. Entonces decidió ser un predicador
pobre, que daba testimonio de vida y de conducta, y así resultó mucho más
atractivo para el pueblo. Pensaba que la oración y la humildad tenían un
efecto mayor que las armas y la presión. Reunió a su alrededor un grupo
de predicadores y ese fue el comienzo de la orden de predicadores a quienes
dio dos consejos esenciales: contemplar antes de predicar, y predicar siempre
y en todo momento. Domingo era, además, un hombre que siempre estaba
amable y gozoso. Murió en 1221, diciendo: "¡Qué hermoso!" al escuchar la
recomendación del alma.

ॐ ❖ ॐ

Es difícil hacer creíble una verdad que viene de una persona amargada. En
cambio, la alegría, la sencillez en la presentación, que nacen de un corazón
unido a Dios y orante, consiguen mucho más.

¿De qué maneras trato de convencer a otros, sobre todo dentro de la familia, de
hacer las cosas bien o de acercarse a Dios? ¿Lo hago con alegría y sencillez? ¿Soy
creíble y atractivo?

Santa Teresa Benedicta de la Cruz

¿Con quién se aconsejó para entenderlo, para que le enseñara el camino exacto?
—Isaías 40:14

Edith Stein nació en Alemania a finales del siglo XIX en una familia judía devota. Fue una estudiante brillante e hizo un doctorado en Filosofía en la Universidad de Friburgo. Al principio de la Primera Guerra Mundial, Edith ayudó en hospitales militares. Después de la guerra, regresó a la universidad, y empezó a sentir profundas dudas y una gran hambre de verdad. Había dejado el judaísmo y se había hecho atea, pero el testimonio de algunos cristianos y, sobre todo, la lectura de la vida de santa Teresa de Ávila, la llevaron a convertirse al catolicismo. Fue profesora de la Universidad de Munster, pero le quitaron el puesto por su ascendencia judía. Después de un largo discernimiento, entró en el Carmelo en Colonia. Teresa y su hermana Rosa, que también se había convertido y era carmelita, fueron apresadas por los nazis y conducidas a Auschwitz, donde murieron.

❧ ❖ ☙

La primera y principal llamada de todo ser humano es alcanzar lo que Dios quiere de ella y eso, dentro de las capacidades y posibilidades de cada persona, pasa por perseguir una educación integral, intelectual y humana. La generosidad de Edith Stein en esta búsqueda se centraba en una apertura total a la verdad y a una vida íntegra y justa, aun a riesgo de su vida y de su posición.

¿De qué maneras procuro una buena educación para mí mismo, y para mis hijos y mi familia? ¿Cómo puedo poner todo lo que soy y tengo al servicio de los demás?

San Lorenzo

*Miren, mi siervo tendrá éxito, subirá y crecerá mucho. Como muchos se
espantaron de él, porque desfigurado no parecía hombre, ni tenía aspecto
humano, así asombrará a muchos pueblos; ante él los reyes cerrarán
la boca [. . .]*
—Isaías 52:13–15

Lorenzo era uno de los siete diáconos de Roma, Italia, en el siglo III. Su oficio era distribuir las ayudas a los pobres. El emperador Valeriano desató una enorme persecución contra los cristianos y el alcalde de Roma llamó a Lorenzo para pedirle los tesoros de la Iglesia. Este se presentó llevando consigo a los pobres de Roma. Enfurecido, el alcalde hizo apresar y martirizar a Lorenzo en una parrilla de hierro. Lorenzo murió con una enorme tranquilidad, perdonando a sus verdugos. El martirio de Lorenzo sirvió para la conversión de Roma y la difusión del Evangelio en el mundo.

❧ ❖ ☙

La verdadera riqueza, según Dios, está en el servicio y en el aprecio de toda persona en su enorme dignidad como hija de Dios. Ese es el mayor tesoro. El ver a cada persona con esta luz mueve a un profundo respeto por todos, sea cual sea su condición social y su origen, a la lucha por la justicia y a la defensa de la propia dignidad contra cualquier abuso, ataque o discriminación.

*¿Veo a toda persona como un gran tesoro por ser hija de Dios? ¿En qué acciones
concretas de mi comunidad parroquial o ciudadana a favor de la justicia, la
inmigración, contra el racismo o leyes injustas me puedo involucrar para defender
esa dignidad de todos?*

Santa Clara de Asís

No digas que eres un muchacho; que a donde yo te envíe, irás; lo que yo te mande, lo dirás. No les tengas miedo, que yo estoy contigo para librarte.
—Jeremías 1:7–8

Nacida en Asís en el siglo XII, la joven Clara conoció a Francisco de Asís y se sintió atraída por su mensaje. Al encontrarse con la oposición de su familia para entrar en la vida religiosa, se escapó de casa y, con algunas compañeras, fundó la rama femenina de los franciscanos, conocidas como clarisas. Clara fue la primera mujer que escribió una regla de vida para mujeres. Su mayor énfasis era una vida sencilla y pobre, en oración por la Iglesia. Una vida, como a ella le gustaba decir, "con el único privilegio de no tener privilegios. . .". Su obra está hoy extendida por todo el mundo.

ဢ ❖ ♋

En tiempos en que la mujer tenía poco poder de decisión, Clara no solo decidió seguir a Francisco, sino que llevó a sus compañeras con ella. En tiempos en que a veces parece que a los jóvenes no se les da el espacio de liderazgo por el que suspiran, la jovencísima Clara abrió un camino. Ni la edad, ni la condición, ni el estatus social puede hacer que la persona decidida a seguir a Cristo se detenga.

¿Con qué situaciones sociales o condicionantes me encuentro a veces que parecen impedirme cumplir mis deseos. . . de estudiar, de trabajar, de seguir mi vocación? ¿Cómo me enfrento a esas situaciones? ¿Dónde y cómo puedo encontrar caminos para salir adelante? ¿Qué ayudas puedo obtener?

Beato Carlos Leisner

Si te llama alguien, dices: Habla, Señor, que tu servidor escucha.
—1 Samuel 3:9

Nacido en Alemania en 1915, se integró en el Movimiento Juvenil Católico siendo estudiante de secundaria. El obispo de Munster le asignó el liderazgo de la juventud diocesana. Sentía la llamada al sacerdocio, pero también luchaba con dudas internas sobre si su camino sería ese o el del matrimonio. Por fin discernió que su llamada era el sacerdocio. Pero al poco tiempo de ordenarse diácono, tuvo un ataque de tuberculosis. Mientras se estaba recuperando en la Selva Negra, fue detenido por la Gestapo por un comentario que había hecho sobre Hitler. Fue internado en un campo de concentración y allí mismo fue ordenado sacerdote por un obispo francés también recluido. Celebró su primera y única misa allí. Luego fue puesto en libertad, pero apenas llegó a pasar unas cuantas semanas en un sanatorio antituberculoso en Múnich, con el único pensamiento del amor de Dios, que lo llevó también a perdonar a sus enemigos antes de su muerte.

❧ ✤ ☙

Hoy día, la Iglesia necesita prestar mucha atención a sus jóvenes. Cuando algunos se desilusionan y abandonan la Iglesia porque no encuentran un lugar en ella, personas como Carlos pueden salir a su encuentro y atraer a la juventud con esa alegría que solo pueden encontrar en Dios. A veces se requiere heroísmo en momentos concretos, y siempre en la vida diaria de sacrificio y entrega en servicio a los demás.

¿De qué maneras me abre Dios los caminos para la llamada que siento? ¿Qué puedo hacer para transmitir mi fe a los más jóvenes?

San Estanislao Koska

Les aseguro que, si un grano caído en tierra no muere, queda solo; pero si muere, da mucho fruto.

—Juan 12:24

Estanislao Koska nació en un castillo polaco en el siglo XVII, en el seno de una familia numerosa, profundamente cristiana, que animaba a los hijos a practicar la fe católica. Estudió en Viena, Austria, en un colegio jesuita donde fue con su hermano Pablo. Cuando el colegio tuvo que cerrar, Pablo se alejó de la Iglesia, pero Estanislao se mantuvo firme a pesar de las dificultades. Intentó ingresar en la Compañía de Jesús, pero su padre, esperando que sus hijos tuvieran cargos civiles o altos cargos eclesiásticos, no le dio su consentimiento. Estanislao tuvo que huir y marchó a encontrarse con san Pedro Canisio, quien lo protegió. Luego fue enviado a Roma, donde hizo sus primeros votos. Al poco tiempo, Estanislao tuvo el presentimiento de que moriría pronto y enseguida enfermó, falleciendo el día de la Asunción. Al conocer su muerte, su hermano Pablo se reconcilió con la fe católica.

❦

La convicción personal hasta el heroísmo es lo que atrae a otros. La semilla queda plantada y con la gracia y el favor de Dios, crecerá en su momento. No toca a los cristianos discípulos misioneros ver el fruto de sus esfuerzos, pero sí existe la plena confianza de que los habrá y abundantes.

Señor, Dios nuestro, a veces nos desilusionamos al no ver el fruto de nuestros esfuerzos. Toma nuestras semillas, plantadas con amor y sacrificio, y dales tu fruto. Que nuestra recompensa única sea saber que están en tus manos divinas. Amén.

San Maximiliano Kolbe

Nadie tiene amor más grande que el que da la vida por los amigos.
—Juan 15:13

Nació en Polonia a finales del siglo XIX, en una familia de trabajadores. Maximiliano era un niño sensible y piadoso, que tuvo el presentimiento de que sería mártir. Estudió Periodismo, ingresó en la orden de franciscanos menores, y comenzó una gran tarea de organización de comunicaciones en una ciudad llamada la Ciudad de María, en la que fundó talleres, organizaciones y periódicos, y en la que fomentó una intensa vida espiritual dentro de las obligaciones diarias. Fue detenido por la policía nazi e internado en un campo de concentración. Un día en que un hombre casado que tenía hijos iba a ser ejecutado en represalia por la escapada de un preso, Maximiliano se ofreció en su lugar y murió de hambre en la celda de aislamiento.

❧ ✤ ☙

El amor siempre pone las necesidades y el bien de los demás por delante de los propios. Quizá sin llegar a las circunstancias dramáticas de Maximiliano, cada día todos nos vemos enfrentados a opciones que pueden ir en beneficio de otros, pero en las que salimos perdiendo. Es necesario un profundo discernimiento para ver qué es lo más urgente, aunque suponga dolor propio.

¿En qué momentos he puesto las necesidades de mi familia por delante de mi propia comodidad o gusto? ¿En algún momento lo he hecho por un extraño?

Beatos capuchinos mártires de El Pardo

Dios es nuestro refugio y fortaleza,
socorro siempre a punto en la angustia.
Por eso no tememos aunque tiemble la tierra
y los montes se hundan en el fondo del mar.
—Salmo 46:2–3

El convento de capuchinos de El Pardo, cerca de Madrid, España, tenía unos doscientos miembros. Recién iniciada la guerra civil española, el convento fue tiroteado y las balas atravesaron el comedor. Los ciento treinta seminaristas menores que había allí fueron trasladados a distintos lugares para su protección. Pero quedaban los setenta religiosos, quienes fueron detenidos y amenazados de diversas maneras. Luego fueron puestos en libertad. Más tarde, sin embargo, seis de ellos fueron de nuevo detenidos y ejecutados, tres de ellos en el año 1936 y otros tres en el 1937. Todos ellos habían recibido la consigna de seguir haciendo su ministerio entre los encarcelados y cerca de quienes estaban perseguidos para llevarles aliento y consuelo. Todos los que sobrevivieron siguieron celebrando misas clandestinas, confesando y predicando secretamente. Otros treinta y un capuchinos de distintos lugares de España también fueron incorporados a este grupo de mártires, cuyo día se celebra el 15 de agosto.

❧ ❖ ☙

El temple y la fortaleza de las personas se prueba en los momentos más difíciles. La serenidad, la fidelidad y la fortaleza en momentos de sufrimiento o de peligro no se improvisan. Son virtudes que se han ido trabajando con fe, oración y serenidad ante las pequeñas o grandes contrariedades de la vida.

¿Pierdo la calma o los nervios con facilidad? ¿Me altero cuando las cosas no van
como yo quiero? ¿Cómo me enfrento a los problemas y dolores que trae la vida?

San Esteban de Hungría

Pero tú, Dios nuestro, eres bueno y fiel,
tienes mucha paciencia y gobiernas el universo con misericordia.
Aunque pequemos, somos tuyos, reconocemos tu poder;
pero no pecaremos sabiendo que te pertenecemos.
—Sabiduría 15:1–2

Nacido en el siglo XI, Esteban era hijo del rey de Hungría. Era un valiente guerrero y muy buen organizador. Tuvo que enfrentarse a muchos conflictos políticos: había fuerzas que querían arrebatarle el trono porque deseaban implantar una religión distinta de la católica. Esteban trabajó mucho por el clero y tenía una enorme devoción a María, que transmitía al pueblo. Levantó templos y fundó conventos por todo el país. Repartía, además, bienes entre los más necesitados personalmente, prefiriendo siempre a los más pobres, a los que consideraba los favoritos de Dios. Dicen que salía por la noche disfrazado para repartir ayudas. Una noche, no reconociéndole, se le echaron encima y lo apalearon. Pero Esteban determinó que jamás iba a negar una ayuda.

❧ ❖ ☙

Las mejores intenciones a menudo se encuentran con obstáculos o, lo que es peor, falta de agradecimiento. Cuando esto ocurre, es normal echarse atrás y ya no hacer lo que ha resultado tan ingrato. Esteban podía haber mandado emisarios o, simplemente, haber negado su ayuda después de la golpiza recibida. Sin embargo, continuó en su esfuerzo generoso y desinteresado.

¿Espero siempre recibir agradecimiento y buenos resultados después de mis acciones? ¿Me decepciono con facilidad?

Santa Beatriz Gómez de Silva

Hijo mío, cuando te acerques a servir al Señor,
prepárate para la prueba;
mantén el corazón firme, sé valiente,
no te asustes cuando te sobrevenga una desgracia:
pégate a él, no lo sueltes,
y al final serás premiado.

—Eclesiástico 2:1-3

Nació en una familia emparentada con las cortes de España y Portugal. Fue dama de compañía de la reina Isabel de Portugal. Era muy bella. La reina comenzó a sentir envidia de ella y llegó a encerrarla. Cuando pudo salir, ingresó como seglar en el monasterio dominico, donde permaneció treinta años. Salió de allí luego con varias compañeras y se trasladó a una casa donada por la reina Isabel la Católica. Vivieron durante cinco años en comunidad y luego obtuvieron la aprobación para una congregación consagrada a la Concepción de la Bienaventurada Virgen María. Beatriz murió poco tiempo después, pero la comunidad permaneció.

෨ ✣ ෬

Hay amistades que comienzan bien y luego pueden torcerse por diversas razones. Una de esas razones es la envidia, que desea el bien que tiene el otro, sin darse cuenta de los propios bienes que tiene y sin agradecerlos. El alma generosa no envidia a otro, sino que se alegra en la gracia y los dones que Dios da a sus criaturas de maneras diversas.

¿Alguna vez siento resentimiento porque otra persona cercana quizá tiene algo que yo deseo? ¿Cómo me enfrento a eso? ¿He sufrido alguna vez la envidia de una persona cercana a mí, con malas consecuencias para mí como la separación, alejamiento o daño? ¿Cómo he tratado de sanar mi corazón para perdonar?

San Alberto Hurtado

Por amor de Sión, no callaré,
por amor de Jerusalén
no descansaré
hasta que irrumpa
la aurora de su justicia
y su salvación brille como antorcha.

—Isaías 62:1–2

Nació en 1901, en Chile. Ingresó en el Colegio San Ignacio donde fue un buen estudiante, muy entusiasta y alegre. Quería ser sacerdote, pero la difícil situación económica de su familia se lo obstaculizaba. Estudió Derecho y por las tardes trabajaba para ayudar a sus padres. Las pocas horas que le quedaban las dedicaba a la parroquia. Al fin pudo ingresar en el noviciado y fue ordenado sacerdote. Enseguida empezó a trabajar en el Colegio San Ignacio, donde muchos buscaban sus consejos. Atraía a los jóvenes y niños por su alegría y dedicación. Fue llamado como asesor de la Acción Católica Juvenil, y con los jóvenes empezó a recorrer Chile sirviendo a los más pobres. Fundó el Hogar de Cristo para acoger a niños y dictarles talleres de enseñanza. Tenía una energía insuperable y su obra se multiplicó con la Acción Sindical de Chile. A los cincuenta y un años contrajo cáncer y a pesar de los dolores, siguió trabajando desde el hospital.

༺ ❖ ༻

Las cosas que se hacen con alegría y entusiasmo parecen generar más y más energía. No se trata de ser adictos al trabajo o la actividad, pero sí de responder, por amor, a las llamadas de Dios a servir a los demás. En el caso de Alberto fueron su familia, sus alumnos, los jóvenes y los pobres. . . Algunos lo podrían tildar de loco; solo el amor entiende esta entrega sin límites.

¿Qué necesidades veo a mi alrededor? ¿Hay cosas que están en mi mano hacer?

Beatos mártires claretianos de Barbastro

Me dijo: estos son los que han salido de la gran tribulación, han lavado y blanqueado sus vestiduras en la sangre del Cordero [. . .] Y Dios secará las lágrimas de sus ojos.

—Apocalipsis 7:14, 17

En 1936, el seminario claretiano de Barbastro, en España, estaba lleno de jóvenes entusiastas y decididos a dar su vida por la misión a la que habían sido llamados. Eran cuarenta y ocho muchachos, de poco más de veinte años de edad. Al principio de la guerra civil española, fueron todos arrestados, junto con tres de sus profesores. Entre el 12 y el 15 de agosto fueron ejecutados, después de haber tenido oportunidades de renunciar a su fe. Ninguno de ellos lo hizo. Durante los días de su arresto, se animaron unos a otros, y escribieron cartas de ánimo y alegría a sus familiares.

❧ ✦ ☙

La solidaridad que va creciendo día a día en las pequeñas ayudas, en la convivencia, en el interés por cosas comunes, en el servicio diario, en el jugar y disfrutar, y en el rezar juntos, puede más tarde tener que demostrarse en acciones más relevantes e importantes. Pero no se improvisa en momentos de dificultad: al practicarla diariamente, la solidaridad se fortalece y puede responder a grandes desafíos de la vida.

¿De qué pequeñas maneras (servicios, ayudas, disfrute, juegos, escucha. . .) voy fortaleciendo los lazos de amor y solidaridad con los miembros de mi familia y de la comunidad cercana?

San Bernardo

Que así te bendiga mientras viva,
alzando las manos en tu Nombre.
Me saciaré como de enjundia y de manteca,
y mi boca te alabará con labios jubilosos.
—Salmo 63:5–6

Nació en Francia en una familia bastante singular. Era fervoroso de niño, pero luego se dedicó a gozar de los placeres de la sociedad. Vivió una conversión, pero cuando comunicó su decisión de ir a un monasterio, su familia se opuso. Su fuerza de convicción fue tan fuerte, que al final marchó al monasterio llevando consigo a cuatro hermanos y a un tío, y también a otros treinta y un compañeros jóvenes de su alrededor. Luego el padre y el cuñado también fueron al convento y su hermana se hizo religiosa. Bernardo era inteligente, amable y simpático. En su vida, fundó más de trescientos conventos para hombres y atrajo a novecientos monjes. Por su manera de hablar lo llamaban el "doctor boca de miel". Tenía un enorme amor a Dios y a la Virgen, que llenaba de entusiasmo a quienes lo escuchaban. El papa y los obispos continuamente le pedían que fuera a ayudarles, y él acudía a donde podía ser útil. Recorrió Europa mediando en conflictos y corrigiendo errores.

§✧§

No hay nada tan atractivo como el testimonio de alegría y de felicidad dentro de una vida. Sin esa alegría y ese testimonio, no se puede convencer a nadie ni arrastrar a nadie al bien. Los buenos consejos desde una actitud triste y agria no llegan al corazón ni al entendimiento de nadie.

Señor, que nuestras palabras y nuestras obras sean reflejo de la única felicidad
verdadera, que es estar contigo.

San Pío X

La Sabiduría proclama,
la inteligencia levanta la voz.
[...] A ustedes, hombres, los llamo,
a los seres humanos se dirige mi voz.
—Proverbios 8:1, 4

José Sarto, que estudió en el seminario de Padua, Italia, terminó sus estudios con honores. Al mismo tiempo que estudiaba, estableció una escuela nocturna para la educación de los adultos. Era enormemente generoso con los pobres y se distinguió por su abnegación durante una epidemia de cólera. También se ocupó de la educación religiosa de los adultos e hizo posible que los alumnos de escuela pública recibieran catequesis. Fue luego nombrado obispo de Mantua y en su sede procuró la formación del clero. A la muerte de León XIII fue nombrado papa, tomando el nombre de Pío X. Como papa, fomentó la recepción frecuente de la Comunión, propulsó la catequesis y recomendó la Primera Comunión de niños a edad más temprana. Publicó un *Motu Proprio* sobre la música sacra y promovió además la publicación de un nuevo catecismo para la diócesis de Roma. Advirtió de los peligros filosóficos y teológicos que entrañaba el modernismo y estableció el Pontificio Instituto Bíblico de Roma.

ဇာ ❖ ᘓ

A veces se piensa que solo se puede hacer una cosa a la vez. Pero hay gente que vive como con prisa por hacer el bien. Todo se les hace poco. José Sarto parecía ser uno de esos. Pero sobre todo, en su pontificado animó al acercamiento a la Eucaristía como el alimento que podría dar fuerza para toda obra buena, para toda abnegación.

¿De qué manera puedo apoyar los esfuerzos de educación de adultos que existen en mi parroquia?

San Felipe Benizi

*Camino por la vía de la justicia
y sigo las sendas del derecho,
para ofrecer riquezas a mis amigos
y llenar sus tesoros.*
—Proverbios 8:20–21

Nació en una familia noble italiana en el siglo XIII. A los trece años fue a París a estudiar Medicina, obtuvo su título a los diecinueve y empezó a ejercer su profesión. Durante ese tiempo, estudiaba las Escrituras y practicó una intensa vida de oración. Discernió su vocación e ingresó en la orden de los servitas, como hermano lego, haciendo duras tareas sin protestar. En 1258 fue enviado al convento de Siena y durante el camino intervino en una polémica discusión sobre los dogmas de la fe, en la cual Felipe supo interceder brillantemente aclarando y dando el verdadero sentido sobre lo dicho. Al darse cuenta de su sabiduría, lo ordenaron sacerdote y fue maestro de novicios, y más tarde, prior general. Visitó todos los conventos de la orden y predicó la conversión del pueblo invocando la protección de la Virgen.

ℰ❖℘

Una buena educación es importante y muy deseable. Es un don, que, puesto al servicio de los demás, puede dar enormes frutos. No debería ser un bien que se guarda egoístamente para uno mismo o para el propio beneficio. Si es así, muere con la persona, sin ningún efecto en la Iglesia o la sociedad. Los dones y talentos que se tienen no pertenecen a la persona, sino que son para el servicio de otros.

¿Qué dones, talentos, o cosas que he aprendido pueden ser de servicio para los demás? ¿Los pongo a funcionar con generosidad?

Santa Rosa de Lima

Grábame como un sello en tu brazo,
grábame como un sello en tu corazón,
que el amor es fuerte como la muerte,
la pasión más poderosa que el abismo.

—Cantar de los Cantares 8:6

Nació en Lima, Perú, en 1586 y fue bautizada como Isabel, pero como era muy bonita, empezaron a llamarla Rosa, que fue luego su nombre de confirmación. Muchos hombres se enamoraban de ella, pero Rosa quería solamente vivir entregada a Cristo. Cuando un joven de clase alta la pretendió, su familia estaba contenta porque soñaban con un porvenir brillante, pero ella se negó. Decidió quedarse en su casa, dedicada a la oración y a las buenas obras de caridad con la gente del pueblo. Su padre fracasó en su negocio, y Rosa se dedicó a cultivar el huerto y a coser para poder ayudar con los gastos. A pesar de las dificultades y de una prolongada noche oscura, Rosa perseveró hasta el fin en su vida de contemplación y de servicio. Murió a los treinta y un años.

৩❖ল

La llamada personal es algo que no puede negar ni la propia persona, ni quienes están a su alrededor. Cuando se ve clarísima, no hay obstáculo ni prohibición que pueda detenerla. Puede ser a la vida religiosa, al matrimonio, al ministerio de alguna manera, o a la soltería. Cada persona tiene la propia y los sueños de las familias para sus hijos no pueden ser otros que los que los propios hijos quieran perseguir.

¿Qué sueños tengo para mis hijos? ¿Son los mismos que tienen ellos para sí mismos?
¿De qué manera puedo ayudarlos a alcanzar lo que se proponen en sus sueños?

San Bartolomé

Si se mantienen fieles a mi palabra, serán realmente discípulos míos,
conocerán la verdad y la verdad los hará libres.
—Juan 8:31

Parece que Bartolomé es un sobrenombre o segundo nombre que le fue añadido a su antiguo nombre que era Natanael (que significa "regalo de Dios"). Muchos autores creen que es a quien el evangelista san Juan llama Natanael y otros evangelistas llaman Bartolomé. San Mateo, san Lucas y san Marcos cuando nombran al apóstol Felipe, le colocan como compañero de Felipe a Natanael. Jesús lo describió como un "hombre sin doblez", noble y sincero. Es notable la afirmación de Cristo que hace Bartolomé en su exclamación: "Tú eres el Hijo de Dios". A la muerte de Jesús evangelizó en diversos lugares, como India y Armenia, y dio su vida en martirio por su fe.

֍ ✦ ֎

En nuestra sociedad, a menudo por mecanismo de defensa, es difícil ser sincero, sin doblez. . . A veces hay intereses ocultos detrás de ciertas acciones; otras veces decir la verdad sobre lo que se piensa puede causar dificultades en el trabajo, las relaciones políticas o religiosas, o en el propio prestigio. Por otro lado, la mentira y la doblez atan y esclavizan.

¿Tengo en este momento algún secreto que no quiero que se conozca? ¿Tengo a veces intenciones ocultas en lo que digo o hago? ¿Cómo he experimentado lo que dice Jesús sobre la verdad?

San José de Calasanz

Quien critica a un amigo destruye la amistad.
—Eclesiástico 22:20

Nació en España en 1556. Su padre deseaba que fuera militar y que fuera el heredero administrador de sus muchas riquezas. Pero José deseaba ser sacerdote. Fue a Roma donde se unió a un grupo que enseñaba catecismo a los niños y se dio cuenta de que no era suficiente con los domingos; tenían que fundar escuelas. Se reunió con sacerdotes amigos y fundaron una escuela que pronto se llenó y fue dando paso a muchas otras. José y sus amigos daban clase y en sus ratos libres socorrían a enfermos y pobres de la ciudad. Estas prácticas fueron el comienzo de las Escuelas Pías, que pronto se multiplicaron por diversos países. José recibió un colaborador ambicioso y envidioso que se propuso hacerle la vida imposible, llegando incluso a llevar a José a tribunales para que lo retiraran del gobierno general. Siguieron las mentiras y calumnias, y el papa al fin decidió disolver la congregación. Más tarde se supo la verdad, y la comunidad pudo volver a reorganizarse.

೮ఇ ❖ ೧ಎ

Sufrir desprecios de extraños es duro, pero menos difícil que la traición de alguien cercano. José supo aceptar y perdonar una herida tan grande que incluso lo retiró de la obra a la que había entregado su vida. Saber vivir las traiciones, pequeñas o grandes, con un corazón sano es una enorme gracia de Dios.

¿He vivido alguna traición de personas muy cercanas a mí, familiares o amigos? ¿Cómo reacciono y perdono?

Santa Teresa Jornet

Escucha al padre que te engendró;
no desprecies la vejez de tu madre.
—Proverbios 23:22

Una joven española de finales del siglo XIX, Teresa ingresó en un monasterio de clarisas de donde tuvo que salir por motivos de salud. Durante algún tiempo vivió como seglar enseñando en escuelas. Luego conoció a un sacerdote que tenía planes de una fundación para ayuda de ancianos desvalidos. Teresa inmediatamente se ofreció como colaboradora, uniéndose a las primeras aspirantes del nuevo instituto. Fue nombrada superiora del grupo y más tarde directora general. A su muerte, había 103 casas de asilo y cerca de 1200 religiosas.

৪০ ❖ ৫৪

El cuidado de ancianos puede cansar bastante. Los ancianos pueden ser muy dulces, pero a veces en su senilidad pueden ser temperamentales, caprichosos y exigentes. Se necesita una gran paciencia, amor y perseverancia para atenderlos con dulzura, suavidad y humildad. Teresa Jornet ofreció su vida a este oficio tan necesario por el bien de quienes llegaron antes y lucharon por todos, pero es un oficio oculto y sin el reconocimiento necesario.

Señor Dios, danos la gracia de ver en nuestros mayores toda nuestra historia e identidad; de agradecer sus luchas por nosotros. Danos, en los momentos en que lo necesitemos, la fuerza y la paciencia para atenderlos con amor, delicadeza y entrega. Amén.

Santa Mónica

Hijo mío, si aceptas mis palabras
y conservas mis mandatos,
escuchando a la sabiduría
y prestando atención a la prudencia;
[...] entonces comprenderás el respeto del Señor
y alcanzarás el conocimiento de Dios.
—Proverbios 2:1–5

Nació en el norte de África en 332. Deseaba dedicarse a una vida de oración, pero sus padres dispusieron su boda con Patricio, un hombre trabajador, pero de muy mal genio, violento, mujeriego y jugador. Mónica sufrió muchísimo con él. Tuvieron tres hijos. El mayor fue Agustín, quien la hizo sufrir por muchos años. Con mucha oración y paciencia, buen ejemplo y buen humor, Mónica consiguió que Patricio pidiera el Bautismo, así como su suegra, que también había sido una presencia muy conflictiva en la casa. Al poco tiempo, Patricio murió, pero Mónica quedó con el problema de Agustín, un joven brillantísimo, pero que vivía una vida totalmente perdida. Sin embargo, como el propio Agustín reconoció más tarde, las lágrimas de Mónica lo ganaron para Cristo.

ᔥ ✦ ᔐ

Existen hoy día grupos de madres que se reúnen regularmente para orar por sus hijos. En ocasiones podría parecer que su oración no tiene efecto, pero no se detienen y continúan haciéndolo con confianza, como Mónica. Cuando parece que los hijos se han alejado de la fe o de la familia, es la oración y los brazos de sus madres los que los sostienen ante Dios.

¿Qué preocupaciones tienes sobre tus hijos? ¿Cómo oras por ellos? ¿Te cansas a veces de rezar porque parece que no hay respuesta, o perseveras?

San Agustín

La quise y la busqué desde muchacho,
y la pretendí como esposa, enamorado de su hermosura.
Su unión con Dios realza su nobleza,
porque la ama el que es Señor de todos;
ella conoce los secretos de Dios y elige lo que él hace.
Si la riqueza es un bien deseable en la vida,
¿quién es más rico que la Sabiduría, que lo realiza todo?
—Sabiduría 8:2–5

Hijo de santa Mónica, nació en 354 en el norte de África. Aunque ingresó en el catecumenado, no recibió el Bautismo y en su juventud llevó una vida disipada. Sin embargo, buscaba la verdad, pero se dejó llevar por diversas filosofías erróneas. Al fin llegó al conocimiento de la verdad de Cristo y se convirtió en uno de los mayores teólogos y santos del cristianismo. Escribió muchas obras, entre las más conocidas *La ciudad de Dios* y *Confesiones*, donde relata su camino de conversión. Fue obispo de Hipona y ha tenido una enorme influencia en la vida de la Iglesia durante muchos siglos.

❧ ❖ ☙

Hay un vacío en toda persona que solo puede llenar Dios. Lo que salvó a Agustín, además de las lágrimas y la oración de su madre, fue que anhelaba la verdad y la buscó incansablemente. Como él mismo dice: "Nos has hecho, Señor, para ti, y nuestro corazón está inquieto hasta que descanse en ti".

¿Qué buscas en tu vida? ¿En qué lugares buscas a Dios? ¿Alguna vez te ha parecido que habías alcanzado la felicidad con cosas materiales, solo para darte cuenta de que todavía había un vacío en ti? ¿Cómo lo llenaste?

Martirio de san Juan Bautista

Herodes había mandado arrestar a Juan y lo había encarcelado por instigación de Herodías, esposa de su hermano Felipe, con la que se había casado. Juan le decía a Herodes que no era lícito tener a la mujer de su hermano. Por eso Herodías le tenía rencor y quería darle muerte; pero no podía.

—Marcos 6:17–19

Juan aparece en el Evangelio casi en paralelo con la vida de su primo Jesús, y siempre como su precursor. El mayor de los profetas, se consideraba indigno de desatar la sandalia de Jesús. La Iglesia celebra su nacimiento y su martirio. Su valiente denuncia del pecado de Herodes lo llevó al martirio. El Evangelio lo relata en la narración de la fiesta de Herodes en la que Salomé pidió la cabeza de Juan como precio de su danza que había cautivado a Herodes.

☙ ✠ ❧

Hay varias cosas importantes que resuenan en la vida de Juan y que son aplicables a toda vida humana: la primera es la alegría del encuentro con Dios, que le lleva a la proclamación "He ahí el Cordero de Dios". La segunda es su humilde convencimiento de ser instrumento, y no protagonista, que es una virtud y una actitud difícil de practicar, ya que la tendencia humana es a creerse el centro de las cosas. Y una última es la valentía de proclamar la verdad incluso a riesgo de la propia vida.

Señor Jesús, a quien Juan proclamó como el Mesías deseado, el Cordero de Dios que quita el pecado del mundo, concédenos la fuerza y la valentía de confesarte como Dios y Señor, en nuestra vida diaria, sin temor a críticas o persecuciones.

San Esteban de Zudaire

*Los que siembran con lágrimas
cosechan con cantos alegres.
Al ir iba llorando,
llevando el saco de la semilla;
al volver, vuelve cantando,
trayendo sus gavillas.*
—Salmo 126:5–6

Nació en España en 1548. A los diecinueve años entró en el noviciado jesuita. Era un joven con mucha energía y pidió ser enviado a misiones. Fue destinado a la misión de Brasil, pero su barco fue atacado por navíos enemigos y los cuarenta jesuitas que iban hacia el Nuevo Mundo recibieron el martirio. Antes de morir, entonaron un *Te Deum* de agradecimiento por su martirio.

꽁 ❖ ꩜

Dar gracias a Dios por las cosas buenas que pasan en la vida parece normal y fácil, aunque con frecuencia se olvida. Pero dar gracias por las cosas más dolorosas y difíciles es lo que parece extraño y más difícil. Los jesuitas martirizados en Brasil seguramente no daban gracias por el dolor, sino por el honor de morir como testigos fieles de Jesucristo, por la oportunidad de responder con amor al amor que habían recibido. Incluso los momentos más difíciles y duros son ocasiones que Dios puede utilizar para el bien de otros.

¿Doy gracias a Dios solamente en los momentos más fáciles y afortunados? ¿Soy capaz de dar gracias porque algo que puede parecer malo en un primer momento se convierte en una oportunidad para pedir la fuerza del Espíritu y para hacer el bien a otros?

San Ramón Nonato

Nadie busque su interés, sino el de los demás. Tengan los mismos sentimientos
que Cristo Jesús, [...] que se vació de sí y tomó la condición de esclavo.
—Filipenses 2:4–5, 7

De una familia noble española del siglo XIII, se llamó *nonnatus* (no nacido),
porque su madre murió en el parto antes de que el niño viera la luz. Ingresó
en la orden de los mercedarios, que acababa de fundarse. San Pedro Nolasco, el
fundador, recibió la profesión de Ramón en Barcelona. Era un joven virtuoso y
entusiasta y sucedió a san Pedro Nolasco en el cargo de "redentor o rescatador
de cautivos". Enviado al norte de África con una suma considerable de dinero,
Ramón rescató en Argel a numerosos esclavos, se ofreció a sí mismo cuando no
tenía dinero y fue perseguido cruelmente por las autoridades. No se arredró en
ningún momento y continuó predicando a tiempo y a destiempo, atendiendo
a esclavos y a musulmanes. Fue encarcelado y por fin san Pedro Nolasco pudo
enviar a algunas personas a rescatarlo. A su vuelta a España, fue nombrado
cardenal, pero continuó una vida sencilla y humilde. El papa lo llamó a Roma,
pero falleció en el viaje, cuando solo tenía treinta y seis años.

෨ ❖ ෬

Todos pueden hacer cosas buenas por la familia y por las personas queridas.
Es más raro hacerlas por desconocidos, gentes de otras razas o incluso de otras
religiones. Ramón Nonato se ofreció a sí mismo en rescate por esclavos a
quienes no conocía, arriesgándolo todo.

¿Saldría al encuentro de personas que no conozco para ayudarlas?
¿Qué me motivaría?

Septiembre

San Gil

El Señor le dijo: Sal y ponte de pie en el monte ante el Señor. ¡El Señor va a pasar! Vino un huracán [. . .] pero el Señor no estaba en el viento. Después del viento vino un terremoto, pero el Señor no estaba en el terremoto. Después del terremoto vino un fuego, pero el Señor no estaba en el fuego. Después del fuego se oyó una brisa tenue.

—1 Reyes 19:11–12

Gil fue un monje medieval de España. Sentía una fuerte llamada a la oración silenciosa y, con permiso de sus superiores, se trasladó a una ermita en el monte con otro monje. Allí vivieron los dos, cada uno en su ermita, pero cerca uno del otro. Ambos perseveraron hasta su muerte allí. En la comarca existe una gran devoción a san Gil y muchos peregrinan al lugar donde estaba su capilla.

❧ ✠ ☙

El ajetreo de nuestra sociedad hace que el silencio sea muy poco valorado. Siempre hay algún aparato en marcha: música, televisión, computadoras. Los ratos en que no hay trabajo, se dedican muchas veces a la conversación con otros, a hablar por teléfono o a entrar en cualquier otro ruido. . . El silencio puede resultar incómodo, pero si se persevera en él, quizás se pueda escuchar la voz de Dios, entrar dentro de uno mismo para evaluar la propia vida, ver por dónde puede estar Dios llamándonos y discernir qué acciones sería necesario emprender para seguir su voluntad.

¿Reservo un tiempo en mi vida para escuchar a Dios, silenciando los demás sonidos y palabras de mi alrededor? Cuando lo hago, ¿encuentro que Dios me habla con riqueza y profundidad?

Beato Bartolomé Gutiérrez Rodríguez

Aunque camine por lúgubres cañadas,
ningún mal temeré, porque tú vas conmigo;
tu vara y tu bastón me defienden.
—Salmo 23:4

Nació en México en el siglo XVI. A los dieciséis años ingresó en la orden agustina. Tenía deseos de ser misionero, pero sus compañeros se burlaban de él porque era gordo y pensaban que no podría soportar las fatigas del viaje. Pero, aun así, fue destinado a Filipinas, donde fue maestro de novicios. Tenía facilidad para los idiomas. Fue después enviado a Japón, donde estuvo a cargo de una comunidad de fieles. Cuando se decretó la expulsión de religiosos de Japón, Bartolomé regresó a Filipinas, pero al poco tiempo volvió a introducirse en Japón. Tuvo que esconderse por estar perseguido, y al fin fue capturado. Durante su prisión mostró alegría y agradecimiento. En 1632, lo martirizaron horriblemente y murió junto con otros religiosos.

❧ ✣ ☙

Sobre las condiciones físicas o psicológicas de la persona, siempre vence el deseo, si es verdadero, y la decisión de seguir una llamada. No se puede decir que no se puede hacer algo a lo que Dios llama, porque Dios siempre da el camino y la fuerza.

Señor, por encima de toda dificultad y obstáculo, ayúdanos a ver el camino por el que nos llamas. Que nada sea para nosotros una excusa para dejar de hacer el bien que tú deseas de nosotros. Amén.

San Gregorio Magno

¿Quién es el sirviente fiel y prudente, encargado por su señor de repartir a sus horas la comida a los de la casa?
—Mateo 24:45

Gregorio Magno era un prefecto romano del siglo VI. Cumplía fielmente sus obligaciones, pero se sentía muy atraído por el servicio de Dios y se ordenó diácono. Fue enviado como embajador ante la corte bizantina. A su regreso fue abad de un monasterio. En el año 590, murió el Papa Pelagio y el pueblo eligió a Gregorio por aclamación. Gregorio trabajó por la formación litúrgica, la buena música sacra y la buena predicación. Fue un excelente administrador. Además, expresó claramente doctrinas religiosas que no se habían definido bien y fortaleció la Santa Sede.

❧✤☙

Para un buen funcionamiento, crecimiento y vida de la familia, se necesita una buena administración. A veces, en el intento de dar todo a los hijos, o de obtener lo que no había en los países de origen o en la propia niñez, se despilfarran los bienes y esto puede llevar a un futuro precario, a dificultades para proveer vivienda o una buena educación para los hijos. Incluso puede poner el matrimonio en peligro.

¿Cómo administro los dones que recibo de Dios a través del trabajo? ¿Soy prudente y consciente de que el bien de mi familia depende de una administración responsable?

Santa Rosalía

*Señor, Dios Todopoderoso, mira favorablemente lo que voy a hacer en esta
hora para exaltación de Jerusalén. Ha llegado el momento de ayudar a tu
herencia y de cumplir mi plan [. . .]*
—Judit 13:4–5

Rosalía, del siglo XII, es patrona de Palermo (Italia). No se sabe mucho de
su vida, pero se dice que vivió durante algunos años en la corte de la reina
Margarita de Sicilia. Según se cuenta, la reina le regaló el monte Pellegrino,
donde vivió haciendo oración.

❧ ✜ ☙

No es muy común encontrar en la historia mujeres ermitañas. Había muchos
más hombres que seguían ese camino, quizá por considerarse el lugar de la
mujer más bien dentro del hogar, o en un monasterio. Lo cierto es que los
caminos de la mujer no están determinados por costumbres o convicciones
sociales, sino más bien por lo que Dios quiera que llegue a ser y los caminos
por los que la llame.

*¿Tengo expectativas sobre mis hijas distintas de las de mis hijos varones? ¿En qué me
baso para esto? ¿Pienso que Dios puede estar llamando a una de mis hijas por
caminos o profesiones inesperados? ¿Cómo animo esa vocación?*

Santa Teresa de Calcuta

Despreciado y evitado de la gente, un hombre habituado a sufrir [. . .]
despreciado, lo tuvimos por nada; a él, que soportó nuestros sufrimientos y
cargó con nuestros dolores [. . .]
—Isaías 53:3–4

Llamada Gonxha Agnes Bojaxhiu, la conocidísima madre Teresa de Calcuta nació en Albania en 1910. Muy joven ingresó en la Congregación de Hermanas de Loreto. Fue enviada a Calcuta a enseñar en una escuela de niñas, de la que llegó a ser directora. Pero dos años más tarde recibió una fuerte llamada de Dios a dedicarse a los más pobres y abandonados de la India. En 1950 estableció la Congregación de Misioneras de la Caridad, conocidas por su labor entre los más pobres de todo el mundo. Su labor ha sido reconocida internacionalmente.

❧ ✦ ❧

En su intensa y amorosa dedicación a los más destituidos de la tierra, la madre Teresa siempre decía que el secreto era hacer cosas ordinarias con un amor extraordinario. Aunque atender directamente a los más pobres no esté al alcance de todos los cristianos que viven en distintas situaciones sociales o familiares, sí es posible para todos ver en toda persona —sin importar su condición social o económica o de salud— el rostro de Cristo y respetar la enorme dignidad concedida por Dios a todo ser humano.

Señor Jesús, en el rostro de los más pobres, rechazados por la sociedad, enfermos y maltrechos por la vida, enséñanos a contemplar tu rostro, el tuyo en tu Pasión y crucifixión por nosotros, y a agradecer en ellos la salvación y la gracia que tú nos has traído. Amén.

273

San Eleuterio

Señor, mi corazón no es engreído, ni mis ojos altaneros; no persigo grandezas
ni prodigios que me superan.
—Salmo 131:1

El propio Papa Gregorio Magno escribió la biografía de este abad italiano del siglo VI, que fue uno de sus grandes amigos. Parece ser que la mayor ejemplaridad de Eleuterio era aprender de sus errores y de sus propios pecados. En cierta ocasión hizo un comentario a unas monjas sobre Satanás, y más tarde se dio cuenta de que tales palabras habían estado movidas por su propia presunción y orgullo. Se arrepintió de ello y no fiándose ya de su propio poder, como lo había hecho, pidió la ayuda de sus hermanos monjes.

෯ ❖ ଔ

No es fácil reconocer errores y a veces es fácil engañarse con acciones que en apariencia son buenas pero que están motivadas por el propio deseo de aparentar, brillar o ser más importante. Eleuterio tuvo la luz de ver lo más íntimo de sí mismo, y también la humildad de reconocerlo públicamente, lo cual es aún más difícil. Y a veces, resulta también difícil pedir ayuda, porque es más satisfactorio hacer las cosas por uno mismo. . . lo cual puede llevar a más orgullo.

Señor, Dios nuestro, danos tu luz para reconocer que cualquier obra buena que
hagamos, por pequeña que sea, es obra tuya y no mérito nuestro. Ayúdanos a entrar
en nosotros mismos para ver si nos mueve el servirte y darte gloria o el aparentar
fuerza propia. Danos tu gracia para reconocernos y reconocerte en todo. Amén.

Santa Regina

Miren, mi siervo tendrá éxito,
subirá y crecerá mucho.
Como muchos se espantaron de él,
porque desfigurado
no parecía hombre,
ni tenía aspecto humano;
así asombrará a muchos pueblos;
ante él los reyes cerrarán la boca.

—Isaías 52:13–14

Regina era hija de un pagano en lo que es hoy Francia y fue educada por una nodriza cristiana, quien le transmitió la fe. Quisieron casarla con un prefecto muy rico, pero ella se negó. Su padre entonces la encerró en un calabozo. Allí la torturaron y finalmente la ejecutaron, pero nunca cedió en su fe. En el calabozo, recibió el consuelo de una visión de la cruz.

❧ ❖ ❧

Quienes transmiten la fe a los niños, lo hacen no solo con las palabras, sino con el testimonio que dan de una vida entregada, generosa y llena de amor. Ese testimonio, unido a las oraciones y las historias de Dios que van contando a los niños, dan fundamento toda la vida. Es quizá la misión de evangelización más importante, aunque parezca tan sencilla.

¿Agradezco el cimiento de mi fe y me doy cuenta de cómo ha ido determinando mi vida? ¿Cómo trato de transmitirla a los más pequeños?

Santo Tomás de Villanueva

Muy bien, sirviente honrado y cumplidor; has sido fiel en lo poco, te pondré al frente de lo importante.
—Mateo 25:21

Uno de los santos agustinos de más renombre, Tomás García Martínez, nació en España en 1448. Era hijo de unos ricos hacendados, pero más de una vez se le encontró en la calle semidesnudo, porque había entregado su ropa a los pobres. Ingresó en la orden de los agustinos, y fue prior, visitador, profesor de universidad y consejero del emperador Carlos I. Era un hombre muy austero y todo lo que tenía lo iba entregando a los más pobres. Pero también buscaba soluciones para la pobreza, buscando dar trabajo y ayudar a sobrevivir dignamente a otros. Como provincial, envió a los primeros agustinos a México en 1533. Compuso grandes obras teológicas y espirituales, y sus sermones producían grandes conversiones.

❧ ✤ ☙

Tomás es conocido por su gran inteligencia, pero quizá una de las mejores lecciones que dejó fue la de buscar soluciones para la pobreza. Dar una limosna, incluso de la propia necesidad, es relativamente fácil. Buscar creativamente cómo ayudar a las personas a superarse y a salir de su situación es un camino más duradero y ofrece una dignidad personal más profunda a quien recibe esa ayuda.

¿Qué ayudas para la superación propia están disponibles en mi parroquia o comunidad? ¿Cómo pudiera yo ayudar a descubrir a personas que las necesiten?

San Pedro Claver

Cristo nos ha liberado para ser libres; manténganse firmes y no se dejen atrapar de nuevo por el yugo de la esclavitud.

—Gálatas 5:1

Nació en Cataluña, España, en 1580, de padres campesinos muy sencillos. De niño, Pedro trabajaba en el campo con su familia. Estudió en la Universidad de Barcelona y decidió ser jesuita. Por el contacto con san Alonso Rodríguez, el portero del colegio, sintió la llamada a la misión y pidió ser enviado a América. Fue a Cartagena, en Colombia, donde trabajó incansablemente cerca de los esclavos que eran llevados en galeras a las colonias. Se llamó a sí mismo "esclavo de los esclavos" y luchó por sus derechos. Bautizó a muchos.

❧ ❖ ☙

El racismo es un gran pecado y ha sido una plaga que ha azotado a la humanidad desde la antigüedad, incluso dentro de la Iglesia misma. Pedro asumió el riesgo de ponerse del lado de aquellos a quienes no se consideraba humanos. Hizo todo lo posible para llevarlos al bien, a la verdad y a la libertad interior. En nuestro mundo aún persisten diversas esclavitudes, comenzando por la gravísima del tráfico humano, pero además las hay en otros ambientes, como la esclavitud del vicio, de controles externos, del miedo. Ante cualquier esclavitud, interna o cercana, todos podemos solidarizarnos y buscar la liberación.

¿Qué esclavitudes encuentro a mi alrededor, o en mí mismo? ¿Hay personas cercanas que no se sienten libres por temores legales, o que no son libres porque están dominadas por una adicción? ¿Existen también esclavitudes de antiguas amarguras y resentimientos?

Beato Francisco Gárate

Entonces, ya coman, ya beban, o hagan lo que sea, háganlo todo para la gloria de Dios.

—1 Corintios 10:31

El beato Francisco Gárate nació en España, en 1857. Muy pronto sintió la vocación a la vida religiosa e ingresó en la Compañía de Jesús. Solo tuvo dos destinos en su vida religiosa: como enfermero y sacristán, y como portero. Se podría decir que no hizo nada "extraordinario". Su santidad consistió en una intensa vida de oración y en hacer bien lo que tenía que hacer, con sencillez, bondad y buen humor. Como se dice de san Ignacio de Loyola: "No hay virtud más eminente que el hacer sencillamente lo que tenemos que hacer".

ဆၣ❖ဿ

A veces las personas que anhelan seguir a Dios quisieran encontrarse con situaciones en que tuvieran que ser heroicos y hacer algo grande. Sin embargo, son a menudo las cosas pequeñas y escondidas, las de todos los días, las que más heroicidad requieren, porque son repetitivas, a menudo aburridas y nada llamativas. Ahí es donde Francisco se encontraba con Dios y ahí es donde se puede alcanzar una verdadera santidad.

¿Qué cosas de todos los días —cocinar, manejar, limpiar la casa, resolver pequeños asuntos y problemas— me resultan más pesadas? ¿Busco en ellas agradecimiento o gloria?

Beato Francesco Giovanni Bonifacio

Si los insultan por ser cristianos, dichosos ustedes, porque el Espíritu de Dios y su gloria reposan en ustedes.
—1 Pedro 4:14

Francesco Bonifacio fue un sacerdote italiano del siglo XX asesinado en Croacia cuando solo tenía treinta y cuatro años. Había nacido en 1912 en una familia humilde. Una vez ordenado sacerdote, asumió la responsabilidad de una parroquia que atendía a diversas aldeas rurales en lo que antes era Yugoslavia. Francesco desarrolló una enorme actividad de catequesis, visitas a las familias y a los enfermos, y obras de caridad. Era muy querido por el pueblo. Su actividad religiosa no le gustaba al gobierno comunista y en uno de sus viajes de un pueblo a otro, lo arrestaron. Uno de los guardias que lo habían detenido contó más tarde que le golpearon la cara con una piedra y luego fue arrojado a una fosa. Sus restos no se han encontrado.

§0 ✧ ଓ

A veces la bondad tiene el efecto de irritar a quienes no se sienten capaces de ser generosos o ayudar a otros. Quizá se busquen razones de ideología o de creencias para el ataque, pero la verdad es que, en el fondo, no se soporta la verdad y la bondad. Es la historia de Caín y Abel. La mayoría de las personas en esta sociedad no sufren, quizá, una persecución sangrienta, pero muchas sí sufren la crítica, el desprecio o las envidias provocadas por las buenas acciones.

¿En algún momento me he sentido juzgado y rechazado por alguna obra buena que realicé? ¿Soy capaz de perdonar y seguir adelante?

San Guido

En las huellas de la humildad y el respeto de Dios caminan riqueza,
honor y vida.
—Proverbios 22:4

Guido fue un sencillo agricultor, sacristán y obrero belga del siglo XI. Era muy trabajador y en cierta ocasión quiso emprender un negocio, pero le salió mal y perdió sus ahorros. Entonces comenzó a caminar por el mundo, haciendo peregrinaciones a Tierra Santa y a Roma. A su muerte, empezaron a suceder hechos maravillosos y su devoción se extendió rápidamente. No se conocen palabras de él, y sin embargo fue admirado y respetado por su santidad y su intensa vida de oración.

෨ ✤ ෬

La santidad no tiene por qué ser ruidosa. Desde el silencio de un trabajo honrado, bien hecho y sencillo, se puede dar mucha gloria a Dios. A veces puede parecer que el trabajo es una carga, algo pesado. Sin embargo, para quienes lo entienden, es el camino para unirse a Dios de una manera directa y sencilla, colaborando en su obra de creación.

¿Qué es para mí el trabajo? ¿Trabajo a veces excesivamente para conseguir más
dinero y posesiones, o le doy a mi labor un sentido de servicio a Dios y a los demás?

San Juan Crisóstomo

Porque es el Señor quien da la sabiduría,
de su boca proceden saber e inteligencia.
—Proverbios 2:6

Juan nació en Antioquía en el siglo IV. Su padre era un oficial del ejército sirio, que murió al poco de nacer Juan. Su madre, una mujer de inteligencia y gran personalidad, educó a su hijo en la fe y lo envió a las mejores escuelas de Antioquía. Juan fue un gran profesor, teólogo y orador. Fue patriarca de Constantinopla y luchó contra las herejías y el descenso del fervor del clero. También denunció los excesos de los poderes políticos bizantinos. Eso le valió las iras de la emperatriz, quien lo exilió durante un tiempo. Escribió mucho, pero su nombre Crisóstomo (boca de oro) viene de su fama como orador. Es doctor de la Iglesia.

೮೦ ✤ ೧೪

Las palabras se pueden utilizar de muchas maneras. Se pueden usar para mentir o para manipular, pero también para edificar, construir y llevar a otros al bien y a la bondad. Juan utilizó su don para el bien de los demás, sin miedo ni a la adulación ni a la persecución.

¿Cómo utilizo mis palabras? ¿Sé callar cuando no tengo nada positivo que decir? ¿Sé hablar cuando es necesario luchar por la justicia? ¿Cómo puedo distinguir entre las palabras que tratan de adularme y las que pueden desafiarme a hacer el bien?

San Gabriel Taurin

De repente sobrevino un terremoto que sacudió los cimientos de la prisión
[. . .] El carcelero se despertó y al ver las puertas abiertas, empuñó la espada
para matarse, creyendo que se habían escapado los presos. Pero Pablo le gritó
muy fuerte: "¡No te hagas daño, que estamos todos aquí!".
—Hechos de los Apóstoles 16:26–28

Gabriel Taurin Dufresse, nacido en Francia en el siglo XVIII, fue ordenado sacerdote de las Misiones Extranjeras y marchó a China como misionero. Se desató una fuerte persecución contra los cristianos y Gabriel fue arrestado. Logró escaparse y vivió escondido con una familia católica china, pero pronto se entregó a las autoridades para no poner en peligro a la familia. Gabriel fue exiliado a Macao. Luego pudo regresar y tuvo mucho éxito en su misión y fue ordenado obispo. Pronto la persecución se recrudeció y tuvo que cambiar de residencia frecuentemente, hasta que lo capturaron y martirizaron.

☙ ❖ ❧

El bien y la seguridad de los demás pasó por encima de la propia seguridad de san Gabriel. Es la máxima generosidad y el mayor desprendimiento que se pueden demostrar. Los padres de familia saben esto bien, pues siempre ponen la seguridad y el bienestar de los hijos por encima de la propia. Quizá sea algo más difícil hacer lo mismo con personas que no son de la familia, pero la obligación cristiana de amor es la misma.

Señor Dios nuestro, que entregaste a tu propio Hijo para la salvación del mundo.
Danos luz y gracia para siempre anteponer el bienestar y la seguridad de los demás a
la propia. Que gocemos del fruto de tu generosidad, que da fruto a nuestra propia
entrega. Amén.

Beato Giuseppe Puglisi

No es justo favorecer al culpable negando su derecho al inocente.
—Proverbios 18:5

Pino Puglisi fue hijo de un zapatero y una costurera de Palermo, Italia. A los dieciséis años entró en el seminario y a los veintitrés fue ordenado sacerdote. Trabajó en diversas parroquias de la ciudad y fue confesor en conventos y maestro en varias escuelas. Fue nombrado capellán de un orfanato y luego vicerrector del Seminario Menor Diocesano. También fue párroco en Godrano, un pequeño pueblo marcado por la mafia. Fue un gran defensor de los niños que utilizaba la mafia para distribuir drogas, y organizó un hogar para salvar a cientos de niños. Rechazaba los donativos de procedencia dudosa, enfrentándose así a la mafia, a quien irritaba cada vez más. Su obra representó una gran esperanza para las familias. La mafia lo declaró enemigo y en 1993, lo ejecutó frente a su iglesia a los nueve meses de inaugurar el hogar.

෩✣ෆ

Giuseppe sabía muy bien que sus esfuerzos no iban a solucionar todos los problemas. Pero era muy consciente de que lo poco que se pudiera hacer, marcaría la diferencia. Y no se detuvo ante nada ni ante nadie, incluso conociendo bien los riesgos. El temor a lo que digan los demás, a no gozar de los beneficios de alguna relación dudosa, a veces paraliza. La acción decidida da frutos, aunque no se perciban inmediatamente.

¿Me acobardo alguna vez ante la opinión, el juicio o la posibilidad de romper una relación con otros y dejo de hacer lo que veo como correcto? ¿Qué temores me paralizan y angustian más?

Santos Cornelio y Cipriano

El amigo fiel es refugio seguro;
quien lo encuentra, encuentra un tesoro;
un amigo fiel no tiene precio
ni se puede pagar su valor;
un amigo fiel es algo maravilloso,
quien respeta a Dios lo consigue.
—Eclesiástico 6:14–16

Durante la persecución de Decio, en el siglo III, el Papa san Fabián fue martirizado y entonces el sacerdote Cornelio fue elegido papa. Cornelio tuvo un pontificado difícil, tanto por la persecución externa como por los desacuerdos internos en la comunidad cristiana. Cuando Cornelio fue desterrado, encontró un gran apoyo en san Cipriano, obispo de Cartago, que fue su gran amigo, y le fue fiel hasta su martirio. Cipriano, además, desempeñó un importante papel en la Iglesia de África. Convertido al cristianismo ya de adulto, Cipriano trabajó y luchó por mantener viva la fe de la Iglesia en medio de las persecuciones. Fue también desterrado y por último martirizado.

☙❖❧

Los verdaderos amigos son como fuertes columnas en las que apoyarse. Tanto en momentos fáciles como en los difíciles, saben prestar su apoyo y su fidelidad. Un verdadero amigo no está interesado en sacar beneficios personales, sino en el bien de la otra persona.

¿Qué idea tengo de la amistad? ¿Sé ser buen amigo? ¿Cómo describiría la fidelidad?

San Francisco de Camporroso

No nos cansemos de hacer el bien, que a su debido tiempo cosecharemos sin fatiga. Por tanto, mientras tengamos ocasión, hagamos el bien a todos, especialmente a la familia de los creyentes.

—Gálatas 6:9

Nacido en una humilde familia italiana en el siglo XIX, al igual que sus hermanos recibió una educación religiosa muy simple. Pero cuando era joven conoció a un hermano de los monjes menores y se despertó en él el deseo de consagrarse a Dios. Se hizo franciscano y su misión era pedir limosnas de puerta en puerta. A menudo fue rechazado, pero perseveró con paciencia, ganándose el cariño y respeto del pueblo. Una terrible epidemia de cólera devastó la ciudad, y san Francisco, abatido y casi inmovilizado por una dolorosa operación, ofreció al Padre Celestial su vida a cambio del cese de la epidemia. El 15 de setiembre fue atacado por la enfermedad y dos días después falleció. La fuerza de la epidemia disminuyó hasta que cesó completamente.

❧ ✜ ☙

La paciencia es una virtud difícil. Al ver la falta de resultados de algo que se intenta, lo más frecuente es abandonar e intentar otra cosa, o darse por vencido. La paciencia es virtud de los humildes, que saben que el fruto no se debe a sí mismos. Francisco perseveró y su humilde bondad le ganó el afecto del pueblo.

¿Qué cosas de mi familia o de mi trabajo me hacen perder la paciencia? ¿Me doy por vencido con facilidad?

San Juan Macías

Ya conocen la generosidad de nuestro Señor Jesucristo que, siendo rico, se hizo pobre por nosotros para enriquecernos con su pobreza.

—2 Corintios 8:9

Nació en España, en 1585. Era muy niño cuando sus padres murieron, quedando él bajo el cuidado de un tío suyo que lo hizo trabajar como pastor. Más tarde, empezó a trabajar con un comerciante que marchó a América, y Juan fue con él. Ahorró dinero y se instaló en Lima. Entonces sintió la llamada de Dios. Entregó todo lo que tenía a los pobres y entró como hermano lego dominico. Fue el portero del monasterio, donde se reunían mendigos, enfermos y desamparados de toda la ciudad buscando ayuda y consuelo espiritual. Se cuentan cosas prodigiosas de cómo conseguía casi milagrosamente alimentos para todos. Pero no solo los pobres acudían a él; también los nobles de Lima. Conseguía alimentos para quien los necesitaba y sabía dar buenos consejos a todos.

☙ ✤ ❧

Un conocido refrán español dice: "Dime con quién andas y te diré quién eres". Juan andaba tanto con mendigos como con nobles y ricos. En todos veía a Cristo y, como Cristo, se hacía con Cristo. Andaba con Cristo y se convertía en pan para todos.

¿Quiénes son mis amigos, es decir, con quién ando? ¿Qué dice eso sobre quién soy? ¿Son mis palabras y mis acciones alimento para otros?

San Alonso de Orozco

No hagan nada por ambición o vanagloria, antes con humildad, estimen a
otros como superiores a ustedes mismos. Nadie busque su interés, sino
el de los demás.

—Filipenses 2:3–4

Hijo de un gobernador, Alonso nació en España en el siglo XVI. De niño fue cantor de la catedral y luego pasó a estudiar a la universidad. Se hizo agustino y enseguida sus superiores vieron la gran capacidad que tenía para anunciar la palabra. Se embarcó con rumbo a México, pero en ruta le aquejó una enfermedad que aconsejó interrumpir el viaje. Fue nombrado predicador real de Carlos V, pero incluso viviendo en la corte, vivía de manera austera. Escogió una celda cerca de la puerta para atender mejor a los pobres que se acercaban a pedir ayuda. Además de sus obligaciones en palacio, atendía a enfermos, visitaba a presos y a los pobres en las calles. Escribía y preparaba sus sermones. Gozaba de gran popularidad en los más diversos ambientes sociales. Escribió numerosas obras de ayuda a la catequesis y la espiritualidad.

℘ ❖ ℨ

A veces las personas que alcanzan altos puestos pueden encumbrarse y no tener en cuenta a los demás. Alonso nunca perdió de vista que su misión, por muy alto que fuera su cargo, estaba dirigida a todo el pueblo de Cristo, tanto pobres como ricos, a los que servía con todos sus recursos intelectuales y materiales.

Guárdanos, Señor, en tu paz, sin intentar hacernos superiores a nadie. Que lo que
tenemos o seamos no nos haga pensar en nuestro propio mérito, sino en que todo lo
hemos recibido para entregarlo a los demás.

Santos Andrés Kim, Pablo Chong y compañeros mártires

Doy gracias a Dios que siempre nos hace participar de la victoria de Cristo y por nuestro medio difunde en todas partes el aroma de su conocimiento. Porque nosotros somos el aroma de Cristo, ofrecido por Dios para los que se salvan y para los que se pierden.

—2 Corintios 2:14–15

En el siglo XIX, el cristianismo estaba muy perseguido en Corea. Andrés Kim, el primer sacerdote ordenado en Asia, creció comprendiendo el valor de defender su fe, ya que varios miembros de su familia habían sido mártires. Solo fue sacerdote durante un año y algunos meses. Fue arrestado y martirizado cuando solo tenía veintiséis años. El laico Pablo Chong también venía de una familia de mártires y cuando tenía veinte años viajó a Seúl a tratar de reconstruir la Iglesia. Trató de reunir misioneros, pero sus esfuerzos fueron bloqueados por la persecución. Junto con Andrés y Pablo, ciento diecisiete coreanos dieron su vida por su fe en los mismos días. Entre ellos había once españoles, un pequeño grupo de franceses y coreanos laicos, hombres, mujeres y niños.

☙ ❖ ❧

En Corea la fe se ha mantenido a lo largo de muchas décadas gracias a la dedicación y el compromiso de los laicos. En nuestros días también la consciencia del papel del laicado dentro de la Iglesia ha crecido y el compromiso evangelizador se entiende como parte de las promesas bautismales.

¿Sientes que la Iglesia es responsabilidad única de los sacerdotes y religiosas? ¿De qué manera estás llamado también a contribuir y a desempeñar un papel importante dentro de la comunidad de fe?

San Mateo

Salió de nuevo a la orilla del lago. Toda la gente acudía a él y él les enseñaba.
Al pasar vio a Leví de Alfeo, sentado junto a su mesa de recaudación de los
impuestos y le dijo: "Sígueme".
Él se levantó y le siguió.
—Marcos 2:13–14

San Mateo, hijo de Alfeo, vivió en Cafarnaún, en el lago de Galilea. Es llamado Leví por los evangelistas san Marcos y san Lucas. Fue un publicano, es decir, un colector de impuestos para los romanos. Jesús lo llamó y dejó todo inmediatamente para seguirlo. Con ello, se ganó la readmisión en la comunidad. Después de la ascensión se dice que Mateo predicó en Judea y en países cercanos, y escribió el Evangelio en arameo, dirigido sobre todo a los judíos. Es representado como un hombre alado, por haber reflejado en su Evangelio claramente la naturaleza humana y divina de Cristo.

≈ ❖ ≈

Mateo, que por su condición de recaudador de impuestos estaba fuera de la comunidad y rechazado por muchos, es restablecido en la comunidad por la mirada y la llamada de Jesús. Para los hispanos el sentido de comunidad está fuertemente ligado a su identidad. Jesús le restituye la identidad a Mateo, es decir, su dignidad.

¿Rechazamos a algunas personas, consciente o inconscientemente, de nuestra
comunidad? ¿Alguna vez nos hemos sentido "fuera"? ¿Qué nos restituye o nos
puede restituir?

Beato Luis María Monti

Sanen a los enfermos, resuciten a los muertos, limpien a los leprosos, expulsen a los demonios. Gratuitamente han recibido, gratuitamente deben dar.
—Mateo 10:8

Octavo de una familia de once hijos, Luigi nació en Italia en 1825. Temprano quedó huérfano de padre y se hizo carpintero para ayudar a la familia. Como era muy apostólico, agrupó a su alrededor a otros jóvenes artesanos, comenzando un oratorio vespertino. Los jóvenes se caracterizaban por su austeridad y su espíritu de servicio a los enfermos y a los pobres, y también a los alejados de la Iglesia. Más tarde, Luigi entró en la Congregación de Hijos de María Inmaculada, donde permaneció tres años. Allí se ejercitó como educador y enfermero. Sirvió a los afectados por el cólera en 1885. Pero no acababa de encontrar la realización de su vocación. Emprendió una fundación para el servicio de los enfermos, y así nació la Congregación de Hijos de la Inmaculada Concepción, compuesta de laicos consagrados, que pasó por muchas dificultades antes de establecerse reconocidamente. Se crearon hospicios, hospitales y pequeñas comunidades para asistir en regiones remotas. A su muerte, su proyecto no había aún recibido la aprobación eclesiástica, que se le concedió más tarde.

෯ ❖ ෬

Las dificultades pueden desanimar y, ciertamente, Luigi debió pasar por momentos de gran desaliento y oscuridad. El motor para seguir adelante siempre se encuentra en el don de fortaleza del Espíritu Santo, que parece movilizar, cuando ni el camino está claro ni las cosas se hacen fáciles.

San Pío de Pietrelcina

Cuando lo conducían, agarraron a un tal Simón de Cirene, que volvía del campo, y le pusieron encima la cruz para que la llevara detrás de Jesús.
—Lucas 23:26

Conocido como padre Pío, Francesco Forgione nació en Italia en 1887, en una familia humilde. Fue un niño muy sensible y espiritual y pronto empezó a tener apariciones del Sagrado Corazón y de la Virgen. Ingresó en la orden de frailes menores, donde siguió teniendo apariciones y tuvo el don de los estigmas de Cristo. Dedicaba horas interminables a escuchar confesiones y a él acudían gentes de todo el país. Fue fundador de la Casa de Alivio del Sufrimiento, dedicada a ayudar a los enfermos no solo con dolencias físicas, sino también espirituales. También comenzó grupos de oración.

ଧ ✤ ଔ

Toda vida humana está marcada por el sufrimiento y a veces cuesta mucho ver a personas queridas sufrir. A menudo el sufrimiento físico es inevitable, pero quienes están cerca pueden ofrecer el bálsamo y el consuelo de la presencia, de momentos de alegría y de oración para acercarse más a Dios y poder así sobrellevar mejor el sufrimiento.

Cristo, Señor y Dios nuestro, tú cargaste con el sufrimiento para enseñarnos un camino de esperanza de salvación y de consuelo. Danos un corazón compasivo para con los dolores de nuestros hermanos y la generosidad de acompañarlos en su camino de cruz.

San Dalmacio Moner

*Derriba del trono a los poderosos
y eleva a los humildes,
colma de bienes a los hambrientos
y despide vacíos a los ricos.*

—Lucas 1:52–53

San Dalmacio Moner nació en España en el siglo XIV en una familia acomodada. Tuvo una esmerada educación e ingresó en la orden de predicadores, donde fue educador, consejero de reyes y profesores, y un gran promotor de vocaciones. Organizó nuevos conventos y centros de espiritualidad. Era tremendamente austero y tenía una intensa vida de oración. Rechazaba todo privilegio en comida, vestido o habitación. Dos veces logró permiso de sus superiores para vivir como ermitaño en una cueva, con la única obligación de acudir al convento para las comidas y la oración en el coro. Murió a los cincuenta años.

☙ ❖ ❧

Cuando alguien tiene un cargo especial, es fácil que con él consiga ciertos privilegios, que casi se ven como derechos adquiridos. Esto nunca entró en los cálculos de Dalmacio, que podría haber reclamado su posición como profesor o consejero de personajes importantes. Su llamada era otra.

¿Me siento a veces con ciertos "derechos" por el trabajo que hago en la parroquia, en casa, o en mi puesto de trabajo? ¿Siento que he ganado esos privilegios por mi propio esfuerzo o por gracia de Dios?

San Carlos de Sezze

No juzguen y no serán juzgados; no condenen y no serán condenados.
Perdonen y serán perdonados. Den y se les dará; recibirán una medida
generosa, apretada, sacudida y rebosante. Porque con la medida que ustedes
midan serán medidos.

—Lucas 6:37–38

Este humilde hermano franciscano podría ser el patrón de todas las personas maltratadas. Nació en Italia en 1620. Siendo niño, un maestro le dio una enorme paliza. Luego, los bueyes que cuidaba arremetieron contra él. Quiso ser franciscano y sus superiores lo trataron muy ásperamente, dudando de su vocación. Soportaba todo con una gran paciencia, aunque tenía tentaciones de ceder al enojo y dejarlo todo. Fue nombrado portero del convento y admitía a todos los pobres que llegaban. Al mismo tiempo, recibían grandísimas ayudas de la gente de alrededor. El prior del convento sospechaba que Carlos se había quejado de él por carta al Superior Provincial y lo trató durísimamente hasta que supo que no había sido Carlos. Lo que escribía Carlos eran consejos para la vida espiritual, pero, como no había pedido permiso, se llevó una terrible regañina de sus superiores. Más tarde se convencieron de que era un hombre de Dios y le permitieron escribir su autobiografía y también sobre la oración.

❧ ✢ ☙

Las incomprensiones hacen sufrir mucho y de alguna manera restan la propia dignidad y la autoestima. Carlos lo llevó todo con paciencia, pero también expresó en ocasiones lo que le pasaba, por respeto propio.

¿Alguna vez me he sentido incomprendido y juzgado? ¿Cómo lo soporté? ¿Alguna
vez personas de mi familia se han podido sentir incomprendidas por mi falta
de escucha?

Santos Cosme y Damián

La oración hecha con fe sanará al enfermo y el Señor lo hará levantarse; y si ha cometido pecados, se le perdonarán.
—Santiago 5:15

Cosme y Damián, de finales del siglo III, eran hermanos y médicos. Ejercían la medicina sin cobrar a los pacientes pobres, a quienes evangelizaban al mismo tiempo. El gobernador de Cilicia quiso impedirles predicar, pero como no lo consiguió, ordenó que los arrojaran al mar. Milagrosamente se salvaron, y entonces fueron decapitados. Cerca de su tumba se obraron curaciones milagrosas. Junto con san Lucas, son patrones de los médicos.

❧ ❖ ☙

En nuestros días en que la medicina cuesta tanto, muchos quisieran encontrarse con nuevos Cosmes y Damianes. . . Y existen, en las muchas obras de la Iglesia y de organizaciones voluntarias. Es importante pensar también en la cura de espíritus que todo cristiano puede practicar con palabras de apoyo, bálsamos de consuelo, medicinas de perdón y bienvenida, hospitalidad, compañía. . . En cierto modo, todo cristiano es médico de otros.

¿Para qué enfermedades propias o de personas queridas quisiera buscar curación? ¿Cómo puedo ayudar a la sanación de personas de mi alrededor? ¿Qué organizaciones o acciones católicas conozco para la sanación física o espiritual de otros?

San Vicente de Paúl

Señor, mi corazón no es engreído,
ni mis ojos altaneros;
no persigo grandezas
ni prodigios que me superan.
—Salmo 131:1

Vicente nació en Francia en 1581. Estudió con los franciscanos en una ciudad rica, y allí se sintió avergonzado de sus orígenes y de su padre, que era un pobre campesino. Quiso seguir estudiando en lugar de atender a una parroquia para aspirar a ser obispo. Embarcó hacia Narbona pero su barco fue atacado por los turcos. Vicente fue vendido como esclavo, hasta que pudo escapar y llegar a París. Allí conoció a Pierre de Berulle, que estaba entregado a la cura de almas y quería formar una comunidad sacerdotal. Vicente entonces tuvo una conversión, que lo llevó a un intenso amor para los pobres y empezó a crear Cofradías de Caridad, que luego serían las Hijas de la Caridad. En 1619 Vicente fue nombrado capellán de las Galeras, donde se encuentra con la imagen de la humanidad más oprimida y maltratada. Se decide a trabajar en su defensa. Funda la Congregación de padres Paúles o Vicentinos, comunidades de oración y espiritualidad, que salen al cuidado de los pobres.

❧ ❖ ☙

El orgullo puede llegar a borrar la verdadera identidad de la persona. No es, sin embargo, el dinero o la posición lo que determinan la identidad, sino la verdad de la relación con Dios.

¿Cómo puedo afirmar la identidad cultural y social propia, y los valores más importantes de solidaridad con los más pobres? ¿Cómo puedo mantenerme en escucha de lo que quiere Dios y no tratar de ascender socialmente?

San Wenceslao de Bohemia

El amor es paciente, es servicial, no es envidioso ni busca aparentar, no es orgulloso, no actúa con bajeza, no busca su interés, no se irrita, sino que deja atrás las ofensas y las perdona.

—1 Corintios 13:4–5

Wenceslao, hijo del rey de Bohemia, nació en 907. Su abuela, santa Ludmila se encargó de la educación de su nieto. El rey Ratislao murió en una batalla y la madre de Wenceslao ascendió al trono. Quiso imponer leyes anticristianas, lo cual sumió al país en el caos. Ludmila entonces trató de convencer a Wenceslao para que tomara el trono y defendiera el cristianismo. Los nobles la asesinaron. Por razones desconocidas, la reina fue depuesta y Wenceslao proclamado rey por voluntad del pueblo. Wenceslao reinó con bondad y justicia. Pero su hermano Boleslao, envidioso y deseoso de tomar el trono él mismo, planeó la muerte de Wenceslao. Lo invitó a una fiesta y, al terminar las ceremonias, Boleslao lo apuñaló. El pueblo aclamó a Wenceslao como mártir y es patrón de Bohemia.

☙ ❖ ❧

Desde el relato de Caín en el libro del Génesis, se ve cómo la envidia entre hermanos es causa de grandes desgracias. La envidia es un sentimiento muy común: se desea el bien que parecen tener otros y que se estima que uno merece. Una mirada más profunda haría ver que las gracias, los dones y los bienes que tiene cada uno son más que suficientes para vivir con alegría y agradecimiento.

¿En algún momento he deseado lo que tiene otra persona, o el puesto que ocupa? ¿Me detengo a pensar en mis propias bendiciones y beneficios?

Santos Miguel, Gabriel y Rafael

¿Acaso no son todos ellos espíritus al servicio de Dios, enviados en ayuda a los que han de heredar la salvación?
—Hebreos 1:14

Los arcángeles son una categoría de ángeles que tienen supremacía o liderazgo. Los tres arcángeles que se celebran hoy, Miguel, Gabriel y Rafael, tienen funciones propias en la protección y el cuidado de los humanos. Miguel representa "¿Quién es como Dios?", y es el protector contra todo mal. El Papa León XIII escribió una oración a san Miguel, que hoy día aún se repite para protección de la Iglesia. Gabriel, "Fortaleza de Dios", es el mensajero de la salvación, que anunció a María la Encarnación de Dios. Rafael, "Dios sana", aparece en el libro de Tobías, y es el que acompaña y protege en las enfermedades.

❧ ❖ ☙

Dios se manifiesta de muchas maneras. En los arcángeles tenemos su anuncio de salvación, curación y acompañamiento en todos nuestros caminos. Hoy día, en que tantos males sacuden al mundo y a la Iglesia, ese sentido de protección es un consuelo y una seguridad.

¿De qué maneras puedo yo también ser "ángel" de Dios para otros, ofreciendo acompañamiento, protección y anuncio de la Buena Nueva?

San Jerónimo

"Habla, que tu servidor escucha".
—1 Samuel 3:10

Jerónimo nació en Bosnia, en el año 342, en una familia acomodada que lo envió a Roma a estudiar. Recibió instrucción de un gran profesor, que era pagano. Eso decidió a Jerónimo a estudiar latín, griego y otros idiomas, pero no libros espirituales. Luego tuvo una conversión, y decidió estudiar profundamente las Escrituras. Marchó al desierto a hacer penitencia por sus pecados (tenía un terrible mal genio y orgullo) y allí sufrió grandes tentaciones. A su regreso a Roma, fue invitado como secretario del concilio por el Papa san Dámaso, que después lo nombró su secretario particular y le encargó hacer la traducción de la Biblia al latín. Jerónimo fue ordenado sacerdote y en su vida se hizo muchos enemigos por su fuerte carácter. Marchó a una gruta junto a la Cueva de Belén, donde continuó con su trabajo y escribió muchos tratados teológicos. Una de sus frases más famosas es: "Desconocer la Biblia es desconocer a Cristo".

❧ ✤ ☙

Dios elige a personas, no por su bondad y su virtud, sino para hacerlas virtuosas y buenas. Nadie puede pensar que no puede alcanzar la santidad por tener una personalidad difícil o muchos defectos, porque la santidad depende más bien de ponerse en manos de Dios.

¿Leo la Biblia frecuentemente y con amor? ¿Procuro buscar en ella inspiración para mi vida? ¿Leemos la Biblia en familia y buscamos ayudas para entender mejor y aplicar los mensajes a la propia vida?

Octubre

Santa Teresita del Niño Jesús

Su señor le dijo: Muy bien, sirviente honrado y cumplidor: has sido fiel en lo poco, te pondré al frente de lo importante.
—Mateo 25:21

Teresa Martin, francesa del siglo XIX, era la última de cinco hermanas. Su mamá murió cuando tenía solo cinco años y su hermana mayor, su segunda mamá, entró en el Carmelo cuando Teresita tenía nueve. A los quince años ella también deseaba entrar en el Carmelo y fue a Roma a pedirle al papa una dispensa de edad. Entró por fin en el Carmelo y vivió allí una intensa espiritualidad de sencillez, basada en la infancia de Jesús y su Pasión. Oraba mucho por las misiones. A los veintitrés años enfermó de tuberculosis y murió un año más tarde. Escribió su autobiografía, por mandato de sus superioras. Es doctora de la Iglesia y, junto con Francisco Javier, patrona de las misiones.

ᕦ ❖ ᕤ

A primera vista, la vida de Teresita no tiene mucho de extraordinario. Y así mismo es como ella lo quería: eligió el "pequeño camino" o el camino de la sencillez y de lo pequeño. En la vida muchas veces son las pequeñas cosas de la convivencia diaria lo que más molestan, y ahí es donde Teresita escogió ver a Cristo y vivir cada día en relación con él. Y esa vida tan escondida ha tenido un impacto en la Iglesia universal.

¿En qué cosas pequeñas de cada día puedo encontrar a Cristo? ¿Qué cosas pequeñas me cuestan más?

Santos ángeles custodios

Porque a sus ángeles ordenará que te guarden en tus caminos. Te llevarán en sus palmas para que tu pie no tropiece en la piedra.
—Salmo 91:11–12

La Iglesia católica siempre ha creído en la existencia de seres espirituales que cuidan de las personas humanas. Los ángeles son servidores y mensajeros de Dios, superiores a los seres creados. Los ángeles obedecen a Dios y le pertenecen. Los encontramos en toda la historia de la salvación anunciando, cuidando y sirviendo a los planes de Dios.

ℎ❖№

De muy niños se nos enseñaba a orar por intercesión del ángel de la guarda, para que nos protegiera de todo mal. Nos los imaginábamos caminando cerca para prevenir males. Y la imagen no está tan equivocada. En los momentos más difíciles de la vida, cuando parece que vamos a tropezar con una tentación, un conflicto familiar, una traición, una mentira, los cristianos nunca caminan solos. Aunque hay muchos peligros físicos que siempre acechan, siempre está también cercana la protección de los ángeles de Dios para no equivocar el camino y para caminar siempre hacia él.

Ángel de mi guarda, dulce compañía, no me desampares, ni de noche ni de día.

San Francisco de Borja

Una cosa pido al Señor, es lo que busco:
habitar en la casa del Señor
todos los días de mi vida,
admirando la belleza del Señor.

—Salmo 27:4

Francisco, nacido en España en 1510, pertenecía a la familia Borja, una de las más famosas de España y del mundo. Su abuelo era el famoso Papa Borja, Alejandro VI. Francisco ingresó en la corte del emperador cuando terminó sus estudios. Se casó con Leonor de Castro y tuvo ocho hijos. Ocupó altos cargos en la corte, pero dedicaba todo su tiempo libre a la oración. Conoció a san Pedro de Alcántara y al jesuita beato Pedro Favre. Por un tiempo rigió la ciudad de Gandía con prudencia y justicia. Cuando murieron su esposa y la reina, declaró que nunca más serviría a quien que se pudiera morir, e ingresó en la Compañía de Jesús para poder unir la contemplación y la acción. A la muerte de Ignacio de Loyola, Francisco fue elegido superior de la Compañía.

❧ ✣ ☙

Francisco podría haber seguido el camino de corrupción y lujo que habían tenido algunos miembros de su familia, pero encontró algo esencial, ese "señor que no se pudiera morir". En la vida muchas veces las posesiones, los cargos y los honores, pueden oscurecer o incluso borrar lo que es esencial para la felicidad, que es seguir los caminos de Dios.

¿Qué es lo más importante para mí? ¿Cuáles son los valores que rigen mi vida? ¿Qué busco para ser feliz?

San Francisco de Asís

Los cielos proclaman la gloria de Dios,
el firmamento pregona la obra de sus manos.
—Salmo 19:1

Nació en Asís, Italia, en el año 1182. Hijo de un rico comerciante, dedicó parte de su juventud a divertirse y a pelear, pero tuvo una conversión: renunció a su herencia y abrazó la pobreza. Tuvo una llamada a "reconstruir la iglesia", que él pensaba que se refería a un templo, pero en realidad se trataba de la renovación de la Iglesia. Con un grupo de compañeros que le siguieron, fundó la orden de frailes menores, y luego, con la joven Clara de Asís, las clarisas. Cuando el grupo ya contaba con doce miembros, Francisco escribió la regla que, después de muchas discusiones entre los cardenales, sería aprobada por el papa. Con el paso del tiempo, Francisco tendría que ver divisiones entre sus hermanos y tuvo que luchar contra tendencias que llevaban a la orden por caminos distintos. Nunca perdió su sentido de comunión con Dios a través de todas las cosas creadas y la sencillez de vida.

∞ ✤ ∞

Dios se refleja en la belleza de la creación. El respeto y el amor por las cosas creadas son parte esencial de la mirada de fe. Ese amor por la creación se practica a través del disfrute en familia de la naturaleza —parques, montes, agua— y también en los esfuerzos por la conservación, el reciclaje y no abusar de los recursos naturales.

¿De qué maneras disfruto ratos libres con mi familia en contacto con la naturaleza?
¿Cómo vemos en ella la mano de Dios? ¿Damos gracias por la gran belleza
de lo creado?

Beato Francisco Javier Seelos

*No oprimirás ni maltratarás al emigrante, porque ustedes fueron
emigrantes en Egipto.*
—Éxodo 22:20

Nació en 1819 en Alemania. Estudió Filosofía e ingresó en la Congregación del Santísimo Redentor. Cuando fue ordenado sacerdote se dedicó al ministerio entre los inmigrantes alemanes. Trabajó como párroco asistente de san Juan Neumann. Llevó a cabo misiones parroquiales, distinguiéndose por ser un buen predicador y confesor, amigo de los pobres y gran catequista. Fue misionero itinerante y contrajo fiebre amarilla en Nueva Orleans, lo que le obligó a limitar su actividad pastoral. Murió cuando tenía cuarenta y ocho años.

೮೦❖ೞ

Estados Unidos siempre ha sido un país de inmigrantes de todas partes del mundo. Los cristianos están llamados no solo a respetar las diferencias, sino a crear lazos de unión en una misma Iglesia, defendiendo leyes justas para los inmigrantes, y, dentro de la Iglesia, al cuidado pastoral a las distintas culturas y grupos étnicos.

*¿Qué culturas distintas encuentro en mi parroquia? ¿Cómo me relaciono con ellas?
¿Qué acciones existen de defensa y cuidado pastoral de inmigrantes? ¿Participo en
algo de eso?*

Beato Bartolo Longo

Entonces comprenderás la justicia y el derecho,
la rectitud y toda conducta buena,
porque entrará en tu mente la sabiduría
y sentirás gusto en el saber,
la sagacidad te guardará,
la prudencia te protegerá.
—Proverbios 2:9–11

Nació en Italia en 1841. Era un muchacho de carácter vivo e ingenioso. Estudió Derecho, y durante sus tiempos universitarios fue apartándose de Dios entrando en costumbres espiritistas, odiando a la Iglesia y siendo profundamente anticlerical. A través de un profesor amigo y un sacerdote dominico, fue abriéndose, hasta llegar a la conversión. Entonces empezó a dedicarse a obras de caridad y a estudiar teología. Le impactaba profundamente la pobreza humana y religiosa de los campesinos. Con una inspiración especial, decidió dedicarse al catecismo y a la difusión del Rosario. Con mucho esfuerzo y después de muchos años, construyó un santuario en Pompeya, con diversos establecimientos de ayuda social a su alrededor. Bartolo se casó con la condesa de Fusco, quien le ayudó mucho en todos sus proyectos de devoción mariana y caridad.

℘ ❖ ℘

Hoy día proliferan los grupos espiritistas y de "new age". Muchas veces resultan atractivos y, sobre todo a personas desencantadas de la Iglesia, les pueden parecer muy llamativos. Como a Bartolo, sin embargo, Dios siempre llama de regreso a la verdad y a su comunidad eclesial.

¿Alguna vez te han atraído los grupos espiritistas o las prácticas de botánicas? ¿Qué
recursos utilizas para mantenerte fiel a la fe?

San Marcos, papa

Yo conozco mis designios sobre ustedes: designios de prosperidad, no de desgracia, pues les daré un porvenir y una esperanza. Me buscarán y me encontrarán si me buscan de todo corazón.

—Jeremías 29:11, 13

Marcos fue el primer papa elegido después del edicto de Constantino que declaraba el cristianismo como religión del imperio. Hubiera sido fácil para Marcos acomodarse en su puesto, ya que los tiempos eran favorables a la Iglesia, después de largos períodos de persecuciones. Pero Marcos sabía las dificultades internas que pueden surgir cuando las de fuera ceden, y redobló su celo por el bien de la Iglesia. Su pontificado fue muy corto, ya que no llegó a nueve meses.

ⓢ ❖ ⓒ

En momentos difíciles, las familias y comunidades se unen para resolver los conflictos o salir delante de los problemas que se presenten. Es posible que, cuando las cosas están en paz, se caiga en rutina, en pasar por alto a los demás, en negar las necesidades de otros, en decir "todo está bien". Y así, se va perdiendo poco a poco la sensibilidad hacia los demás y hacia Dios. Ya no hace falta acudir a él o apoyarse en otros. Paradójicamente, la facilidad a veces resulta peligrosa si no se está despierto.

Señor, Dios de toda bondad, ábrenos los oídos y el corazón para escucharte en momentos buenos y en momentos difíciles. Que los buenos tiempos no nos lleven a pensar que ya no te necesitamos. Danos un corazón agradecido y atento a tus llamadas y a las necesidades de las personas de nuestro alrededor.

Santas Tais y Pelagia

Lo que oyeron les llegó al corazón y dijeron a Pedro y a los otros apóstoles:
"¿Qué debemos hacer, hermanos?"
Los que aceptaron sus palabras se bautizaron [. . .]
—Hechos de los Apóstoles 2:37, 41

Pelagia, una mujer de Antioquía del siglo V, es conocida como una de las mayores pecadoras del mundo. Era bellísima y se dedicaba a danzas sensuales y a la prostitución. Pero un día escuchó la predicación del obispo de Odesa y tuvo una conversión radical que la llevó a pedir el Bautismo y dedicar el resto de su vida a la oración. Tais es algo anterior a Pelagia, pero del mismo oficio. Se había educado como cristiana, pero los placeres y el dinero la atrajeron y se entregó a una vida de lujo y prostitución. Un ermitaño, que la había conocido anteriormente, oraba por ella constantemente y provocó un encuentro con ella. El acercamiento dio como resultado la conversión de Tais, quien también dedicó el resto de su vida a la oración y la penitencia.

෨ ❖ ෬

Por muy alejada que parezca estar una persona, Dios puede valerse incluso de un encuentro casual para atraerla de regreso. Lo que es claro es que la persona portadora de la Buena Noticia de Dios tiene que ser creíble por su testimonio y la verdad de sus obras.

¿En algún momento te has encontrado con alguien que, aun sin decirte nada directamente, te transmitió una llamada de Dios? ¿Has conocido a personas a las que ha atraído la fuerza del ejemplo de vida y sinceridad de fe de otros?

San Luis Beltrán

Porque la Palabra de Dios es viva y eficaz y más cortante que espada de dos filos; penetra hasta la separación de alma y espíritu, articulaciones y médula, y discierne sentimientos y pensamientos del corazón.

—Hebreos 4:12

Nació en España en el siglo XVI. Desde muy niño se destacó por su obediencia y piedad. A los dieciocho años ingresó en la orden de santo Domingo. Pronto fue nombrado maestro de novicios, pero algo más tarde, fue enviado a Colombia. Solamente hablaba español, pero tenía el don de que todos lo comprendían. Trabajó por muchos lugares de Colombia, consiguiendo muchas conversiones. Años después regresó a España donde se dedicó a la formación de misioneros para América. San Luis Beltrán es considerado patrón de Colombia.

ഇ ❖ ി

El idioma no es obstáculo para la comprensión, cuando el portador del mensaje es auténtico y sincero. A Luis Beltrán lo entendían porque hablaba de su profunda y apasionada fe, sin tratar de proclamarse a sí mismo, sino a Dios.

¿De qué maneras te comunicas en familia, además de a través de las palabras? ¿Qué transmiten tus acciones y gestos a los demás miembros de la familia? ¿Qué te transmiten ellos por medio de sus gestos y acciones?

Santo Tomás de Villanueva

Con todo esto, que cada uno sea veloz para escuchar, lento para hablar y para enojarse.
—Santiago 1:19

Nació en España en 1486. Estudió en la Universidad de Alcalá de Henares y al terminar los estudios ingresó en la orden de san Agustín donde fue prior, visitador general y prior provincial. Fue predicador y confesor del rey Carlos I. Cuando fue ordenado obispo, se encontró con una Iglesia llena de problemas, ya que no había tenido liderazgo pastoral por más de cien años. La situación del pueblo era de pobre formación moral y catequética, y el clero estaba muy abandonado. Tomás atendió a los sacerdotes con cariño y dulzura, reavivó la catequesis teniendo en cuenta las necesidades de la audiencia, se acercó al pueblo morisco (convertidos del islam). Trabajó como pastor y administrador, organizó planes de ayuda social y atendió a todos. A su muerte, la diócesis estaba bien organizada y revitalizada.

ℝ ❖ ℞

Un buen liderazgo parte de la realidad en la que se encuentran las personas a las que se va a dirigir. No vale simplemente hacer lo que se ha hecho siempre, o imaginarse que las necesidades que tienen las personas son las que se habían tenido anteriormente o las que uno supone. El buen líder primero trata de conocer bien a su comunidad y luego, satisfacer las necesidades. Lo mismo hacen los buenos padres.

¿Trato a veces de que se hagan las cosas como yo las viví en mi propia familia? ¿O intento escuchar a las necesidades y deseos de las personas para responder a ellas? ¿Cómo dialogo con mis hijos: imponiéndoles mis opiniones o escuchando lo que ellos tengan que decir?

San Juan XXIII

Que la bondad de ustedes sea reconocida por todos.
—Filipenses 4:5

Ángelo Giuseppe Roncalli nació en Italia en 1881 en una familia numerosísima y humilde. Ingresó en el seminario a los once años y luego estudió en el Pontificio Seminario Romano. Después de su ordenación fue secretario del obispo de Bérgamo y luego profesor de Historia y Patrología en el seminario. Durante la Primera Guerra Mundial ejerció como capellán militar. Fue delegado papal en Bulgaria y estableció relaciones con la Iglesia ortodoxa. Luego fue delegado apostólico para Turquía y para Grecia. Socorrió a miles de judíos durante la Segunda Guerra Mundial. Fue nuncio en Francia y patriarca de Venecia. En su tiempo en Venecia solía pasear y conversar con gondoleros, prostitutas y pobres. Fue elegido papa en 1958, y tomó el nombre de Juan XXIII. Era alegre, cálido y generoso y cautivaba al mundo con su carisma. Visitó todas las parroquias de la diócesis de Roma, mejoró las condiciones de trabajo de los empleados del Vaticano, redujo costos en la Curia, organizó el Dicasterio de Ecumenismo y convocó el Concilio Vaticano II, con el fin de "abrir las ventanas de la Iglesia". Escribió ocho encíclicas, algunas con un fuerte contenido de justicia social.

∞ ❖ ∞

La bondad, la afabilidad y el buen sentido del humor conquistan el mundo y son las armas más poderosas para llevar a otros a Dios. Juan XXIII, en toda su sencillez, fue ejemplo de esto.

¿Cómo trato a las personas de mi alrededor? ¿Se me conoce por la bondad y la amabilidad en mi trato hacia los demás?

San Félix

Un reino dividido internamente va a la ruina y se derrumba casa tras casa.
—Lucas 11:17

Félix de Samnium, del siglo VI, era cardenal cuando fue elegido papa para suceder a Juan I, que había muerto en la cárcel de Teodorico, un rey hereje. Félix promovió los intereses de la Iglesia romana aun durante el reinado de Teodorico y luego de sus sucesores, que eran más favorables a la Iglesia católica. La reina Amalasunta le regaló a Félix dos antiguos edificios del Foro romano, uno de los cuales es hoy la iglesia de Santos Cosme y Damián. También trató de reconciliar diversos conflictos doctrinales sobre gracia y libre voluntad, y tuvo que vivir grandes tensiones políticas entre los romanos.

ॐ ❖ ☙

Lograr un equilibrio entre diversas opiniones dentro de una familia es una tarea delicada. Cuando la familia es tan grande como toda la Iglesia, el trabajo se complica. Se requiere una enorme prudencia, paciencia y capacidad de escucha, que no impone las propias opiniones, pero firme y suavemente defiende la verdad.

¿Existen algunas tensiones de opinión en mi familia o en círculos cercanos? ¿Cómo trato de afrontarlos y manejarlos de la manera más pacífica? ¿Escucho lo que las distintas personas tienen que decir?

San Eduardo

*Practicar el derecho y la justicia
agrada a Dios más que los sacrificios.*
—Proverbios 21:3

Nacido en el siglo XI, en Dinamarca, Eduardo estudió en Francia y luego regresó a su país natal cuando fue coronado rey. Se casó con Edith, que era la hija de su mayor enemigo. Los esposos se apoyaron en la vida de piedad. Eduardo tuvo una administración justa y en armonía con sus consejeros. Asistió a los pobres de su reino con caridad y siempre mostró una enorme amabilidad y caridad para con todos. Es llamado Eduardo el Confesor.

ಸಾ ✣ ೞ

Liderar con justicia y en atención a las necesidades de todos no es fácil. Por naturaleza, las personas se inclinan a tener preferencias y a favorecer a quienes les gustan más o son más cercanos. A veces la falta de afinidad con alguien impide ver el derecho o mérito de la persona, más allá de su antipatía o peores cualidades. Eduardo, sin embargo, supo mantener la justicia en armonía e igualdad con todos, y ejerció una administración equitativa y sin preferencias.

¿Me esfuerzo por ser justo en mi trato con las personas de mi alrededor, con mi familia, mis hijos y mis compañeros de trabajo? ¿Muestro preferencias y favorezco a algunos, o trato de dar a cada uno lo que necesita y le corresponde, aunque no me guste tanto?

San Calixto

Si el Hijo les da la libertad, serán verdaderamente libres.
—Juan 8:36

Calixto, un romano del siglo II, era el superintendente de un cementerio cristiano. Como parte de su labor, Calixto lo ensanchó y suprimió los terrenos privados. Luego fue ordenado diácono por el Papa Ceferino, de quien se hizo amigo y consejero. Cuando Ceferino murió, Calixto fue elegido papa por la mayoría del pueblo y del clero de Roma. Como papa, fue criticado porque mostró misericordia con los pecadores, y reconoció la legitimidad del matrimonio entre esclavos y libres. También se dice que fue un gran defensor de la santa doctrina de la Iglesia. Probablemente fue martirizado, aunque no se sabe con certeza.

❧ ✣ ☙

Una de las características que se destaca en Calixto parece ser su libertad de espíritu para mantenerse fiel al Evangelio y hacer lo que veía como justo y la voluntad de Dios, a pesar de las críticas. La vocación cristiana trata de libertad; es decir, de no dejarse llevar de las opiniones de los demás si estas van en contra de lo que dice el Evangelio y lo que se ve como luz de Dios. Esta libertad de obrar a veces puede traer críticas y rechazo, pero es la gloriosa libertad de los hijos de Dios.

¿Me afectan las críticas u opiniones de otros de manera que cambio de obrar para no ser rechazado? ¿Siento que al hacer esto estoy, de alguna manera, negando mi identidad?

Santa Teresa de Ávila

*Busquen al Señor
mientras se deje encontrar,
llámenlo mientras esté cerca.*

—Isaías 55:6

Teresa nació en España en 1515. De niña era muy piadosa, y se escapó con su hermano Rodrigo buscando ser mártires. Como muchas jóvenes de su clase, entró en el Carmelo, pero allí recibía muchas visitas y el fervor de las monjas había decaído mucho. Contemplando un día una imagen de Cristo en la flagelación, tuvo una conversión. Quiso revitalizar la vida de oración de los monasterios y reformó el Carmelo. Con san Juan de la Cruz, también introdujo la reforma de la orden carmelitana. Fundaron conventos por toda España y renovaron la vida de oración. Teresa es una de las mayores escritoras en lengua española y sus escritos sobre la oración, entre los que destacan el *Camino de Perfección* y *Las Moradas*, han tenido una enorme influencia en la espiritualidad de la Iglesia, por mostrar caminos de oración de fuertísima intimidad con Dios y profundo misticismo. Es doctora de la Iglesia.

☙ ❖ ❧

En sus escritos, Teresa a menudo refleja su sentido de intimidad y familiaridad con Dios, e incluso desde su naturaleza tan mística, un fuerte sentido de realismo. "Entre los pucheros (trastes de cocina) anda Dios", decía. En todo momento y en toda actividad diaria se puede encontrar a Dios.

¿En qué momentos del día se me hace más presente Dios? ¿Busco a Dios en todas las actividades diarias?

Santa Margarita María de Alacoque

Es cierto que todos los que quieran vivir religiosamente, sufrirán persecuciones.

—2 Timoteo 3:12

Nacida en 1647 en Francia, Margarita era hija de un notario acomodado. Cuando murió su padre, ingresó en la escuela de las Clarisas, y empezó a interesarse por la vida religiosa. Pero tuvo que regresar a casa por una enfermedad y, cuando se repuso, se inclinó por la orden de la Visitación. Durante su noviciado dio muestras de humildad, sencillez y obediencia. Su sentido de oración era objeto de sospechas por parte de algunas de sus superioras, y sus revelaciones del Sagrado Corazón encontraron la resistencia de las superioras. Una de estas, al ver que continuaban las visiones, consultó con teólogos, quienes también aconsejaron que no se aceptaran las visiones de Margarita. Más tarde, nombraron superiora a una amiga suya, quien le pidió que fuera maestra de novicias y empezó a apoyar su deseo de extender la devoción al Sagrado Corazón. Pero Margarita murió antes de que la Iglesia afirmara esta devoción y la difundiera universalmente.

෪ ❖ ෬

Soportar incomprensiones puede ser algo heroico. Margarita llegó a dudar de su propia visión y casi a ceder a insinuaciones de que eran cosa del diablo, pero la constante luz de Dios la mantuvo. No tuvo la satisfacción de ver el reconocimiento de su visión. El fruto siempre pertenece a Dios.

Señor Dios nuestro, cuando nuestros esfuerzos no parecen tener ningún resultado, muéstranos tu presencia y ayúdanos a confiar en tu amoroso corazón, que se encargará de recoger los frutos de nuestros esfuerzos en nuestras familias y comunidades. Amén.

San Ignacio de Antioquía

*Así, aunque somos muchos, formamos con Cristo un solo cuerpo y estamos
unidos unos a otros como partes de un mismo cuerpo. Tenemos dones
diversos [. . .] el que reparte, hágalo con generosidad.*
—Romanos 12:5–6, 8

Ignacio de Antioquía es uno de los primeros obispos de la Iglesia. Fue discípulo
de san Pablo y san Juan y el primero en llamar a la Iglesia "católica", es decir,
universal. En sus escritos desarrolló algunas de las creencias esenciales de la
doctrina de la Iglesia: la Eucaristía, la jerarquía, el pontificado y la virginidad
de María. En una de las primeras persecuciones de la Iglesia, fue arrestado y
conducido a Roma, donde sufriría el martirio. En el viaje entre Antioquía y
Roma, los cristianos salían a recibirlo en los puertos donde atracaba el barco.
Desde Esmirna escribió cuatro cartas a los cristianos y desde Troade, otras tres.
Al llegar a Roma fue conducido al anfiteatro, donde fue devorado por las fieras.

Ꮪ❖Ꮸ

En todo su camino hacia el martirio, Ignacio reflexionó en cómo los cristianos,
el Cuerpo de Cristo, eran trigo para ser triturado y convertirse así en pan
para el mundo. Es una intuición profunda del tipo de entrega sacrificada de
los cristianos a sus cónyuges o comunidades religiosas, a sus familias, a sus
comunidades de fe. Es una entrega que pide olvido de uno mismo para buscar
el bien de los demás.

*¿Quién ha sido "trigo" para mí y se ha entregado con sacrificio por mi bien? ¿De
quién o quiénes soy trigo yo?*

San Lucas Evangelista

Les digo que, de la misma manera habrá más fiesta en el cielo por un pecador que se arrepienta que por noventa y nueve justos que no necesitan arrepentirse.

—Lucas 15:7

Lucas es el escritor del tercer Evangelio y los Hechos de los Apóstoles, que es como una continuación del Evangelio. Era médico y fue compañero de viajes de san Pablo. Su Evangelio refleja con gran fuerza la misericordia y el perdón, sobre todo a través de las parábolas de la oveja perdida, la moneda perdida y el hijo pródigo. Es, además, el que presenta el Nacimiento y la infancia de Jesús con detalle. A su Evangelio a veces se le ha llamado el Evangelio de la oración, porque es el que más veces presenta a Jesús orando en todos los momentos importantes de su vida.

❧ ❖ ☙

Se habla mucho de perdonar y olvidar, pero quizá el olvido no sea tan necesario. Es bueno recordar los momentos en que se ha podido perdonar, o se ha sido perdonado, para poder repetir la acción. Ciertamente, se puede recordar ese momento de liberación y alegría del perdón y del reencuentro. Como cuentan las parábolas de Lucas, hay gran alegría y fiesta incluso por una cosa mínima recuperada.

¿A quién me cuesta perdonar una herida? ¿Guardo resentimientos? ¿Por qué cosas tendría que pedir perdón hoy?

San Isaac Jogues y compañeros, mártires

Señor, si mi hermano me ofende, ¿cuántas veces tengo que perdonarle?
¿Hasta siete veces?
Le contestó Jesús: No te digo hasta siete veces, sino hasta setenta veces siete.
—Mateo 18:21

Jesuita francés nacido en 1607, Isaac Jogues fue el primer sacerdote católico que llegó a la isla de Manhattan. Antes de ser enviado como misionero a Canadá, fue profesor en Francia. Con su compañero, pasó a la región de los Grandes Lagos, donde misionaban Brebeuf y otros. Quería evangelizar a todas las tribus presentes en la región, pero fue capturado y torturado. Permaneció en Ossernenon durante un año como esclavo. Los calvinistas franceses intentaron liberarlo y al fin pudieron refugiarlo en un barco con destino a Nueva York. De ahí pudo regresar a Europa, pero luego volvió a Canadá para tratar de negociar la paz con la tribu iroquesa. En un principio fue bien recibido y logró un tratado de paz. Regresó con la tribu, pero se había declarado una plaga y culparon al misionero. Isaac tuvo que huir, pero lo atraparon, lo torturaron y decapitaron. Fue canonizado con otros santos mártires jesuitas de Norteamérica.

❧✦❧

Una vez que se ha recibido una ofensa, es difícil regresar al mismo lugar o encontrarse con las mismas personas en son de paz. Requiere un esfuerzo de perdón grande y una decisión de hacer el bien por encima de cualquier daño anterior. Supone un verdadero perdón.

¿Estoy dispuesto a encontrarme con personas que me han hecho daño y recomenzar la relación?

San Pedro de Alcántara

Sean humildes y amables, tengan paciencia y sopórtense unos a otros con amor. Cada uno de nosotros recibió su propio don [. . .]
—Efesios 4:2, 7

Nació a finales del siglo XV en España. Su padre era gobernador de la región. Estudió en Salamanca y se entusiasmó con la vida de los franciscanos. Fue admitido como franciscano, y en el convento lo pusieron de portero, hortelano, barrendero y cocinero. En este último oficio le fue mal porque era distraído. Hacía grandes penitencias. Fue nombrado superior de varios conventos. Pero lo que mejor hacía era predicar; llegaba a los corazones de los que le escuchaban y muchos se convertían. Compuso un bello libro sobre la oración. Fundó una nueva rama de franciscanos de "estricta observancia" que se extendió rápidamente. Ayudó a santa Teresa a reformar la orden carmelita.

ဆာ ❖ ର

Hay personas muy perfeccionistas, y tratar de lograr la perfección es en sí muy bueno. Pero hay personas que se exigen muchísimo a sí mismas y también a los demás. A veces resulta para otras personas difícil vivir o trabajar con los perfeccionistas, porque nunca se sienten a la par del otro. Pero también hay una faceta de la santidad que consiste en exigirse mucho a uno mismo, siendo al mismo tiempo muy suave y comprensivo con los demás.

¿Doy todo lo mejor de mí? ¿Intento que los demás se adapten a mi estándar o comprendo que tengan otros estilos o capacidades?

Santa Laura de Montoya

No nos cansemos de hacer el bien, que a su debido tiempo cosecharemos sin fatiga. Por tanto, mientras tengamos ocasión, hagamos el bien a todos, especialmente a la familia de los creyentes.

—Gálatas 6:9–10

Laura fue una santa colombiana nacida en Antioquía en 1874. Su padre fue asesinado por defender la religión, dejando a tres hijos al cargo de su esposa. Laura aprendió a perdonar de su madre. Tuvieron una vida difícil, incluso en relaciones conflictivas con sus parientes. Laura oraba y leía mucho la Escritura, pero no tuvo muchas oportunidades de estudiar, hasta que a los dieciséis años pudo entrar en la escuela Normal para ser maestra elemental. Sin embargo, llegó a tener grandes conocimientos y a ser una gran pedagoga y formadora, a la vez que una gran escritora. Animada por el obispo, fundó una congregación misionera de mujeres muy valerosas para llegar a los indígenas de la selva.

⑝❖⑛

Para algunas personas, las dificultades y circunstancias de la vida pueden ser una excusa para no salir adelante. Para otras, como Laura, representan un desafío a la superación y a alcanzar todo lo que Dios quiere de la persona. No es un deseo de superación por el propio orgullo, sino por el deseo de servir a Dios y al prójimo. Si de verdad se desea, se encuentran las oportunidades y los caminos.

¿Siento que no tuve las oportunidades que tuvieron otros de estudiar y salir adelante? ¿Creo que ahora podría buscar esos caminos y poder superarme para el bien de mi familia y de la comunidad? ¿Cómo puedo buscar esos medios?

San Juan Pablo II

Luego subieron todos detrás de él al son de flautas y dando tantas señales de alegría que la tierra parecía estallar bajo sus gritos.

—1 Reyes 1:40

Nacido en Polonia en 1920, era hijo de un oficial de la administración del ejército polaco. Era un gran deportista y líder de grupos estudiantiles. Fue miembro activo de una organización que ayudaba a judíos a escapar de la persecución nazi. Leyendo a san Juan de la Cruz y viendo la heroicidad de los sacerdotes católicos, se decidió a seguir una vocación sacerdotal. Fue ordenado sacerdote al final de la segunda Guerra Mundial y obtuvo un doctorado en Roma. De regreso a Polonia dio clases en la universidad y fue nombrado arzobispo de Cracovia. Participó en el Concilio Vaticano II y fue nombrado cardenal. En 1978 fue elegido papa y desarrolló una intensísima labor pastoral, viajando por todo el mundo, escribiendo diversas encíclicas, convocando la Jornada Mundial de la Juventud y la Jornada Mundial de la Familia e interviniendo en negociaciones políticas de gran influencia mundial. Sufrió un atentado y perdonó a su agresor. Los últimos años de su vida estuvieron marcados por un intenso deterioro físico. Murió en 2005, tras veintisiete años de pontificado.

❧✥☙

Juan Pablo II tuvo muchos rasgos distintivos difíciles de imitar, pero uno de sus principales legados es la alegre energía que invirtió en la misión de llevar la Buena Noticia a todos. La alegría hace los trabajos más perfectos, más atractivos y más llevaderos, incluso en medio de dificultades.

¿Trato de realizar mis obligaciones con alegría? ¿Ayudo a hacer la vida de los demás más agradable y fácil?

San Juan de Capistrano

Encontrar el camino es la sabiduría del prudente.
—Proverbios 14:8

Nació en Italia en el siglo XIV. En su juventud tomó parte en conflictos políticos y fue hecho prisionero. En una prisión terrible, rezó a san Francisco e hizo voto de ingresar en la orden franciscana, donde fue dos veces vicario general. Se dedicó intensamente a la predicación popular. Era dulce y caritativo y, aunque casi siempre predicaba en latín, la gente se convertía en masa. Despertó muchas vocaciones religiosas entre los jóvenes. Predicó por toda Europa y contribuyó al mantenimiento de la unidad católica europea, ya que tenía grandes dotes diplomáticas. Contrajo la peste en un campamento de cruzados, a donde había acudido por petición del Papa Calixto III.

ઠ ❖ CAS

La diplomacia es un talento nacido de la prudencia. En lugar de confrontar agresivamente a quienes no piensan igual, se trata de dialogar, buscar puntos comunes, llegar a acuerdos aceptables para todas las partes. Es una capacidad que pueden desarrollar bien los padres de familia en su comunicación entre cónyuges y con los hijos.

¿Escucho a los miembros de mi familia o compañeros de trabajo cuando existe un desacuerdo? ¿Cómo tratamos en la familia de lograr una comunicación en la que podamos llegar a acuerdos sin imposiciones de la voluntad de algunos o dejación de la autoridad paterna?

San Antonio María Claret

¡Ay de mí si no anuncio la Buena Noticia!
—1 Corintios 9:16

Antonio nació en España a principios del siglo XIX. Aprendió con su padre a ser tejedor y fue olvidando su deseo infantil de ser sacerdote. Luego tuvo una conversión y quiso ser monje cartujo. Al no lograrlo, continuó sus estudios en el seminario de Vic. Ordenado sacerdote, fue asignado a una parroquia, pero sentía fuertemente la llamada a la evangelización popular. Comenzó a hacer misiones en poblaciones cercanas y recorrió toda Cataluña. Para ayudar a la comprensión del pueblo, publicó pequeños folletos y devocionarios. Con algunos compañeros sacerdotes, fundó los Hijos del Inmaculado Corazón de María, ahora conocidos como claretianos. Fue nombrado arzobispo de Cuba, donde luchó contra la esclavitud y la injusticia social, y logró que diversas congregaciones establecieran comunidades en Cuba. Fue muy perseguido y sufrió varios atentados. Fue luego nombrado confesor de la reina y regresó a España. Participó en el Concilio Vaticano I, al final del cual tuvo que refugiarse en Francia por la persecución política.

෨ ❖ ෬

Sin muchos recursos, Antonio Claret puso su imaginación y creatividad en marcha para acercar la Palabra de Dios al pueblo, escribiendo sencillos folletos que él mismo imprimía. Su lema, que siguieron los miembros de su congregación era: "Ir donde sea más urgente, necesario y eficiente".

Señor Dios nuestro, danos la luz para ver dónde y cómo necesitas que llevemos tu presencia a las personas de nuestro alrededor. Que nuestro deseo de agradarte y cumplir tu voluntad nos dé luz para buscar los medios necesarios para difundir tu mensaje de salvación.

San Antonio de Sant'Anna Galvao

Entonces yo digo: aquí estoy,
como en el libro está escrito de mí.
Deseo cumplir tu voluntad, Dios mío,
llevo tu enseñanza en mis entrañas.
—Salmo 40:8–9

Antonio nació en Brasil en 1739. Cuando apenas tenía trece años, sus padres, atentos a la vocación que ya despertaba en él, lo llevaron al seminario de Belém. Cerrado este seminario, Antonio ingresó en el Convento Franciscano. Fue destinado a Sao Paulo, donde destacó por sus cualidades para la predicación. Tenía, además, muchas cualidades artísticas y era arquitecto. Una de sus grandes realizaciones fue la construcción del Monasterio de Nuestra Señora de la Concepción de la Luz. El pueblo lo consideraba un santo y a su muerte, en 1822, miles de devotos acudieron y siguen acudiendo a su tumba. Es el primer santo brasileño.

❧ ❖ ☙

Los padres de Antonio tuvieron la sensibilidad de ver el camino de su hijo, y la generosidad de ayudarlo a seguirlo. A veces es difícil para los padres, que sueñan con ver a sus hijos crear sus propias familias o triunfar profesionalmente, apoyar la vocación a la vida religiosa. Se trata de ver la misión de los hijos como el deseo de Dios para su felicidad.

¿Apoyo a mis hijos para que descubran su propio camino, incluso si no coincide con mis sueños para ellos? ¿Busco mi propia vocación en la vida como el deseo de Dios para mí?

San Alfredo el Grande

Lo que entonces se escribió fue para nuestra instrucción, para que por la paciencia y el consuelo de la Escritura, tengamos esperanza.

—Romanos 15:4

Alfredo fue un rey de Inglaterra del siglo IX. Ascendió al trono cuando había una guerra del país contra los daneses. Para finales del año había logrado la paz. Varias veces volvieron los invasores, y Alfredo logró una y otra vez restablecer la paz. Legisló con justicia y regeneró las costumbres del país. Reconstruyó y fundó monasterios y mandó traer a estudiosos y teólogos de otros países. Alentó a los intelectuales y él mismo estudió, tradujo obras teológicas, adaptó otras y escribió sus propias investigaciones.

❧✦☙

Quizá no se dé al estudio toda la importancia que tiene. A veces, por trabajar y sobrevivir, no se persiguen sueños de conseguir una educación más elevada. O puede parecer que las personas que estudian no están "contribuyendo" activamente a la sociedad. Sin embargo, a largo plazo, es una contribución valiosísima a la comunidad y a la Iglesia.

¿Aliento a mis hijos a estudiar? ¿Los animo a procurar una educación universitaria? ¿Procuro mi propia formación, tanto religiosa como intelectual usando los medios a mi alcance y aprovechando lo que ofrece la comunidad parroquial o de la ciudad?

San Odrano

La vida de los justos está en manos de Dios y no los tocará el tormento.
La gente insensata pensaba que morían,
consideraba su muerte como una desgracia,
y su partida de entre nosotros como destrucción,
pero ellos están en paz.
—Sabiduría 3:1–3

Este santo irlandés del siglo VI acompañó a san Colomba al monasterio de Iona. Cuando Odrano predijo su propia muerte, san Colomba no queriendo ver morir a su amigo, le dio la bendición y salió de la casa donde estaban. Más tarde dijo que veía cómo Odrano era transportado al paraíso. Odrano fue el primero de los monjes irlandeses que murió en Iona. No se sabe mucho más de él, pero es venerado en toda Irlanda.

৪০❖ଓ

Es difícil aceptar el dolor o la muerte de personas amadas y cercanas. Enfrenta a la persona con su propia mortalidad, y la obliga a reconsiderar las raíces de su fe y de su esperanza. El dolor de las partidas a veces oscurece ese sentido de esperanza. Queda un hueco grande en la vida que a veces hace tambalear el propio sentido de identidad. Es entonces importante ir al fondo de lo que se cree, la fe en la resurrección y en la patria verdadera.

Señor Dios de cielos y tierra, nuestro verdadero hogar: en momentos de dolor por la partida de un ser querido, afiánzanos en la fe de tu amor misericordioso que recibe a quienes mueren en la fe. Fortalece nuestra esperanza en nuestra propia resurrección y en el encuentro definitivo contigo, fuente de toda felicidad y alegría y patria donde ya no habrá lágrimas ni muerte. Amén.

San Judas Tadeo

Me enseñarás un camino de vida,
me llenarás de alegría en tu presencia,
de gozo eterno a tu derecha.
—Salmo 16:11

Judas Tadeo era probablemente el hermano de Santiago el Menor, y aparece último en la lista de los doce apóstoles. No sabemos mucho de su vida después de la Ascensión. A él se atribuye una de las cartas canónicas, que termina con una preciosa oración: "Sea gloria eterna a Nuestro Señor Jesucristo, que es capaz de conservarnos libres de pecados, y sin mancha en el alma. y con gran alegría". La devoción a san Judas es muy popular, ya que se le atribuye la protección en casos muy difíciles y casi desesperados.

෨ ❖ ෬

Más allá de todas las peticiones a san Judas y de la invocación de su protección en momentos difíciles, es importante centrarse en el mensaje de protección de Cristo que defiende en momentos de tentación a pecar y a desviarse del camino, y que es la causa de la verdadera alegría profunda. No se trata de una alegría de ruido y risa, sino del contento profundo que causa estar en paz con Dios y con los demás.

¿Cuáles son las principales razones de mi alegría? ¿Se apoya mi alegría en motivos externos o materiales, en éxitos personales y en honores, o en mi relación con Dios y en la esperanza?

Beata Chiara Luce Badano

Me acercaré al altar de Dios,
al Dios, gozo de mi vida,
y te daré gracias al son del arpa.
—Salmo 43:4

Chiara Badano nació en Italia en 1971. Tenía un carácter alegre y extrovertido, y desde muy niña mostró una gran generosidad para compartir lo que tenía. De muy pequeña acompañaba a ancianos y tenía una gran piedad. A los nueve años se unió al Movimiento de los Focolares y se enamoró del Evangelio. Tuvo que sufrir incomprensiones por parte de algunos de sus profesores y compañeros, pero mantuvo siempre una visión positiva y alegre. Cuando aún no había cumplido los dieciséis años, sufrió un gran dolor en la espalda mientras jugaba tenis. Al principio los doctores pensaban que era una costilla rota, pero luego se descubrió un tumor de huesos con metástasis. Los siguientes meses fueron dolorosísimos, y Chiara los llevó con alegría y entrega, manteniéndose activa en las comunicaciones con los jóvenes del movimiento. Murió el 7 de octubre de 1990, sin haber cumplido los 18 años, pidiéndole a sus padres que fueran felices, como ella lo era.

ဆಾ ❖ ಞ

Chiara supo mantener la alegría de su juventud, incluso en momentos durísimos y de dolor. La alegría de la juventud, sin embargo, no es algo pasajero que termina con el dolor, o ni siquiera con los años.

Señor Dios nuestro, en momentos de dolor físico o espiritual, ayúdanos a mantener nuestra juventud intacta para ti y la fuerza de ofrecer el ejemplo de un amor entregado generosamente a nuestras familias y comunidades. Te lo pedimos por Cristo, nuestro Señor.

San Alonso Rodríguez

*Que el adorno de ustedes no consista en cosas externas [. . .] sino en lo íntimo
y oculto, en la modestia y serenidad de un espíritu incorruptible. Eso es lo que
tiene valor a los ojos de Dios.*

—1 Pedro 3:3–4

San Alonso nació en España en 1533. Era un comerciante casado y, al quedarse
viudo, solicitó el ingreso en la Compañía de Jesús. No fue admitido por su edad
y porque no tenía estudios de humanidades. Pero lo aceptaron como hermano
lego. Fue a Mallorca como portero del colegio jesuita y desde ahí tuvo una
enorme influencia en las visitas y en los estudiantes, sobre todo en Pedro Claver.
Padeció grandes sufrimientos y sufrió una noche oscura en su oración, pero
también poseyó el don de curación. Murió después de una noche de terribles
dolores, diciendo, "Jesús, Jesús, Jesús".

❧ ✤ ☙

Desde la sencillez de una vida diaria que pudiera parecer incluso monótona,
Alonso tuvo influencia en la evangelización de América. Cada acto del día,
realizado en amor y confianza, puede marcar una diferencia enorme. Como en
el caso de Alonso, incluso en medio de la sequedad en la oración, Dios hace
crecer la semilla donde quiere.

*¿Tomo cada acto del día, por muy aburrido e insignificante que pueda parecer, como
una obra de Dios? ¿Veo el sentido que tiene mi vida, aunque parezca bastante
corriente y sin importancia? ¿Confío en que Dios dará fruto a lo que hago con amor?*

Beata Irene Stefani

A donde tú vayas, yo iré, donde tú vivas, yo viviré, tu pueblo será el mío, tu Dios será mi Dios.

—Rut 1:16

Nació en Italia a finales del siglo XIX en una familia muy cristiana. Quiso ser misionera, pero tuvo que postponer su deseo porque murió su madre y se tuvo que hacer cargo de sus hermanos más pequeños. A los diecinueve años ingresó en el Instituto de Misioneras de la Consolata. Fue enviada a Kenia, donde aprendió un idioma nuevo, se adaptó a la cultura, y se entregó a la evangelización del pueblo. Durante la Primera Guerra Mundial sirvió como enfermera de la Cruz Roja en Kenia y en Tanzania. Dio consuelo y alivio a los hospitalizados, y con su cariño y delicadeza se ganó la admiración de muchas personas no cristianas. Preparó a muchos para el Bautismo antes de la muerte. Salvó a muchos niños abandonados por sus padres. Cuando tenía treinta y nueve años, asistió a un enfermo de peste que murió en sus brazos. Irene contrajo la enfermedad y también murió.

❧ ✦ ☙

La facilidad de adaptación a nuevas circunstancias es una gracia de Dios. Supone la libertad de prejuicios y el desprendimiento de costumbres y hábitos. Supone desprenderse también de pensar que las formas que se aprendieron en la familia son las únicas o las mejores y aceptar otras maneras de hacer las cosas. Es un desprendimiento quizá más fuerte que el de cosas materiales.

Dios de amor y de libertad. Danos tu luz y sabiduría para, movidos por la compasión, saber en qué momentos es preferible dejar atrás nuestros propios modos para acercar a las personas a ti. Amén.

Noviembre

Todos los Santos

Siendo una sola, todo lo puede; sin cambiar nada, renueva el universo,
y, entrando en las almas buenas de cada generación,
va haciendo amigos de Dios y profetas.
—Sabiduría 7:27

Innumerables santos, muchos conocidos y otros totalmente desconocidos, han enriquecido a la Iglesia, llenándola de la gracia de Dios. Hoy se celebran todos los santos que, con sus vidas, obras y testimonio, hacen que el Cuerpo de Cristo, la Iglesia, dé gloria a Dios con frutos de santidad.

శు ❖ ❀

Al leer las historias de los santos, se ven personas de diversas razas, culturas y condición de vida, que, bien con obras extraordinarias que llenan de asombro, o bien en la vida cotidiana escondida y humilde, alcanzaron una profunda e íntima relación con Dios. Son los "amigos fuertes de Dios" que todos los cristianos están llamados a ser.

¿Crees que solamente algunas personas están llamadas a la santidad? ¿Reflexionas a veces sobre la gracia de tu Bautismo, que llama a una vida santa, de amistad y relación con Dios sin importar las circunstancias de la vida en que te encuentres?

Todos los Fieles Difuntos

Yo sé que está vivo mi defensor y que al final se alzará sobre el polvo; después de que me arranquen la piel, ya sin carne veré a Dios; yo mismo lo veré, no como extraño, mis propios ojos lo verán [...]

—Job 19:25–27

En este día se une la Iglesia peregrina en la tierra con la Iglesia que ya triunfó y la que espera la realización plena de la salvación. El "Día de los Muertos" es una afirmación de la esperanza en la resurrección final, y una alegre declaración de que quienes ya no están físicamente visibles en la tierra, siguen viviendo y protegiendo a quienes todavía se esfuerzan por seguir a Cristo. Es día de celebrar a los seres queridos que ya no están vivos entre nosotros. Es un día de celebración de su memoria y su legado, y de oración por su descanso en paz.

෨෴ଔ

La muerte es un hecho que afecta a todo ser humano. No hay escapatoria. Pero para los cristianos, aunque sea motivo de dolor por la separación, es también razón de esperanza en el reencuentro definitivo.

"Aunque la certeza de morir nos entristece, nos consuela la promesa de la futura inmortalidad" (del I Prefacio de Difuntos).

San Martín de Porres

Con tu sangre compraste para Dios hombres de toda raza, lengua, pueblo y nación; hiciste de ellos el reino de nuestro Dios.

—Apocalipsis 5:9–10

Nacido en Perú en el siglo XVII, Martín es el primer santo peruano. Era hijo de un noble español y una esclava liberta negra. Fue aprendiz de peluquero y asistente de dentista, pero cuando quiso entrar en la orden de santo Domingo, solo lo aceptaron como hermano lego por su condición de mulato. Fue el portero del convento, pero también ejercía como cirujano y convirtió la finca de su hermana prácticamente en un hospital para desamparados y pobres. Sufrió discriminación y prejuicio, pero respondió con generosidad y suavidad. A su muerte, nobles y pobres de igual manera asistieron a sus funerales.

❧✦☙

El racismo siempre ha sido una plaga en la Iglesia y en la sociedad, pero sobre todo, en el corazón de las personas que a veces, casi inconscientemente, se ven como superiores a los de otras razas, o les tienen miedo y prefieren no acercarse. San Martín mostró con su vida que no es el color ni la raza lo que determinan el acercamiento y la amistad con Dios.

¿Tienes amigos de otras razas? ¿Cómo sientes que esa amistad te hace más universal, más abierto y más cercano a Dios, Padre de todos?

San Carlos Borromeo

Sé lo que es vivir en la pobreza y también en la abundancia [. . .]
—Filipenses 4:12

Nació en Italia en 1538 en una familia noble. Carlos tenía cierta dificultad de palabra y no era de una inteligencia brillante, pero se esforzó mucho en sus estudios. Su tío, el cardenal de Medici, fue nombrado papa. Enseguida hizo a su sobrino cardenal diácono y le nombró arzobispo de Milán, concediéndole toda clase de honores eclesiásticos. Carlos tenía una asombrosa capacidad de trabajo y un gran sentido de la organización y el uso del tiempo. Procuró que el papa reanudase el Concilio de Trento, para lo que tuvo que utilizar gran diplomacia. Tuvo a su cargo la supervisión del Catecismo y la reforma de libros litúrgicos. A la muerte de Pío IV, Carlos le rogó a Pío V que le dejara marchar a su diócesis de Milán. Allí organizó la diócesis, gobernó con sabiduría, dedicó la mayor parte de sus rentas a obras de caridad, vendió las posesiones de su familia para atender a los pobres y vivió en total austeridad y pobreza. Su ejemplo inspiró a su diócesis a renovar su fervor y vida sacramental. Estableció la Cofradía de la Doctrina Cristiana, con 740 escuelas, 3,000 catequistas y 40,000 alumnos. Cuando una epidemia asoló la ciudad, Carlos se entregó personalmente al cuidado de los enfermos.

෯ ❖ ෬

Podría haberse valido de su condición y sus influencias para vivir con plena comodidad y lujo y, sin embargo, Carlos entregó todo lo que tenía por el bien del Pueblo de Dios.

¿Hay cosas a las que estoy apegado? ¿Qué estaría dispuesto a dejar para el bien de otros?

Santos Zacarías e Isabel

Y a ti, niño, te llamarán profeta del Altísimo,
porque caminarás delante del Señor,
preparándole el camino;
anunciando a su pueblo la salvación
por el perdón de los pecados.

—Lucas 1:76–77

Estos dos santos fueron los padres de Juan Bautista. El Evangelio dice que llevaban una vida santa. No tenían hijos pero, milagrosamente, Isabel quedó encinta. María, su prima, fue a visitarla, e Isabel inmediatamente reconoció la presencia del Salvador en ella. En el nacimiento de Juan, Zacarías proclama a su hijo como precursor del Mesías.

ഇം ❖ ൻ

Zacarías e Isabel reconocen la presencia de Dios en otras personas y se alegran y alaban a Dios por ella. Es fruto de un corazón limpio y verdadero ese reconocimiento y alegría sin competitividad ni envidia, sino reconociendo las grandes cosas que Dios obra en cada uno.

¿Has experimentado a veces resentimientos por parte de otras personas por las cosas buenas que te suceden? ¿Alguna vez te molesta ver en otros la buena fortuna o la bendición que quieres para ti mismo? ¿Das gracias a Dios por la presencia y las maravillas de Dios en otras personas?

San Leonardo

Cuídense de hacer obras buenas en público solamente para que los vean; de lo contrario, no serán recompensados por su Padre del cielo.

—Mateo 6:1

Leonardo es uno de los santos más populares de Europa central. Nació en Galia a finales del siglo V en una familia de nobles. Leonardo pudo haber ocupado un alto puesto militar, pero prefirió ponerse al servicio del obispo de Reims, san Remigio. Remigio, y a su vez Leonardo, obtuvieron del rey el privilegio de conceder la libertad a los prisioneros. El rey quiso también darle un episcopado a Leonardo, pero él prefirió retirarse a una ermita. Un día el rey Clodoveo pasó en un viaje por la ermita de Leonardo y en ese momento la reina entró en parto. Las oraciones y cuidados de Leonardo ayudaron a que todo saliera bien y como retribución, el rey le obsequió todo el territorio que pudiera recorrer en burro. Así surgió toda una ciudad alrededor del oratorio de Leonardo en honor de la Virgen.

℘ ✤ ℘

Leonardo optó por el camino de la paz. En algunas profesiones o posiciones en la vida, a veces la convicción cristiana obliga a cambiar el rumbo de la acción. Para Leonardo, el servicio tomó el lugar de las armas.

¿Busco recompensas, ya sean materiales o de honores o reconocimiento, cuando hago algo bueno?

Beato Francisco Palau

Miren, yo los envío como ovejas en medio de lobos [. . .] No está el discípulo
por encima del maestro [. . .]
—Mateo 10:16, 24

Nació en España en 1811. Muy joven ingresó en el seminario y luego en el Carmelo. Después de su ordenación se entregó al apostolado. Por una persecución de órdenes religiosas en España, se exilió en Francia y luego llegó a Ibiza. Fundó allí dos congregaciones religiosas. La reina Isabel II medió para que regresara a la península donde organizó un intenso apostolado. Tenía los dones de profecía y curación, pero fue perseguido por ello. Predicó por toda España extendiendo la devoción mariana.

ɛᴏ ❖ ᴄᴚ

El fracaso y la persecución con frecuencia acompañan las grandes obras de las personas dedicadas a Dios. La prueba de que las cosas son de Dios normalmente está en que, en lugar de entrar en depresión, o resignarse ante los obstáculos, las personas a quienes Dios llama siguen adelante, con confianza en que el resultado no depende de ellos, sino totalmente de Dios.

¿Me detengo ante las dificultades? ¿Busco maneras de seguir sirviendo a Dios en
momentos en que se me cierran las puertas?

San Adeodato

*Cuando bajaba del monte le seguía una gran multitud. Un leproso se le
acercó, se postró ante él y le dijo: Señor, si quieres, puedes sanarme.
Él extendió su mano, y le tocó diciendo: Lo quiero, queda sano.*
—Mateo 8:1–3

Posiblemente casi nadie ha oído hablar de este papa del siglo VII. Era hijo de
un subdiácono romano y ascendió al pontificado en un momento en que había
un fuerte sentimiento de intolerancia hacia el imperio bizantino. Se cuenta
que los romanos amaban mucho a este papa por su buen corazón durante
las calamidades que azotaron a Roma durante su reinado: un terremoto y
una epidemia. Adeodato fue el primer papa que estableció con testamento
donaciones para distribuir al pueblo con ocasión de los funerales del pontífice.
Fue, además, mediador entre la Iglesia y el emperador. Se acercaba a los
enfermos de epidemia y leprosos, y los abrazaba cariñosamente. Tenía fama de
curarlos con su contacto.

ജ❖ര

Puede que el cariño no cure físicamente, pero sí tiene el poder de curar el alma
y el ánimo de la persona enferma. Muchas veces, eso es todo lo que esperan las
personas enfermas: contacto humano, acercamiento, compasión y presencia.

*¿Me cuesta visitar a enfermos o cuidar de quienes están a mi alrededor? ¿Temo
contagiarme si los toco? ¿Qué es lo que más deseo cuando me siento
débil y enfermo?*

San Benigno

Canten al Señor un canto nuevo,
su alabanza en la asamblea de los fieles
[...] alaben su Nombre con danzas,
tocando tambores y cítaras;
porque el Señor ama a su pueblo
y corona con su victoria a los humildes.
—Salmo 149:1, 4

Santo del siglo V, Benigno, que significa "bondadoso y benefactor", fue compañero y discípulo de san Patricio, y lo sucedió en el episcopado. Se distinguió por su bondad y buen carácter, así como por su talento musical. Con Patricio escribió el código de leyes eclesiásticas para Irlanda. A él se atribuye la evangelización de grandes partes de Irlanda.

෯ ❖ ෬

Se podría pensar que poco tiene que ver la música con la santidad. Pero, cuando se tiene el talento, ponerlo al servicio de los demás para ayudar a la oración es importante y necesario. Ayudar a la oración de la comunidad y es una manera de evangelización. Aunque no se sepa cantar muy bien, el unirse al canto en las celebraciones es parte de la oración y de la vida de la comunidad.

Señor Dios, que nuestros labios y nuestro corazón, y sobre todo, nuestra vida, estén siempre abiertos a cantar tus alabanzas y nuestro agradecimiento por las grandes cosas que haces en nosotros. Que nuestros actos sean alabanza de tu gloria. Amén.

San León Magno

Estaban hablando [...] cuando se presentó Jesús en medio de ellos y les dijo:
"La paz esté con ustedes".
—Lucas 24:36

Este papa del siglo V nació en Italia. Tuvo una buena educación y llegó a ser secretario de los Papas san Celestino y Sixto III. Este último lo envió a tratar de evitar una guerra civil que estaba a punto de estallar. Durante su pontificado tuvo que luchar contra dos clases de enemigos: los que querían invadir Roma y los que confundían a los creyentes desde dentro de la Iglesia con errores y herejías. Logró que el guerrero Atila no entrara en Roma, pero no pudo impedir que entrara el vándalo Genserico, aunque sí consiguió que no incendiara la ciudad ni matara a los habitantes. Se conservan muchos sermones de él, llenos de sabiduría y espiritualidad.

❧ ❖ ☙

Quizá lo más importante de san León es su sentido de búsqueda de la paz y su capacidad de lograrla. Para que se pueda dar o negociar la paz externa, primero tiene que estar el alma en paz consigo misma y con Dios. Contra la paz van los ataques de celos, los berrinches por cualquier frustración o molestia, el deseo de dominio. León logró la paz entre los pueblos porque tenía dentro la paz de Dios.

¿Soy persona de paz y pacificadora? ¿Trato de controlar mi mal genio
o mis frustraciones?

San Martín de Tours

Cada uno aporte lo que en conciencia se ha propuesto, no de mala gana ni a
la fuerza, porque Dios ama al que da con alegría.

—2 Corintios 9:7

Martín nació en Hungría en el siglo IV. Era hijo de un militar. Desde muy joven, Martín también ingresó en el ejército. Se cuenta de él que un día se encontró con un pobre y, como no tenía nada que darle, sacó la espada y dividió en dos partes su manto para darle la mitad al pobre. Esa noche se le apareció Jesús con el medio manto. Cuando Martín tuvo esa visión, se hizo bautizar y dejó el ejército para servir a Cristo evangelizando. Se hizo monje y con varios amigos fundó el primer monasterio que hubo en Francia. Fue nombrado obispo. En su episcopado fundó parroquias rurales y visitó todos los pueblos, dejando un sacerdote en cada uno. Siempre era amable y alegre, y se ganó el cariño de todo su pueblo.

෨✷ര

Dar de lo que nos sobra es relativamente fácil. Es más difícil desprenderse de algo que se necesita. Martín entregó la mitad de su manto. Posiblemente la otra mitad no fuera suficiente para cubrirse, pero dio de lo que tenía. A veces lo que se entrega no es tanto material, sino intangible como tiempo, cariño o dedicación.

¿Me cuesta entregar cosas o dedicar mi tiempo a alguien más? ¿Tengo la
generosidad de entregar lo que puedo?

San Josafat

Que todos sean uno como tú, Padre estás en mí y yo en ti; que también ellos
sean uno en nosotros para que el mundo crea que tú me enviaste.
—Juan 17:21

Josafat nació en Lituania en 1580. Desde joven quiso ser sacerdote y entró en el seminario de Vilma. En 1595, los principales jefes religiosos ortodoxos de Lituania habían propuesto estar en comunión con el Vaticano, pero algunos se habían opuesto fuertemente. Josafat fue ordenado sacerdote y dedicó mucho tiempo a la oración, y también a la atención de los pobres. Fue nombrado superior del monasterio, pero varios de los monjes que vivían allí no querían unirse a Roma. Con gran paciencia, prudencia y caridad, fue ganándose su confianza. Como arcipreste, tenía que visitar las casas de religión. En una ocasión fue a una donde vivían doscientos hombres que en realidad no llevaban una vida santa. Primero le echaron los perros, pero luego él los calmó con buenas palabras y consiguió que regresaran al buen camino. Fue nombrado arzobispo y tuvo que reconstruir toda su diócesis. La gente lo consideraba santo, pero algunos de sus detractores comenzaron una revuelta y lo atacaron. Sabiendo que lo iban a matar, afirmó que daba su vida por la unión de todas las iglesias. Más tarde sus atacantes se arrepintieron.

☙ ✤ ❧

En muchas de nuestras familias hay personas de otras confesiones cristianas o de otras creencias. En lugar de pelear, Josafat conversaba con quienes no creían lo mismo con amabilidad y dulzura, pero afirmando su fe.

¿Cómo respondo a quienes no creen las mismas cosas que yo? ¿Cómo defiendo mi fe
sin agresividad o violencia?

Santa Francisca Javier Cabrini

Mi padre era un arameo errante; bajó a Egipto [. . .] allí se hizo un pueblo grande, fuerte y numeroso.
—Deuteronomio 26:5

Hija de un acomodado granjero italiano, Francisca Cabrini nació en 1850. Desde muy pequeña, su mayor ilusión era ir a China como misionera. Quiso entrar en varias congregaciones, pero no la admitieron por su mala salud. Un sacerdote la animó a fundar una congregación y así nació la Comunidad de Hermanas Misioneras del Sagrado Corazón, cuyo principal fin era la educación de jóvenes. La madre Cabrini fue a Roma a pedir la aprobación de su congregación y no solo se la concedieron, sino que le pidieron insistentemente que fuera a Estados Unidos a trabajar con los inmigrantes italianos. Cabrini se resistió, pero cuando el Papa León XIII se lo pidió personalmente, no pudo negarse. Después de muchas dificultades consiguieron abrir una casa y un pequeño orfanato. Empezaron fundando en Nueva York primero y luego en otros lugares de Estados Unidos. Se le considera patrona de los inmigrantes.

☙ ❖ ❧

Es bien sabido que los inmigrantes tienen que luchar mucho para establecerse y ser parte no solo de la sociedad, sino de la Iglesia. Y también es cierto que gran parte del futuro de la Iglesia depende de que los inmigrantes y sus hijos mantengan el entusiasmo de su fe y su identidad católica. Francisca al fin comprendió que eso era parte esencial de la evangelización.

¿Hay atención pastoral a inmigrantes dentro de mi parroquia o comunidad? ¿Cómo puedo participar y colaborar? ¿Me doy cuenta, como inmigrante, del papel que debo jugar en el futuro de la Iglesia?

San José Pignatelli

La tribulación produce paciencia, de la paciencia sale la fe firme y de la fe firme brota la esperanza. Y la esperanza no quedará defraudada porque el amor de Dios ha sido derramado en nuestro corazón [. . .]
—Romanos 5:3–5

De familia italiana, nació en España en 1737. Ingresó a la comunidad jesuita y empezó a trabajar en los apostolados de su comunidad, especialmente enseñando catecismo a los niños y a los presos. En 1767 los jesuitas fueron expulsados de España y José fue a la isla de Córcega. Fueron también expulsados de allí. En 1774 el Papa Clemente XIV cedió a presiones políticas para disolver la Compañía. Más tarde, Pignatelli, con el permiso del Papa Pío VI, se afilió a los jesuitas de Rusia y con su ayuda, empezó a organizar a los jesuitas de Italia. Poco a poco, Pignatelli fue logrando establecer casas jesuitas en diversos puntos de Italia. Murió poco antes de la concesión de la aprobación.

☙ ❖ ❧

Podría haberse dado por vencido después de ser expulsado una y otra vez, pero José tenía la viva certeza de que la Compañía de Jesús era obra de Dios, y siguió paciente y valerosamente trabajando por lo que creía. Aunque al final no vio el fruto total, perseveró hasta su final.

Dios, Padre santo, danos una santa terquedad para hacer el bien, sin importar cuáles sean las dificultades. Que nada ni nadie nos haga renunciar a tu sueño para nosotros y a lo que vemos como tu voluntad y el bien de nuestras comunidades. Te lo pedimos por tu Hijo Jesús. Amén.

Beata María de la Pasión

Amen la justicia, ustedes, los que gobiernan la tierra;
tengan rectos pensamientos sobre el Señor,
y búsquenlo con sencillez de corazón.
—Sabiduría 1:1

Hélène Marie Philippine de Chappotin de Neuville nació en 1839 en Francia en familia noble. Sintió la vocación religiosa desde muy joven, pero la inesperada muerte de su madre retrasó su deseo. Más tarde entró en las clarisas. Tuvo una experiencia de llamada a ofrecerse por el bien de la Iglesia y su director espiritual la orientó a la Sociedad de María Reparadora. Fue enviada a India. Al poco tiempo fue designada superiora local y luego provincial. Hubo conflictos y separaciones entre las hermanas, y María fue a Roma a tratar de regularizar la situación. Pío IX le dio entonces autorización para fundar un instituto misionero. En 1883, a causa de oposiciones internas, María de la Pasión fue destituida. Más tarde se reconoció su inocencia y fue restituida. Su congregación se dedicó con enorme celo a los pobres y también a la promoción de la mujer y la justicia social. A su muerte en 1904 había más de 2000 religiosas y 86 casas en cuatro continentes.

ರಾ ❖ ೧

María de la Pasión fue una mujer curiosa y entregada a las situaciones de su momento: la condición de la mujer, los pobres, la justicia. Por encima de divisiones, conflictos y diferencias de opinión —que se pueden dar en cualquier familia— mantuvo la visión de la misión a la que estaba llamada.

¿Con qué interés seguimos los acontecimientos del mundo, para involucrarnos si es posible, luchar por la justicia, atender a necesidades y orar por quienes lo necesitan?

San Roque de la Santa Cruz y compañeros, mártires

Cristo nos ha liberado para ser libres: manténganse firmes y no se dejen atrapar de nuevo en el yugo de la esclavitud.
—Gálatas 5:1

Nació en Paraguay en 1576. Fue ordenado sacerdote a los veintidós años y poco después párroco. Más tarde entró en la Compañía de Jesús y fue nombrado superior de la primera reducción de Paraguay. Pronto fue fundando nuevas reducciones en lugares que hoy se han desarrollado en ciudades conocidas. En 1628, con otros dos compañeros, fue asesinado por un cacique. Asombrados, los enemigos sintieron que el corazón de Roque les hablaba y los llamaba a la conversión. Ni Roque ni sus compañeros murieron a manos de los guaraníes de las reducciones, sino de miembros de otras tribus que no los conocían y los confundieron con cazadores de esclavos. Se conserva una carta de Roque que dice que trabajaban por la justicia. ". . . ellos necesitan estar libres de la esclavitud y de la dura servidumbre personal en la que ahora se encuentran". Roque es el primer santo canonizado paraguayo.

※ ❖ ※

Roque habla de servidumbres personales. En nuestros tiempos, tales servidumbres pueden ser adicciones a alcohol, drogas, juegos, malos hábitos, o incluso el trabajo, que puede impedir la convivencia familiar. La plena humanización de la persona, por la que trabajó y dio su vida Roque, implica educación, formación, y liberación de todos esos lazos que oprimen.

¿Qué lazos están atándote a ti o a miembros de tu familia? ¿Cómo se podría llegar a la liberación? ¿Qué recursos tienes al alcance?

Santa Isabel de Hungría

Vengan a mí, los que están cansados y agobiados, y yo los aliviaré. Carguen con mi yugo y aprendan de mí, que soy tolerante y humilde de corazón, y encontrarán descanso para su vida. Porque mi yugo es suave y mi carga ligera.

—Mateo 11:28–30

El padre de Isabel era rey de Hungría y hermano de santa Eduviges. Isabel nació en 1207 y tuvo una vida muy corta. Quedó viuda con apenas veinte años y varios hijos. Estuvo a punto de desesperarse, pero se levantó y decidió dedicar el resto de su vida a los más pobres. Cada día daba de comer a más de novecientos pobres en el castillo. Murió cuando aún iba a cumplir veinticuatro años.

❧ ✦ ☙

Cuando la desgracia golpea, es fácil, y casi normal, caer en la depresión y hundirse. Isabel estuvo a punto de hacerlo, pero supo hacer de su dolor un instrumento para el bien de muchos. Hoy día hay organizaciones de apoyo para personas que pasan por un problema o desgracia para convertir el dolor en bien para otros. Es el misterio de la muerte de Cristo, que produce vida.

¿He pasado recientemente por alguna desgracia personal? ¿Cómo reaccioné? ¿Cómo puedo utilizar mi dolor para ayudar a otros a llevar su carga?

Santa Rosa Filipina Duchesne

*De la abundancia del corazón habla la boca. El hombre bueno saca cosas
buenas de su tesoro de bondad.*
—Mateo 12:34–35

Rosa Filipina Duchesne nació en Francia en 1769. Educada en el Convento
de la Visitación y atraída por la vida contemplativa, entró en ese monasterio a
los dieciocho años. Durante la persecución de la Revolución francesa, Filipina
regresó a su casa y se dedicó a cuidar a los presos y enfermos. Cuando volvió la
paz al país, intentó reconstruir el monasterio, pero no lo logró. Entonces oyó
hablar de la Sociedad del Sagrado Corazón y pidió ingresar en ella. Después
de un tiempo, fue enviada a las misiones en Luisiana para evangelizar a niños
franceses e indígenas. Filipina vivió en una austeridad extrema y nunca llegó a
aprender bien el inglés. En 1818 abrió la primera escuela gratuita al oeste del
Mississippi y pronto fundó seis casas en Missouri y Luisiana. Cuando ya tenía
setenta y dos años abrió una escuela para indígenas potowatomies en Kansas.
Allí, ya disminuidas sus fuerzas, se dedicó a orar por la misión, y los indígenas
la llamaban "la mujer que siempre reza". Murió en 1852.

☙ ❖ ❧

A Rosa el amor de Dios y su pasión evangelizadora le inspiraron medios
de comunicación cuando le faltaban las palabras en inglés o las fuerzas para
trabajar. Siempre hay algo que se puede hacer, incluso desde las limitaciones
propias. Se puede comunicar amor sin palabras, y siempre se puede orar.

*¿Pienso que tengo limitaciones que me impiden hacer cosas por mi familia o mi
comunidad? ¿Cómo puedo superar esas limitaciones? ¿Hay algo que siempre
puedo hacer?*

San Crispín de Viterbo

No hagan nada por ambición o vanagloria, antes con humildad estimen a los otros como superiores a ustedes mismos.
—Filipenses 2:3

Crispín fue un santo italiano del siglo XVIII a quien educó su tío a la muerte de su padre. Fue aprendiz de zapatero hasta los veinticinco años, cuando ingresó en los frailes capuchinos. No quería ser sacerdote sino hermano lego. Sus superiores le pusieron muchas pruebas para asegurarse de su vocación. Pasó cuarenta años pidiendo limosna para el monasterio. Fue también cocinero, enfermero y hortelano, pero no zapatero, que era su oficio original. Como limosnero, pedía justo lo que se necesitaba, y si sobraban limosnas, las llevaba a una casa del pueblo para que se redistribuyeran. Sufrió artritis y gota y ya no podía casi andar, pero la gente seguía acudiendo a él pidiendo consejos y ayudas.

୧ ✦ ୨

Crispín nunca entendió por qué la gente lo buscaba. Él no se consideraba santo, ni extraordinario, ni superior a nadie. Simplemente, hacía lo que tenía que hacer. Pero la gente sí veía lo extraordinario de su generosa y humilde compasión. Eso se les hacía extremadamente atractivo, y los llamaba a la conversión y a la santidad.

¿Me creo a veces superior a otros porque hago cosas buenas por los demás? ¿Tengo la impresión de que soy distinto a otras personas que aparentemente no se acercan tanto a Dios? ¿Qué me atrae más de la gente que se confiesa religiosa?

San Félix de Valois

Con sumo gusto gastaré y me desgastaré por ustedes.
—2 Corintios 12:15

Félix, francés del siglo XII, vivió gran parte de su vida como ermitaño en un bosque. Tenía la intención de seguir así toda la vida, pero no sucedió. San Juan de Mata, su discípulo, le propuso que fundara una orden para el rescate de cautivos. Félix ya tenía setenta años, pero eso no le pareció impedimento y aceptó gustoso porque el fin de la orden propuesta le pareció muy importante. Félix y Juan fueron a Roma a pedir la aprobación de su fundación. Félix extendió su orden en Italia y Francia. A pesar de su avanzada edad, administró la provincia francesa, donde murió en 1212. Los Trinitarios continúan su labor en todo el mundo.

৪০ ❖ ৫৪

Para algunas personas la edad puede ser un enorme obstáculo para hacer el bien. Otras, como Félix, no ven su edad ni sus propias dificultades, sino el buen fin que se puede lograr para otros. Una vez que oyen la llamada, no escuchan ninguna posible excusa para no hacer el bien. Hoy día la edad es aún menos importante, ya que la expectativa de vida es mucho más larga. Pero no se trata de edades y fechas, sino del deseo de hacer el bien.

¿Qué impedimentos pongo a veces a servicios que se me piden? ¿En qué momentos pueden ser las limitaciones de edad —por juventud o por vejez— buenas excusas para no responder a una llamada de servicio?

San Gelasio

No se acomoden a este mundo, por el contrario, transfórmense interiormente con una mentalidad nueva, para discernir la voluntad de Dios, lo que es bueno, aceptable y perfecto.

—Romanos 12:2

No se sabe si nació en África o era romano de origen, pero sí consta que fue elegido pontífice en 492. Pontificó cuatro años y medio, distinguiéndose por su energía. Hizo reformas litúrgicas y combatió herejías. Tuvo un conflicto con un obispo cismático de Constantinopla. Trabajaba incansablemente y quiso dejar clara la doctrina de la Iglesia, por lo que parece que dejó un legado de inflexibilidad, que más bien refleja la firmeza de su doctrina. Al mismo tiempo, era extremadamente tierno y amoroso con los pobres.

☙ ❖ ❧

A veces la firmeza, como en el caso de Gelasio, es esencial para mantener a la comunidad y a la familia en el camino recto. En nuestros días a veces se habla de "tough love", es decir, de un amor estricto, o duro, que establece límites a la libertad de los hijos y que procura encauzarlos por los caminos del bien para ellos. Es también importante la firmeza en momentos, como en los de hoy día, en que hay tantas doctrinas y opiniones que pueden confundir y desviar de la verdadera relación y amor de Dios.

Señor, Dios de nuestros padres, tú nos has traído hasta aquí con mano firme y brazo poderoso. Mantennos en el camino recto; que las mentiras y las confusiones no lleguen a apartarnos de la verdad. Danos una resolución firme, pero llena de amor, para orientar a nuestras familias en el camino del bien. Amén.

Santa Cecilia

*Una cosa importa, que su conducta sea digna de la Buena Noticia de Cristo,
de modo que [...] sepa que se mantienen unidos en espíritu y corazón
luchando juntos por la fe.*

—Filipenses 1:27

Durante más de mil años, santa Cecilia ha sido una de las mártires de la primitiva Iglesia más veneradas por los cristianos. Su nombre figura en el canon de la misa. Las "actas" de la santa afirman que pertenecía a una familia patricia de Roma y que fue educada en el cristianismo. Se dice que, en la celebración de su boda, ella cantaba a Cristo en su corazón. La leyenda dice que Cecilia hablaba a su esposo, Valeriano, de tal manera, que él se convirtió al cristianismo. Desde entonces, Valeriano y su hermano Tiburcio se dedicaron a las buenas obras. Fueron arrestados por sepultar cuerpos de mártires cristianos. Más tarde, la propia Cecilia sufrió el martirio. Es patrona de la música.

✦

Lo que muchas veces los discursos, las amenazas o los argumentos no consiguen, lo consigue la suavidad y la música. Según las leyendas de santa Cecilia, conquistó a muchos con la suavidad de sus palabras. Se convence más con el testimonio de una vida de paz y feliz que con muchas palabras.

Cuando deseo que mis hijos vean un punto de vista concreto, ¿les convence la coherencia de mi vida y el amor que reflejo, o mis discursos? ¿Qué convicciones profundas he recibido de mis padres o abuelos? ¿Fue por palabras duras o por la fuerza de su propia vida?

Beato Miguel Pro

Jesús, cuando llegues a tu reino, acuérdate de mí.
—Lucas 23:42

Miguel Agustín Pro nació en 1891 en una familia acomodada de México. Desde pequeño se distinguió por un gran sentido del humor, lo cual le ayudaría más tarde en su ministerio sacerdotal. Tenía también mucho talento artístico y musical. Trabajó con su padre en la oficina de la mina y se hizo amigo de los mineros. Después de un retiro, decidió ingresar en la Compañía de Jesús. Al poco tiempo, todos los seminaristas debieron escapar del seminario debido a la persecución contra la Iglesia. Miguel fue primero a Estados Unidos y luego a España. A su regreso a México, Miguel tuvo que usar todo su ingenio para continuar su ministerio a pesar de la persecución. La policía lo persiguió durante un tiempo y luego, acusándolo de ser parte de un complot para matar al presidente, lo arrestaron y lo sentenciaron a muerte. Antes de ser ejecutado, Miguel perdonó a sus ejecutores y murió gritando: "¡Viva Cristo Rey!".

౸❖ಐ

El grito de "Viva Cristo Rey" fue pronunciado por miles de mártires en persecuciones en México, España y Rusia durante la primera mitad del siglo XX. Es parte importante de la tradición religiosa mexicana y del legado de fe. Contiene tanto la valentía del testimonio de Cristo, como el perdón a los agresores, que es señal de los mártires. Pero es, sobre todo, una actitud de vida llevada hasta las últimas consecuencias.

¿Qué valores más importantes de mi fe y mi cultura deseo transmitir a mis hijos?

San Andrés Dung Lac y compañeros, mártires

En cuanto a los respetables—hasta qué punto lo eran no me importa, porque Dios no hace diferencia entre las personas.
—Gálatas 2:6

Trần An Dũng nació en 1795 en Vietnam, en una familia muy pobre. Sus padres lo entregaron a un catequista cristiano, que le transmitió la fe y lo bautizó, tomando el nombre de Andrés. Luego siguió estudiando hacia el sacerdocio y se ordenó. Durante la persecución contra los cristianos, Andrés viajaba por distintos lugares para llevar la fe a muchas personas, hasta que fue capturado junto con el sacerdote que lo había albergado. Ambos fueron ejecutados. Fueron canonizados junto con otros 116 mártires vietnamitas: obispos, presbíteros, religiosos y religiosas, catequistas de uno y otro sexo, y hombres y mujeres laicos de distintas condiciones sociales, así como misioneros extranjeros en Vietnam.

ଞୠ ❖ ଓଔ

Entre los 116 mártires de Vietnam había personas de toda clase y condición, de diversas razas y de distinto rango eclesiástico. Todos tenían una confesión de fe común, que no conoce distinciones entre personas. Todos alcanzaron la santidad en su proclamación valiente de su fe.

Señor Dios y Padre de todos. Tú nos llamas a todos y cada uno a tu amor. No hay límites ni distinciones entre quienes pueden llegar a la íntima relación contigo, pues a todos llamas con la misma dignidad de hijos tuyos. Que nuestra mayor gloria y privilegio sea poder llamarte Padre. Amén.

Santa Catalina de Alejandría

Tus mandatos me hacen
más hábil que mis enemigos,
porque siempre van contigo.
No me aparto de tus mandamientos
porque tú me has instruido.
—Salmo 119:98, 102

Parece ser que Catalina era una joven noble que recibió una buena educación. Cuando tenía solo dieciocho años, se presentó ante el emperador Maximino, que perseguía a los cristianos, para recriminarle su trato a los cristianos. El emperador no tuvo palabras para discutir con ella. Llamó a algunos sabios para convencerla de que apostatara, pero Catalina ganó el debate. Algunos de los sabios se convirtieron al cristianismo y fueron ejecutados. La esposa del emperador fue a ver a la joven con el jefe de la tropa. También se convirtieron, y como ella, fueron mártires. El emperador ordenó decapitar a Catalina.

❧ ❖ ☙

El conocer bien las verdades de la fe es un arma poderosa para defender las propias creencias. Para eso hay que estudiar, investigar y aprender para poder tener claridad de ideas. Pero el poder de convicción está en estar arraigados en Dios. El estudio y el conocimiento son liberadores.

¿Me preocupo por conocer las verdades de mi fe? ¿Aprovecho las oportunidades de formación que se dan en mi parroquia o diócesis?

Beato Santiago Alberione

Hijo de hombre, alimenta tu vientre y sacia tus entrañas con este rollo que te doy. Lo comí y su sabor en la boca era dulce como la miel.
—Ezequiel 3:3

Santiago nació en Italia en 1884 en una familia campesina profundamente cristiana. A los dieciséis años, entró en el seminario. En un momento de intensa oración se sintió "obligado a servir a la Iglesia" con los medios al alcance de los tiempos. Después de ser ordenado sacerdote trabajó brevemente en una parroquia y luego fue director espiritual en el seminario. Dedicó también mucho tiempo al estudio sobre la situación de la sociedad civil y eclesial, y a las nuevas necesidades. Entonces comprendió que su misión era utilizar los medios de comunicación para la evangelización. Fundó entonces la Familia Paulina, con ramas masculina y femenina, dedicadas a la impresión de ediciones populares de revistas y libros catequéticos y litúrgicos, además de a la fundación de librerías religiosas. Su obra se ha difundido por todo el mundo y hoy cuenta con una amplísima red de librerías y casas editoriales.

❧ ✤ ☙

Dependiendo de cómo se utilicen, los medios de comunicación, y también hoy día la tecnología, pueden ser grandes instrumentos para el conocimiento y el bien, o de lo contrario, terribles peligros. Santiago no huyó de ellos ni los condenó, sino que supo utilizarlos para el bien. Lo importante es saber discernir y acompañar a los jóvenes y niños en un buen uso de los medios que ayude a su educación, a su formación como personas y a su fe.

¿Entiendo el uso de la tecnología de mis hijos? ¿Cómo los ayudo, vigilo y acompaño para que esos medios sirvan para su bien y el de los demás?

San Jacobo de Persia

Me pondré en camino a casa de mi padre y le diré: He pecado contra Dios y contra te he ofendido.

—Lucas 15:18

Nació en Persia en una rica familia cristiana del siglo IV. Fue casado y su esposa, también cristiana, educó a sus hijos en la oración y el estudio de las Escrituras. Jacobo fue parte de la corte de dos emperadores persas. En una de las campañas militares, seducido por los beneficios que podría conseguir del emperador, se sintió tentado a negar su fe. Cuando se enteraron, su madre y su esposa le escribieron llamándolo a arrepentirse. Jacobo pidió perdón a Dios, dándose cuenta de lo que había hecho. Fue acusado por los soldados y cuando lo interrogaron, confesó su fe. Entonces fue entregado a la tortura y el martirio.

৪৩ ❖ ୧ଓ

No es extraño que la posibilidad de conseguir beneficios materiales u honores sea tentadora, aunque vaya acompañada de la necesidad de renunciar a convicciones éticas o religiosas profundas. Lo que puede anclar en un momento de duda semejante es el recuerdo de la profunda identidad y pertenencia a una familia humana y a una comunidad cristiana.

¿Ayudo a mantener la fe de mi familia recordándoles los valores más profundos de nuestra tradición, cultura y religión? ¿En qué momentos nos ha salvado la fe?

Santa Catalina Labouré

Perseveren en la oración, velando en ella y dando gracias. Recen también por mí para que Dios abra la puerta a la Buena Noticia [. . .] Traten a los de fuera con sensatez, aprovechando la ocasión.
—Colosenses 4:2–3, 5

Catalina nació en Francia en 1806. Pronto quedó huérfana de madre y su hermana mayor marchó al convento, así que Catalina tuvo que ocuparse de la casa y no tuvo oportunidad de aprender a leer y escribir. Pidió permiso a su padre para también marchar al convento, pero este no se lo permitió hasta que tuvo veinticuatro años. En una ocasión, tuvo una visión de la Virgen que le pidió que se hiciera una medalla con la inscripción: "Oh María, sin pecado concebida, ruega por nosotros que recurrimos a ti". Al principio sus confesores no creyeron en la visión de Catalina, pero más tarde se dieron cuenta de su sinceridad y se imprimieron las medallas. Hasta casi el momento de su muerte, nadie sabía que la visión había sido de Catalina.

❧ ✦ ❧

En su juventud no tuvo oportunidades, pero se fue acercando a Dios de la mejor manera en que pudo y según se le fueron abriendo las puertas. Tuvo la atención de ir tomando y agradeciendo lo que se le ofrecía, sin ambicionar cosas imposibles, pero aceptando responsablemente su misión en cada momento.

Señor Dios nuestro, cuando las situaciones de la vida parezcan impedirnos cumplir nuestros sueños, danos luz para ver lo que sí se nos ofrece y aprovecharlo agradecida y alegremente.

San Gregorio Taumaturgo

¿Quién nos apartará del amor de Cristo? ¿Tribulación, angustia, persecución, hambre, desnudez, peligro, espada? [. . .] En todas esas circunstancias salimos más que vencedores gracias al que nos amó. Estoy seguro que ni muerte ni vida, ni ángeles ni potestades, ni presente ni futuro, ni poderes, ni altura, ni hondura, ni criatura alguna nos podrá separar del amor de Dios manifestado en Cristo Jesús Señor nuestro.

—Romanos 8:35–39

Este santo del siglo III recibió el apodo de "Taumaturgo" por creerse que hacía milagros. Gregorio conoció a Orígenes, el sabio más importante de su tiempo en Cesarea, y ahí entendió la fe cristiana. Durante la persecución de Decio, en el año 250, Gregorio aconsejó a los cristianos que se escondieran para evitar el peligro. Se dice que la ciudad pasó de tener solamente dieciséis cristianos, a solamente dieciséis paganos. La gente invocaba su intercesión en situaciones de catástrofes naturales, que Gregorio parecía capaz de detener con sus oraciones. En tiempos de persecución, como en tiempos de catástrofe, Gregorio mantuvo la fe y la confianza en Dios.

☙ ❖ ❧

En nuestros días vivimos muchas catástrofes naturales: terremotos, sunamis, inundaciones, incendios. No será fácil detenerlas como Gregorio parecía capaz de hacer, pero sí orar para crear consciencia de ayuda y solidaridad con todos los afectados.

¿Cómo podemos responder a catástrofes naturales y situaciones de migración o exilio? ¿Existen organizaciones en nuestras parroquias o comunidades, con las que podamos colaborar mostrando solidaridad?

San Andrés

Si uno de ustedes pretende construir una torre, ¿no se sienta primero a calcular los gastos, a ver si tiene para terminarla? No suceda que, habiendo echado los cimientos y no pudiendo completarla, todos los que miran se pongan a burlarse de él.

—Lucas 14:28–29

Andrés fue el primer discípulo de Jesús junto con Juan Evangelista. Los dos eran discípulos de Juan Bautista y creyeron en la proclamación del Bautista sobre Jesús. Fue Andrés el que fue a su hermano Simón (Pedro) y le dijo que habían encontrado al Mesías. También aparece en la escena de la multiplicación de los panes. Según la tradición, fue martirizado en tiempo de Nerón, hacia el año 63.

❧ ✤ ❧

No se sabe mucho de Andrés aparte de su presteza en seguir a Jesús. Cuando sintió el fuerte atractivo de la persona de Jesús, lo siguió sin duda ni tardanza. Posiblemente en nuestros días se vea la conveniencia de hacer un discernimiento cuidadoso para no tomar decisiones alocadas o arriesgadas. Para Andrés el momento fue tan claro que no tuvo que pensar. Jesús en otros momentos aconseja pensar sobre cuál va a ser el costo de ciertas acciones. De esta manera se pueden medir las fuerzas, la voluntad y el ánimo para hacerlo con perseverancia, sin abandonar la causa cuando llega la dificultad.

Señor Jesús, tú nos llamas a tu servicio y eso tiene un precio. Danos fuerza para aceptar lo que nos puede costar un servicio para ti y para tu pueblo, y emprenderlo con generosidad y con la alegría de habernos encontrado contigo, el mayor bien que pueda tener nuestra vida. Amén.

Diciembre

San Carlos de Foucauld

Jesús se volvió y al ver que le seguían, les dice: ¿Qué buscan?
Respondieron: Rabí —que significa Maestro,— ¿dónde vives?
Les dice: Vengan y vean.

—Juan 1:38–39

Carlos de Foucauld nació en Francia en 1858. Quedó huérfano de muy niño y se crió con su abuelo. Se orientó hacia una carrera militar y, como adolescente, se alejó de la fe. Destinado en Marruecos, empezó a preguntarse sobre Dios. A su regreso a Francia, ayudado por un sacerdote, se convirtió. Peregrinó a Tierra Santa y allí descubrió su vocación. Ordenado sacerdote, marchó al Sahara, con el deseo de estar cerca de los más olvidados. Quiso compartir su vocación con otros y escribió varias reglas religiosas de la "vida de Nazaret". Su familia espiritual comprende varias asociaciones de fieles, comunidades religiosas e institutos seculares.

❧ ✦ ❧

Carlos parecía ser un hombre de muchas preguntas. Sus preguntas lo llevaron a encontrarse con Dios y también a preguntarse sobre la justicia y las personas más abandonadas y rechazadas, en su dignidad como hijas de Dios.

¿Me conformo con lo que veo y tengo delante, o hago preguntas sobre el sentido de las cosas? ¿Alguna vez Dios me ha dado a ver cosas que no había pensado? ¿He descubierto a veces la riqueza espiritual y humana de personas que parecen ser rechazadas por la sociedad?

Beata Liduina Meneguzzi

*Porque Cristo es nuestra paz, el que de dos pueblos hizo uno solo, derribando
con su cuerpo el muro divisorio, la hostilidad, anulando la ley con sus
preceptos y cláusulas, reunió los dos pueblos en su persona, creando de los
dos una nueva humanidad; restableciendo la paz.*

—Efesios 2:14–15

Elisa Angela Meneguzzi nació en Italia en 1901, hija de unos campesinos
humildes. La familia era muy devota. A los catorce años, Elisa comenzó a
trabajar como empleada doméstica para ayudar a la familia. Algo más tarde se
unió a la Congregación de Hermanas de San Francisco de Sales. Después de
un tiempo consiguió su sueño de ser misionera y fue enviada a Etiopía. Trabajó
como enfermera en un hospital que, durante la guerra mundial fue habilitado
como hospital de campaña. Pronto, todos la buscaban y pedían su ayuda, que
ella extendía a todos sin importar su raza o religión. Muchísimas personas se
acercaron con simpatía a la Iglesia católica a través del contacto con ella. Murió
a los cuarenta años, ofreciendo su vida por la paz del mundo.

❧✧☙

El sentido de universalidad de Liduina la hizo atractiva a personas de toda clase,
de distintas razas y de distintas religiones. La compasión extendida a todos, no
solo la hizo atractiva a ella, sino a su fe, que fue proclamada con obras más que
con palabras.

*¿Cómo extiendo mi compasión a toda persona, sin importar cuan diferente a mí sea
política, social, racial o religiosamente?*

San Francisco Javier

De esta Buena Noticia yo soy ministro por don de la gracia de Dios, otorgada
según la eficacia de su poder.
—Efesios 3:7

Francisco Javier nació en España. Estudió en París, y allí conoció a Ignacio de Loyola y a los primeros jesuitas. Pronto, Ignacio envió a Francisco a India en la primera misión de la Compañía. Llegó a Goa y adaptándose al pueblo en que vivía, aprendió el idioma y empezó a catequizar y bautizar. En 1545, Javier partió para Malaca, una ciudad próspera, donde empezó una reforma moral del pueblo. Pasó los siguientes meses viajando entre diversas ciudades y preparando su misión a Japón. Allí también aprendió la lengua para poder comunicarse con el pueblo. Al darse cuenta de que la apariencia de pobreza de su persona era un obstáculo para llegar al gobernador, se vistió lujosamente y le llevó regalos. Entonces el gobernador le dio permiso para predicar. Quiso luego ir a China, pero le aquejaron unas fiebres y murió cerca de las costas de China cuando tenía cuarenta y seis años.

❦

Javier se adaptó a las circunstancias que le rodeaban, no para su propio beneficio, sino para llevar a todos a Cristo. A menudo las circunstancias externas cambian, y, por el bien de los demás, es necesaria esa difícil adaptación que supone desprendimiento personal y sacrificio.

Señor Dios nuestro, cuando los cambios son demasiado grandes y costosos, concédenos flexibilidad y creatividad para buscar lo mejor para nuestras familias y comunidades, incluso cuando eso supone desprendimiento personal. Que nuestro objetivo sea siempre caminar hacia ti.

San Juan Damasceno

*Por lo tanto, nosotros, rodeados de una nube tan densa de testigos,
desprendámonos de cualquier carga y del pecado que nos acorrala; corramos
con constancia la carrera que nos espera.*

—Hebreos 12:1

Este sirio de finales del siglo VII era de una familia acomodada. Su abuelo había sido funcionario del Imperio romano. Juan mismo siguió esa carrera, pero pronto renunció, repartió sus bienes entre los pobres e ingresó en un monasterio. Dedicó su vida al estudio y a la explicación de los dogmas cristianos. Cuando el emperador de Constantinopla prohibió las imágenes, Juan defendió la práctica de su uso no para adoración, sino para ilustración y devoción de los cristianos. Escribió también mucha poesía.

૪૭ ❖ ૦ૹ

Con frecuencia se acusa a los católicos de adorar imágenes, pero no es cierto. Las imágenes de santos no se adoran, se utilizan como recuerdo de virtudes y caminos en la vida que pueden ayudar a los creyentes a inspirar y fortalecer su fe. Los santos son parte de una gran familia, Cuerpo de Cristo, y su ejemplo apoya los intentos de otros de vivir santamente.

*¿Tienes algún santo favorito? ¿Qué virtud te inspira ese santo? ¿Cómo tratas de
aplicar el ejemplo de vida de ese santo a tu propia vida?*

San Sabas

Somos embajadores de Cristo y es como si Dios hablase por nosotros. Por Cristo, les suplicamos: déjense reconciliar con Dios. A aquel que no conoció el pecado, Dios lo trató por nosotros como un pecador para que nosotros, por su medio, fuéramos inocentes ante Dios.

—2 Corintios 5:20–21

Sabas, hijo de un comandante del ejército turco, nació en el año 439. Su padre tuvo que ir destinado lejos, y lo dejó con un tío. Pero los parientes lo despreciaban y rechazaban. Sabas marchó a un monasterio y luego fue a Jerusalén. Hacía canastos para venderlos y llevar alimento a los más ancianos y débiles. Un grupo de monjes le pidió que los ayudara espiritualmente y Sabas llegó a tener 150 monjes a su alrededor. Con la herencia de sus padres, construyó dos hospitales. Entre los monjes a los que dirigió están san Juan Damasceno y san Teodoro.

სი ❖ ცა

Sufrir rechazos por parte de los más cercanos de la familia produce un dolor muy profundo. Es como perder todo suelo y raíz y no poder apoyar la identidad en algo sólido. Eso puede convertirse en una enorme amargura o en un arma de sanación para otros. Sabas utilizó sus dones y sus bienes para servir a otros, sin permitir que la amargura lo aplastara.

¿En algún momento has sentido rechazos de personas cercanas? ¿Qué tipo de dolor te causó? ¿Cómo pudiste superarlo? ¿Cómo se pudo convertir ese dolor en un instrumento de sanación para otros?

San Nicolás

Hay quien regala y se enriquece, quien es tacaño y se empobrece. El que es generoso prospera, el que da, también recibirá.
—Proverbios 11:24–25

Nicolás fue un obispo de Turquía, que siempre se distinguió por su compasión y su sentido de compartir con otros. Nació en el siglo IV. Como obispo, fue muy querido por su pueblo. En la época de Licinio, fue perseguido, encarcelado y azotado. Por su gran simpatía hacia los pobres y los más pequeños, en algunos lugares empezaron a llamarle santa Claus (Nicolaus). Cuenta la leyenda que secretamente soltaba regalos y ayudas para personas necesitadas por las chimeneas de sus casas, y así pasó a la imaginación popular como el personaje que trae regalos a los niños en Navidad.

❧✤☙

Santa Claus representa muchos sueños y muchas ilusiones de los más pequeños en los días de Navidad. Más allá de las imágenes, o del uso comercial que se haya hecho de él, la figura de san Nicolás enseña el gran valor del compartir: repartir y regalar lo poco o lo mucho que se tiene y hacerlo con alegría y generosidad.

¿Qué regalos me gustaría recibir en estos días? ¿Qué regalos espera de mí mi familia? ¿Son todos regalos materiales? ¿Qué podría yo entregar a otros? ¿Cómo practico la solidaridad con los más necesitados?

San Ambrosio

El que exhorta, exhortando, el que reparte, hágalo con generosidad; el que preside, con diligencia; el que alivia los sufrimientos, de buen humor.
—Romanos 12:8

Nació en Italia en el siglo IV. Cuando tenía treinta años, fue nombrado gobernador del norte de Italia. Luego fue elegido obispo de la ciudad por el pueblo. No era sacerdote y Ambrosio no quiso aceptar el puesto, pero el emperador decretó que lo debía aceptar. Entonces se entregó de lleno al estudio de las Escrituras para poder ordenarse sacerdote y obispo. Escribió tratados explicando la Biblia y aconsejando sencillos métodos para practicar las virtudes. Era, además, muy diplomático, y en varias ocasiones intervino en política para lograr acuerdos de paz. Es uno de los más famosos doctores de la Iglesia antigua.

⊷❖⊶

Hay momentos en la vida en que hay que hacer cosas que resultan increíbles o inesperadas. Ambrosio cedió a los deseos del pueblo que lo llamaba a servir; pero supo que era su responsabilidad prepararse. En algunas ocasiones surgen necesidades en la familia o en la comunidad parroquial que pueden llamar a alguna persona al servicio. Es su deber entonces prepararse bien para tal servicio.

¿En algún momento te han pedido algún servicio para el que no te considerabas preparado? ¿Cómo te podrías preparar para él? ¿Qué oportunidades de formación se ofrecen en tu parroquia o diócesis? ¿Podría ser que estuvieras llamado a un servicio especial?

San Natal Chabanel

En el mundo tendrán que sufrir; pero tengan valor; yo he vencido al mundo.
—Juan 16:33

Se tienen pocos datos de la vida de Natal antes de ir como misionero a Canadá, pero se sabe que nació en Francia en 1613 e ingresó muy joven en la Compañía de Jesús. Siempre estuvo muy atento al desarrollo de la misión jesuita en Canadá, albergando el deseo de ir él mismo. Sabía que había muchos peligros, pero partió para ser compañero de san Juan Brébeuf en la misión con los hurones. Natal sufrió mucho el choque cultural y no podía acostumbrarse a las costumbres ni al idioma. En un momento, decidió regresar a Francia, porque todo lo de los hurones le molestaba. Sin embargo, después de un doloroso discernimiento, decidió quedarse hasta la muerte y pronto marchó a la tierra de los petuns. Como los petuns estaban amenazados por los iroqueses, a los pocos meses Natal recibió órdenes de salir de allí acompañado por varios hurones cristianos. En el viaje, un hurón cristiano apóstata lo atacó y lo mató.

৪০❖ৎৱ

El abrirse a otras culturas no quiere necesariamente decir que todo nos deba gustar. Hay costumbres, comidas, olores, maneras de celebración y modos de vivienda que pueden resultar incómodos a personas de otras culturas. Y sin embargo, se trata de ver más allá de esos aspectos externos y entrar en la aceptación de las personas con la dignidad de hijos de Dios.

San Juan Diego

El Señor extendió la mano, me tocó la boca y me dijo: Mira, yo pongo mis palabras en tu boca.
—Jeremías 1:9

Juan Diego nació en 1474 en México. Cuando nació recibió el nombre de Cuauhtlatoatzin, que quiere decir "el que habla como águila" o "águila que habla". Pertenecía a una clase humilde. Era un hombre devoto que fue instruido en la fe cristiana y bautizado junto con su esposa. María de Guadalupe se apareció a Juan Diego en varias ocasiones, según narra el Nican Mopohua y le pidió que se le construyera un templo. Para eso, Juan tenía que hablar con el obispo, y no había mucha posibilidad de que se creyera a un pobre hombre laico. Pero María quiso que su imagen quedara impresa en la tilma de Juan. El obispo le creyó. Este acontecimiento constituyó el mayor evento evangelizador del pueblo mexicano y un gran elemento en la formación de su identidad nacional.

❧ ❖ ☙

A Juan Diego se le concedió el valor para presentarse ante el poder, con toda su humildad. Es un testimonio valioso del papel de los laicos en la Iglesia y de su labor profética. Juan no creía que pudiera llevar a cabo y sentía temor de hacerlo, pero la fuerza de Dios y la mediación de María estaban con él.

¿En algún momento he sentido que se me llamaba a una misión para la que no creía estar preparado o ser capaz? ¿Dónde encontré la fuerza para hacerlo? ¿Cómo veo mi propia misión laical dentro de la Iglesia?

San Gregorio III

Por lo tanto, nosotros, rodeados de una nube tan densa de testigos,
desprendámonos de cualquier carga [. . .]
—Hebreos 12:1

El Papa Gregorio III fue un sirio del siglo VIII. No se sabe mucho más de sus orígenes o de su vida antes de su elección. Durante su pontificado tuvo que luchar bastante contra los iconoclastas, que no admitían imágenes en los templos, así como intervenir en otras disputas sobre las posesiones papales en Italia y en Inglaterra. Gregorio también ayudó a san Bonifacio en sus trabajos de evangelización en Alemania. Al final de su pontificado, Gregorio tuvo que defender Roma de los lombardos, y completó la restauración de las murallas. Murió en 741.

৪০ ❖ ৫৪

Muchas veces se acusa a los católicos de adorar imágenes. . . Si bien algunas personas pueden sentir cierta confusión sobre esto, se puede afirmar categóricamente que los católicos no adoran imágenes. Las imágenes son simplemente un recuerdo de la historia familiar católica, una catequesis visual sobre las figuras centrales de la fe y los muchos santos que han dado ejemplo y testimonio como amigos fuertes de Dios.

¿Alguna vez me he sentido cuestionado por el uso de imágenes en la iglesia? ¿Sé responder a quienes preguntan? ¿Cómo me conducen las imágenes a la verdadera adoración al único Dios?

San Dámaso

No por nosotros, Señor, no por nosotros,
sólo por tu Nombre muestra tu gloria,
por tu amor y tu fidelidad.
—Salmo 115:1

Elegido papa en 366, Dámaso fue digno de su nombre, que significa "domador", ya que tuvo que enfrentarse a una sangrienta rebelión contra él. Su secretario era el famoso san Jerónimo, a quien le encargó la traducción de la Biblia al latín. Según la tradición, fue Dámaso quien introdujo en las oraciones el "Gloria al Padre, al Hijo, y al Espíritu Santo. . .". Él mismo humildemente preparó el lugar de su entierro, lejos de las tumbas de personas famosas. Más tarde se construyó sobre su tumba la basílica de san Dámaso.

ॐ ❖ ॐ

La verdadera humildad no consiste tanto en abajarse a sí mismo y decir que uno no vale o no puede, sino en seguir la verdad de la propia identidad concedida y creada por Dios y dirigir toda la gloria a Dios, como lo hizo Dámaso. Él tuvo que afirmar su autoridad como papa, pero no se convirtió en el centro.

¿Reconoces como concedidos por Dios tus valores y talentos? ¿Puedes nombrar algunos de ellos que puedes utilizar para el servicio de los demás? ¿Te sientes algunas veces tentado a hacerte el centro de las cosas y que tu familia y amigos te vean como protagonista?

San Bartolomé Bompedoni

Yo sé que está vivo mi defensor
y que al final se alzará sobre el polvo:
después de que me arranquen la piel,
ya sin carne veré a Dios;
yo mismo lo veré, no como extraño,
mis propios ojos lo verán [. . .]
—Job 19:25–27

No es un santo muy famoso, pero sí alguien de quien se puede aprender mucho. Nació en el siglo XIII en un castillo feudal y desde joven, contra la voluntad de su padre, se consagró totalmente al servicio de Dios. Entró en la orden franciscana y fue ordenado sacerdote. Contrajo lepra y vivió en un leprosario durante veinte años, donde se destacó por su paciencia y alegría en medio del dolor. Lo llamaban Job de la Toscana. Murió en 1300.

ಐ✤ಐ

La enfermedad incurable —y mucho más la contagiosa— puede sembrar en el alma terror y rebelión. Bartolomé, sin embargo, se enfrentó a ella con serenidad, alegría y paciencia. Eso no es fácil, y normalmente no se juzga a quien está enfermo si se siente amargado. Pero Bartolomé supo entender que su más profunda identidad estaba, no en la enfermedad, sino en su relación íntima con el Cristo vivo.

Señor, Dios nuestro, en momentos de enfermedad y dolor enséñanos a ir a lo más profundo de nosotros y encontrarte ahí, fuente de vida y redención, y razón de nuestra esperanza.

Santa Lucía

Todos ustedes son ciudadanos de la luz y del día: no pertenecemos a la noche ni a las tinieblas.

—1 Tesalonicenses 5:5

Nacida en Italia en el siglo IV de padres nobles, fue educada en la fe cristiana. Su madre, que estaba enferma, la comprometió con un joven pagano. Lucía la convenció para que orase en la tumba de santa Águeda por su curación y, si se curaba, la librara del compromiso. Así ocurrió, y Lucía entregó todas sus posesiones a los más pobres y consagró su vida a Dios. Su prometido la acusó ante el procónsul y fue martirizada por su fe durante la persecución de Diocleciano. Se suele representar a Lucía ciega, como consecuencia de su martirio, y también en referencia a la luz en su nombre.

മാ❖ca

El nombre de Lucía recuerda la luz de Dios. En nuestro mundo hay muchas tinieblas de mentira: noticias manipuladas, traiciones, malos liderazgos. . . Y si bien no hay martirios como el de Lucía en los países en que nos encontramos, sí hay un intento de quitar la luz y la visión. Ante su martirio, Lucía se mantuvo firme en la luz de Dios.

¿Encuentro que a veces la confusión de propaganda o de los medios de comunicación me hace perder algo de mi seguridad? ¿De qué maneras busco la verdad y trato de defenderla? En la propia vida familiar, ¿cómo oscurece a veces la mentira la comunicación entre nosotros?

San Juan de la Cruz

¡Mi carne desfallece por ti
como tierra seca, reseca sin agua!
—Salmo 63:2

Nació en España, hacia el año 1542. La familia de su padre no vio con buenos ojos que se casara con quien se convertiría en su madre y lo desheredó, por lo que la familia pasó muchas dificultades. Juan aprendió el oficio de tejedor para ayudar a la familia y luego entró a servir al director de un hospital. Más tarde ingresó en el Carmelo. No le permitieron ser hermano lego, como había querido, y fue ordenado sacerdote. Conoció a santa Teresa y con ella emprendió la reforma de la orden. Juan enseñó a los religiosos el espíritu de oración y soledad. Pero él mismo padeció grandes sequedades en la oración y una fuerte noche oscura. Sufrió, además, graves dificultades y tensiones entre los carmelitas descalzos y los de regla mitigada. Juan llegó a ir a prisión. Allí, escribió algunas de sus obras más importantes y poemas que le han valido la fama de uno de los más grandes e importantes escritores de la literatura española.

৪০ ❖ ૦ઝ

Juan sufrió al sentir la lejanía de Dios. Y sin embargo, no dejó en ningún momento de confiar ni de ser fiel a la oración y a la luz que había recibido. A veces las dificultades pueden desalentar tanto que se abandona el camino que se había tomado o se cae en la tristeza. Juan se mantuvo firme, incluso en medio de su desierto.

Señor Dios nuestro, cuando las dificultades internas y externas parecieran llevarnos a la tristeza y el desaliento, reafirma nuestra fe en que, aunque no te veamos, caminas con nosotros y nos sostienes en nuestros desiertos personales y en las contradicciones que encontramos en nuestra propia familia y comunidad.

Santa María de la Rosa

No digas que eres un muchacho; que a donde yo te envíe, irás; lo que yo te mande, lo dirás. No les tengas miedo, que yo estoy contigo para librarte.
—Jeremías 1:7–8

Nació en Italia en 1813, y cuando tenía diecisiete años empezó a dedicarse al servicio de los demás. En la finca de sus padres fundó una asociación religiosa con las campesinas que vivían cerca y en su parroquia organizó actividades para mujeres. Después de una epidemia habían quedado muchas niñas huérfanas y se encargó a María de la Rosa que dirigiera unos talleres artesanales. También abrió un internado para niñas huérfanas y un instituto para niñas sordomudas. Además fundó más tarde una asociación de mujeres para atender a los enfermos de hospitales. Se llamaron Doncellas de la Caridad y pronto fueron reconocidas como congregación religiosa.

಄ ❖ ಞ

A menudo en las parroquias de hoy día, a los jóvenes no se les encargan muchas tareas aparte de voluntariados para reuniones o eventos. María de la Rosa, una joven con gran pasión por el servicio a los demás, supo usar su energía y entrega para fundar organizaciones destinadas a atender las necesidades de su alrededor. Personas adultas de la comunidad confiaron en ella y su obra dio fruto.

¿Qué cosas se les encargan a los jóvenes de mi comunidad? ¿Confiamos en ellos? ¿Sabemos aprovechar su energía, idealismo y entusiasmo por el bien? ¿Confiamos en nuestros hijos jóvenes y se lo mostramos?

Santa Adelaida

Que lleven una vida digna del Señor, agradándole en todo, dando fruto de buenas obras y creciendo en el conocimiento de Dios; que él, con la fuerza de su gloria, os haga fuertes de modo que puedan soportarlo todo con mucha fortaleza y paciencia.

—Colosenses 1:10–11

Adelaida era una princesa de la corte de Italia del siglo X. Siendo muy joven se casó con Lotario, al que envenenaron sus enemigos. Adelaida solo tenía diecinueve años cuando quedó viuda. El principal rival, Berengario, quería casarla con su hijo, pero ella se negó y fue encerrada en una prisión. Adelaida trataba a los carceleros con enorme respeto y amabilidad. Por fin fue liberada. El Emperador de Alemania, que ayudó a su liberación, le pidió que se casara con él y ella accedió. Como emperatriz, Adelaida socorrió a los pobres, edificó templos y apoyó las labores de los religiosos. Fundó monasterios y se preocupó por la misión de evangelización. Luchó también por la reconciliación de grupos enfrentados.

৩❖ൽ

Adelaida no buscó venganza, pero tampoco cedió a las presiones de quienes pretendían quitarle lo que le correspondía. Su profundo sentido de identidad como hija de Dios la llevó a continuar su trabajo y a utilizar sus recursos con mansedumbre, pero también con firmeza.

Señor Dios nuestro, por nuestra creación y por nuestro Bautismo, tenemos la enorme dignidad de llamarnos hijos tuyos. Ayúdanos a caminar dignamente como tales, no tomando posesión de los bienes que nos has dado, sino utilizándolos siempre para el servicio de los demás. Que nuestro camino en nuestra casa y en nuestro ambiente de trabajo sea de paz.

Santa Matilde

Por eso les digo que no anden angustiados por la comida y la bebida para conservar la vida o por la ropa para cubrir el cuerpo. ¿No vale más la vida que el sustento, el cuerpo más que la ropa?

—Mateo 6:25

Hija de un notario, Matilde Téllez Robles nació en España en 1841. Siendo de clase media, recibió una educación básica y una buena formación religiosa que le transmitió su madre. Muy joven, quiso entregarse totalmente a Cristo, pero su padre se opuso y la obligó a tener una vida social. Ella obedeció, pero al final su constancia en su deseo convenció a su padre. Trabajó con las Hijas de María en una intensa actividad con niñas, jóvenes, pobres y enfermos. Matilde seguía sintiendo vocación religiosa y su padre de nuevo trató de impedírselo, hasta que por fin le concedió permiso. Con siete jóvenes más, se dispone a entrar en la vida religiosa, pero solo una se presenta. Con esa compañera, comienza la casita de Nazaret, donde al poco tiempo reciben a un grupo de niñas huérfanas, dan clase a niñas pobres y atienden a los enfermos en sus domicilios. Su testimonio atrae a otras y su obra se expande. Se conocen como Hijas de María Madre de la Iglesia.

ॐ ✦ ☙

Con la oposición de su padre, sin dinero y en un principio sin apoyo, Matilde continuó creyendo y confiando en el camino que veía que Dios había marcado para ella. Su confianza en la Providencia fue su apoyo para dar un gran fruto al mundo de amor y servicio.

¿En qué momentos he visto que la Providencia de Dios me auxiliaba cuando no tenía nada?

San Modesto

¿No saben que son santuario de Dios y que el Espíritu de Dios habita en ustedes? Si alguien destruye el santuario de Dios, Dios lo destruirá a él, porque el santuario de Dios, que son ustedes, es sagrado.
—1 Corintios 3:16–17

Modesto era un superior de un monasterio de Tierra Santa en el siglo VII. El rey persa Cosroes invadió la Tierra Santa y destruyó templos y monasterios. Persiguió sangrientamente a los cristianos, a otros los sometió como esclavos y a otros los desterró. Con el destierro de san Zacarías, arzobispo de Jerusalén, Modesto fue el que se sintió llamado a reconstruir templos y lugares santos en Jerusalén. Reconstruyó primero el templo del Santo Sepulcro y luego fue haciendo lo mismo con los otros lugares. Fue nombrado sucesor de san Zacarías y continuó su incansable labor de reconstruir los lugares santos.

৪০❖೧৪

Modesto emprendió una obra que a muchos les habría parecido imposible. Con paciencia y perseverancia fue cuidando de edificios sagrados por su íntima conexión con Cristo. Hoy día la salud, la integridad y la identidad de muchas personas son destruidas por las drogas, la violencia, la mentira o las leyes que no respetan la dignidad. A veces son los jóvenes más cercanos los que se ven de esa manera invadidos.

¿Conozco a personas cuya integridad y dignidad personal han sido atacadas? ¿He visto a personas cercanas caer víctimas de las drogas, el alcohol o la violencia de las pandillas?

San Urbano V

Si perseveramos, reinaremos con él,
si renegamos de él, él renegará de nosotros;
si le somos infieles, él se mantiene fiel,
porque no puede negarse a sí mismo.

—2 Timoteo 2:12–13

Urbano V, nacido en Francia en el siglo XIV, fue uno de los papas que fueron desterrados a Aviñón, en Francia, a causa de las continuas revoluciones. Había estudiado en la universidad e ingresó en un monasterio benedictino. Como papa, se propuso acabar con los abusos y los lujos. Entregó los cargos eclesiásticos a personas virtuosas y trabajó para elevar el nivel de formación del pueblo. También creo una escuela de Medicina. Envió misioneros a muchos países de Europa del Este. Al fin pudo regresar a Roma y vio que la ciudad estaba prácticamente desolada. Entonces se dedicó a la reconstrucción de monumentos y estableció su residencia en el Vaticano. Con una nueva revolución, se dispuso a ir a Francia de nuevo, pero estaba muy enfermo ya y murió a los pocos días de su partida.

ဆ ❖ ର

Iniciar una obra nueva no es fácil, pero sí gratificante. Corregir, enmendar y reconstruir lo extraviado o deteriorado es bastante más difícil, porque no se hace con materiales nuevos. Es lo que le tocó hacer a Urbano, tanto a nivel de personas e instituciones, como de edificios.

Señor Dios nuestro, a veces perdemos el camino, o se deterioran nuestras relaciones familiares. A menudo ocurre casi sin darnos cuenta, por caer en la rutina. Danos fuerza, confianza y esperanza para tratar de reconstruir, construir puentes, pedir y conceder perdón. Danos energía y entusiasmo para comenzar de nuevo.

Santo Domingo de Silos

¿Quién es el sirviente fiel y prudente, encargado por su señor de repartir a sus horas la comida a los de casa? Dichoso el sirviente a quien su señor, al llegar, lo encuentre trabajando así.

—Mateo 24:45–46

Domingo nació en España cerca del año 1000. Fue monje benedictino y, como superior del monasterio, llegó a restaurar la construcción que estaba muy deteriorada. El rey de Navarra le pidió que le entregase todos los objetos valiosos del monasterio para sufragar una guerra, a lo que Domingo se negó. El rey de Navarra lo desterró, pero el rey de Castilla lo mandó llamar y lo envió al Monasterio de Silos, en un lugar lejano y abrupto, que además estaba muy abandonado. Santo Domingo fue un buen organizador y restauró el lugar. Además pudo liberar a trescientos cristianos que estaban esclavizados.

༼❖༽

No todo el mundo tiene talento para la organización, pero algo de previsión, planificación y orden son virtudes muy beneficiosas para las familias. Dan sentido de dirección y pacifican. Domingo de Silos tenía el talento y supo utilizarlo.

¿Cómo planifica la familia su vida y su futuro? ¿Se esfuerzan por pensar juntos en cómo mejor utilizar sus recursos? ¿Hacen presupuestos y planes para el futuro? ¿Hay en la casa un orden y un sentido de disciplina? ¿Favorece esto a la buena marcha de las cosas?

San Pedro Canisio

¡Te alabo, Padre, Señor de cielo y tierra porque, ocultando estas cosas a los sabios y entendidos, se las diste a conocer a la gente sencilla!
—Mateo 11:25

Pedro nació en Holanda en 1521. Por complacer a su padre, estudió Derecho. Sin embargo, hizo ejercicios espirituales con un compañero de san Ignacio y se entusiasmó por la Compañía de Jesús. Sus primeros años como religioso los pasó dedicado al estudio, la oración y la ayuda a los pobres. Tenía la gran cualidad de resumir enseñanzas difíciles y hacerlas sencillas para el pueblo. Escribió dos catecismos: uno resumido y otro explicado, que fueron traducidos a veinticuatro idiomas. Como misionero, recorrió Alemania, Austria, Holanda e Italia y fue fundando colegios católicos. Ayudó a fundar numerosos seminarios y además creó una asociación de escritores católicos.

ဢ❖ဣ

Simplificar las cosas difíciles es un don que nace del conocimiento de la audiencia y del amor a ella. Pedro Canisio podía hacerlo porque conocía al pueblo al que hablaba. En toda relación es importante buscar la claridad y el modo en que la otra persona pueda comprender un punto de vista. Es cuestión de "ponerse en sus zapatos".

¿Cómo escucho a mis hijos y a los miembros de mi familia para saber de qué manera pueden comprender lo que quiero comunicarles? ¿Trato de conocer y comprender sus sueños, temores, aspiraciones, luchas y triunfos?

Santa Clotilde

*Abre sus palmas al necesitado y extiende sus manos al pobre. Está vestida de
fuerza y dignidad, sonríe ante el día de mañana.*
—Proverbios 31:20, 25

Clotilde, nacida en el siglo V, fue esposa del rey francés Clodoveo. Con amor
y paciencia, consiguió la conversión de su esposo, que fue bautizado con todos
los jefes de su gobierno. Clotilde era muy admirada por su gran generosidad al
repartir limosnas. Después de la muerte de Clodoveo, Clotilde dedicó todo su
tiempo a la oración y a socorrer a pobres y enfermos.

☙ ❖ ❧

Como reina, Clotilde seguramente tendría muchas obligaciones sociales y
políticas. Como madre, también tendría obligaciones y responsabilidades. Sin
embargo, conseguía el tiempo para entregar lo que tenía a quienes lo
necesitaban más. En situaciones de privilegio, la persona tiene dos opciones:
encerrarse en sí misma, asentarse, disfrutar y sentirse justificada en ello; o
utilizar sus recursos para el bien. Esto último es lo que eligió Clotilde.

*Señor Dios nuestro, en momentos de éxito y bonanza, concédenos no perder de vista
a quién pertenecemos y a quién lo debemos todo. Que nuestro mundo no se encierre
y limite a nuestro propio yo, sino que salga en ayuda y servicio de tu pueblo.*

San Juan Cancio

A mente sabia, boca discreta; sus labios convencen mejor. Panal de miel son
las palabras amables, dulzura en la garganta, salud de los huesos.
—Proverbios 16:23–24

Juan Cancio nació en Polonia en 1397. Siendo muy joven se ordenó sacerdote y fue profesor en la universidad. Algunas personas le tenían envidia y consiguieron que lo enviaran de párroco a un pueblo lejano. Más tarde recuperó su puesto en la universidad y enseñó la Biblia. Nunca buscó vengarse de nadie, sino cultivar la paciencia y la bondad. Recomendaba a sus alumnos que no ofendieran o murmuraran, porque una vez perdida la buena fama, les sería muy difícil restaurarla. Muchos sacerdotes fueron formados por él y en la ciudad lo conocían como "el padre de los pobres".

છ∻ન્

La recomendación de Juan Cancio de no murmurar o chismear contra otros es de mucha actualidad. Cuando se hace un comentario negativo sobre alguien, aunque parezca que solo son palabras, queda la sombra y la duda sobre la persona. Esa fama perdida, aun en casos de inocencia, es casi imposible de recuperar. A veces las palabras causan heridas mucho más profundas que las armas o los golpes.

¿En algún momento he sido objeto de un chisme o murmuración que ha afectado mi reputación? ¿Cuáles han sido las consecuencias? ¿En algún momento he hecho un comentario sobre alguien, para luego darme cuenta de que no era verdad? ¿Qué palabras que escucho a veces en mi familia desearía que no se volvieran a pronunciar? ¿Cuáles creo que los miembros de mi familia desearían que no se volvieran a escuchar?

San Viator

Soy más sabio que los ancianos,
ya que observo tus decretos.
Lámpara es tu palabra para mis pasos,
luz en mis senderos.
He jurado y lo ratifico:
cumpliré tus justos mandamientos.
—Salmo 119:100, 105

Viator es un santo francés del siglo IV. De niño, su madre lo llevó al obispo para que lo instruyera en la fe. Pronto se convirtió en catequista y aprendió a escribir haciendo copias de la Biblia y de otros libros religiosos. Fue secretario del obispo san Justo y lo siguió al desierto cuando Justo quiso retirarse a la vida de oración. Al pasar un tiempo, fue una comisión a convencerlos de que regresaran a la ciudad, pero ellos les hablaron tan bellamente, que los que habían ido se quedaron y se les unieron en oración. Viator murió muy joven a los pocos días de la muerte de san Justo.

❧ ✦ ☙

En un tiempo en que no existía la imprenta, Viator hizo un gran servicio a la Iglesia y a la oración del pueblo con sus copias de libros sagrados, aunque fue un servicio escondido y sacrificado. Su lealtad al obispo, siguiéndolo a su retiro, es muy notable. No miró por su propio beneficio, sino que se entregó a un deber de amistad y fidelidad.

Señor, Dios nuestro, en muchas ocasiones nuestro trabajo puede pasar desapercibido, y nuestros propios intereses y sueños se pueden ver relegados por nuestro sentido de lealtad a nuestros cónyuges, amigos o familiares. Danos la profunda paz y alegría de saber que en ese testimonio callado, te estamos siguiendo y sirviendo a ti y a tu santo pueblo.

Natividad del Señor

*Pero cuando se cumplió el plazo, Dios envió a su Hijo, nacido de mujer, nacido
bajo la ley para que rescatase a los que estaban sometidos a la ley y nosotros
recibiéramos la condición de hijos.*
*Y como son hijos, Dios infundió en sus corazones el Espíritu de su Hijo, que
clama a Dios llamándolo: Abba, es decir, Padre. De modo que no eres esclavo,
sino hijo; y si eres hijo, eres heredero por voluntad de Dios.*
—Gálatas 4:4–7

De un sermón de Navidad de san Agustín:

Por eso cuando el Señor nació de la Virgen, los ángeles entonaron este himno:
Gloria a Dios en el cielo y en la tierra paz a los hombres de buena voluntad.
¿Cómo vino la paz a la tierra? Porque "la verdad ha brotado de la tierra", es
decir, Cristo nació de la Virgen. Porque "Cristo es nuestra paz y él ha unido a
los dos pueblos" en uno solo a fin de que seamos hombres de buena voluntad
unidos por el suave vínculo de la unidad.

Alegrémonos pues, por esta gracia, para que nuestra gloria sea el testimonio
que nos da nuestra conciencia, y así nos gloriaremos no en nosotros sino en el
Señor. Por eso dice el salmista: "Tú, Señor, eres [. . .] mi gloria, tú me haces
levantar la cabeza".

¿Qué mayor gracia pudo hacernos Dios? Teniendo un Hijo único lo hizo Hijo
del hombre para que el hijo del hombre se volviera Hijo de Dios.

❧ ✦ ☙

En Navidad hay intercambio de regalos como un pequeño símbolo de lo que
es el gran regalo: la gracia, como dice Agustín, de hacer a las personas hijos
de Dios.

San Esteban

Esteban, lleno del Espíritu Santo, fijando la vista en el cielo, vio la gloria de Dios y a Jesús a la derecha de Dios y dijo: Estoy viendo el cielo abierto y al Hijo del Hombre de pie a la derecha de Dios.
—Hechos de los Apóstoles 7:55–56

Esteban era un fiel y cercano seguidor de los apóstoles, y el primer mártir por la fe en Cristo. Habló con mucha elocuencia sobre las acciones de Jesús y fue acusado por falsos testigos. Esteban entonces pronunció un discurso impresionante que está recogido en Hechos de los Apóstoles (7) por el que exhortó a los judíos a reconocer al Salvador en la persona de Cristo. Enfurecidos, lo sacaron de la ciudad para apedrearlo. Se cuenta en Hechos que Saulo estaba presente y aprobaba el crimen. Esteban murió diciendo: "Señor Jesús, recibe mi espíritu" y "Veo el cielo abierto". Antes de morir, perdonó a sus verdugos.

༄ ❖ ༄

Uno de los rasgos de un verdadero mártir cristiano es el perdón a los enemigos y a quienes lo persiguen. En el reconocimiento a los mártires cristianos siempre tiene que estar presente ese elemento. El perdón es algo difícil, tanto en ofensas graves como en ofensas más pequeñas, pero que hieren en lo más profundo. Es, sin embargo, un verdadero rasgo del cristiano.

¿Me cuesta mucho perdonar? ¿Cuáles son las faltas o las ofensas que más difíciles me resulta perdonar? ¿Guardo en este momento algún resentimiento hacia alguien? ¿Qué me puede ayudar a perdonar?

San Juan Evangelista

Hijitos, no amemos de palabra y con la boca, sino con obras y de verdad.
—1 Juan 3:18

San Juan el Evangelista era de Galilea, hijo del Zebedeo y hermano de Santiago el Mayor. Trabajaba con la familia como pescador. Un día con Santiago remendaba sus redes, cuando Jesús los llamó a seguirle, junto con Pedro y Andrés. Se dice que Juan era el más joven de los doce apóstoles y el único que no murió martirizado. Estuvo presente en la escena de la Transfiguración, así como en la Última Cena. Fue el que estuvo al pie de la cruz con María y las otras mujeres, y el que recibió el encargo de cuidar de María, la madre de Jesús. Su Evangelio es el más "teológico" de los cuatro. Escribió además tres cartas a los cristianos y se piensa también que fue el autor del libro del Apocalipsis.

☙ ❖ ❧

La insistencia de Juan, una y otra vez en su Evangelio y en sus cartas, es el mandamiento del amor. No se puede amar a Dios, repite, si no se ama al hermano al que se ve y está cerca. Juan pensaba que se puede asegurar que se ama a Dios, pero que no hay demostración posible de ese amor sin amar al prójimo. Es un amor que, más que un sentimiento, es una decisión.

¿Hay personas a las que me cuesta amar? ¿Hay alguna, incluso cercana, a quien no me parece que pueda aguantar? ¿Tomo cada día la decisión de amar en obra, no en palabra, a las personas con quienes me encuentro?

Santos Inocentes

Así dice el Señor: Escuchen, en Ramá se oyen lamentos y llanto amargo: es Raquel, que llora inconsolable a sus hijos que ya no viven. Así dice el Señor: Reprime tus sollozos, enjuga tus lágrimas —oráculo del Señor— tu trabajo será pagado; volverán del país enemigo; hay esperanza de un porvenir.

—Jeremías 31:15–17

El Evangelio relata que Herodes se sintió muy amenazado en su poder por el nacimiento del que decían era el rey de Israel. Quiso averiguar dónde estaba el niño y trató de ponerles una trampa a los Magos. Cuando no consiguió su objetivo, ordenó matar a todos los menores de dos años, con la esperanza de deshacerse del rey de Israel. Mateo afirma en su Evangelio que en ese momento se cumplieron las promesas de Jeremías. Los Inocentes son los primeros perseguidos por la causa de Jesús, quienes primero dieron sus vidas e hicieron posible que Jesús anunciara su Reino.

❧ ❖ ☙

Muchos seres inocentes sufren hoy sin más razón que el egoísmo, el afán de poder y la ambición de otros. Se llama a los cristianos a proteger no solo a sus hijos, sino a defender la vida humana en todas sus formas, dondequiera que se vea amenazada por leyes injustas, manipulaciones, persecuciones, hambres o guerras.

Señor Dios nuestro, la vida de tantos inocentes que mueren antes de nacer o que mueren a causa de la violencia de la guerra o de la extrema pobreza, clama al cielo. Que siempre unamos nuestras voces y nuestra acción a la lucha por la justicia, el derecho de todos tus hijos y la dignidad de toda vida humana.

Santo Tomás Becket

No reprendas al soberbio, pues te aborrecerá; reprende al prudente, y te querrá; instruye al sabio y será más sabio; enseña al honrado y aprenderá.
—Proverbios 9:8–9

Tomás nació en Inglaterra en 1170, hijo de un empleado oficial. Fue contratado como ayudante del arzobispo, quien le fue encomendando tareas cada vez más difíciles. Fue ordenado diácono y se encargó de la administración del obispado. Tenía dotes diplomáticas y el arzobispo lo enviaba como su delegado a delicadas negociaciones. Consiguió una buena amistad entre el papa y el rey Enrique II, y este último lo nombró canciller del reino. Más tarde fue nombrado arzobispo. Humildemente pidió a sus ayudantes que le corrigieran cualquier falta que vieran en él. Lo que ocurrió es que algunos envidiosos empezaron a acusarlo delante del rey. Enrique II empezó a odiarlo y cuatro de sus ayudantes fueron a la catedral a matar a Tomás. El papa excomulgó al rey, y este, profundamente arrepentido, hizo penitencia durante dos años.

❧ ✦ ☙

A la mayoría de las personas les es más fácil reconocer alguna falta que escuchar críticas por parte de otros. Es muy difícil aceptar una crítica. Tomás se expuso a la crítica con el fin sincero de conocer sus errores y hacer el bien.

¿Me cuesta aceptar mis errores? ¿Soy sensible a las críticas? ¿Cómo reacciono cuando alguien me hace ver algo que hice mal?

Santa Anisia

Se reunían frecuentemente para escuchar la enseñanza de los apóstoles y participar en la vida común, en la fracción del pan y en las oraciones. [...] Los creyentes estaban todos unidos y poseían todo en común. Vendían bienes y posesiones y las repartían según la necesidad de cada uno.
—Hechos de los Apóstoles 2:42, 44–45

Anisia era una joven griega del siglo III que había heredado una enorme fortuna de sus padres. Utilizaba su dinero para compartir y poner sus bienes al servicio de los más necesitados de la comunidad. En tiempos del gobernador Ducisio, se declaró una gran persecución de cristianos, a los que mataban en las calles dejando sus cuerpos abandonados. Se había prohibido también celebrar asambleas religiosas. Anisia no le importó el peligro y decidió asistir a una ceremonia secreta. En el camino, los guardias del emperador le salieron al paso y vieron que hacía la Señal de la Cruz sobre algunos de los cuerpos de los cristianos martirizados. Entonces la mataron inmediatamente.

✥

Anisia podría haberse escondido. Es posible incluso que pudiera darse a sí misma razones para hacerlo. Pero en la mente y la fe de los primeros cristianos, no se podía existir sin la celebración de la Eucaristía. No tener Eucaristía era como ya estar muertos, porque sin celebración de la Palabra y la fracción del pan, los cristianos perderían su identidad. Y por eso, Anisia tenía que salir a la celebración.

¿Qué valor tiene para mí la celebración de la Eucaristía dominical? ¿Cómo la celebro y ayudo a otros a celebrarla? ¿Se interponen a veces razones más o menos importantes para no asistir?

San Silvestre

Mira, la virgen está embarazada,
dará a luz a un hijo
que se llamará Emanuel,
que significa: Dios con nosotros.

—Mateo 1:23

Silvestre fue un papa del siglo IV que vivió en momentos en que el emperador Constantino declaró el cristianismo como religión del estado. Terminaron las persecuciones y se liberó a todos los cristianos. Silvestre bautizó a Constantino, primer emperador cristiano. Constantino le regaló a Silvestre el palacio de Letrán, que fue la primera vivienda de los papas en Roma. También construyó la antigua Basílica de san Pedro en el Vaticano y la Basílica de Letrán. Silvestre convocó el Concilio de Nicea (año 325), que afirmó la divinidad de Jesucristo, frente a quienes mantenían únicamente su humanidad. De allí surgió el Credo de Nicea, que todavía se profesa en la misa de cada domingo. San Silvestre fue papa durante veinte años.

☙❖❧

En tiempos de conflicto y problemas, las familias tienden a unirse para hacer frente común. En tiempos más pacíficos, a veces puede haber tiempo para discusiones y divisiones de opinión. Eso parecía ocurrir en la Iglesia en tiempos de Silvestre. Después de siglos de terribles persecuciones, en tiempos de paz, empezaron a surgir problemas de fe y herejías. Siempre con paz y suavidad, pero también con la firmeza de la convicción, Silvestre defendió la verdad de la divinidad de Cristo.

Señor mío Jesucristo, Dios y hombre verdadero… que esta oración que aprendimos de niños se adentre en nuestro corazón y en nuestra mente; que nunca perdamos la fe salvífica en un Dios de amor que envía a su Hijo para nuestra salvación.

Índice de santos

Santo	Día de fiesta
Adelaida, santa	16 de diciembre
Adeodato, san	8 de noviembre
Adolfo, san	11 de febrero
Adrián, san	5 de marzo
Águeda, santa	5 de febrero
Agustín de Canterbury, san	27 de mayo
Agustín, san	28 de agosto
Alberto Hurtado, san	18 de agosto
Alberto, san	17 de junio
Albino, san	1 de marzo
Alfonso María Liguori, san	1 de agosto
Alfredo el Grande, san	26 de octubre
Alonso de Orozco, san	19 de septiembre
Alonso Rodríguez, san	30 de octubre
Ambrosio, san	7 de diciembre
Ana de San Bartolomé, beata	7 de junio
Ana Isabel Seton, santa	4 de enero
Ana Monteagudo Ponce de León, beata	10 de enero
Andrés Dung Lac y compañeros, mártires, san	24 de noviembre
Andrés Kim, Pablo Chong y compañeros mártires, santos	20 de septiembre
Andrés, san	30 de noviembre
Ángel, san	5 de mayo
Ángeles custodios, santos	2 de octubre
Anisia, santa	30 de diciembre
Anselmo de Canterbury, san	21 de abril
Antelmo, san	26 de junio

Santo	Día de fiesta
Antonio Abad, san	17 de enero
Antonio de Padua, san	13 de junio
Antonio de Sant'Anna Galvao, san	25 de octubre
Antonio María Claret, san	24 de octubre
Antonio María Zaccaria, san	5 de julio
Arsenio, san	18 de julio
Atanasio, san	2 de mayo
Aurelio, san	20 de julio
Auxilio, san	19 de febrero
Bartolo Longo, beato	6 de octubre
Bartolomé Bompedoni, san	12 de diciembre
Bartolomé Gutiérrez Rodríguez, beato	2 de septiembre
Bartolomé, san	24 de agosto
Batilda, santa	30 de enero
Beatriz Gómez de Silva, santa	17 de agosto
Benigno, san	9 de noviembre
Benito de Nursia, san	11 de julio
Benjamín, san	31 de marzo
Bernabé, san	11 de junio
Bernardino de Siena, san	20 de mayo
Bernardino Regalino, san	2 de julio
Bernardita Soubirous, santa	16 de abril
Bernardo, san	20 de agosto
Blas, san	3 de febrero
Bonifacio, san	5 de junio
Brígida de Kildare, santa	1 de febrero
Brígida, santa	23 de julio
Buenaventura, san	15 de julio
Calixto, san	14 de octubre
Capuchinos mártires de El Pardo, beatos	15 de agosto

Santo	Día de fiesta
Carlos Borromeo, san	4 de noviembre
Carlos de Foucauld, san	1 de diciembre
Carlos de Sezze, san	25 de septiembre
Carlos Leisner, beato	12 de agosto
Carlos Luanga, José Mkasa y compañeros, santos	3 de junio
Casilda, santa	9 de abril
Casimiro, san	4 de marzo
Catalina de Alejandría, santa	25 de noviembre
Catalina de Siena, santa	29 de abril
Catalina Drexel, santa	3 de marzo
Catalina Labouré, santa	28 de noviembre
Cayetano, san	7 de agosto
Cayo y Sotero, papas y mártires, santos	22 de abril
Cecilia, santa	22 de noviembre
Charbel Maklouf, san	24 de julio
Chiara Luce Badano, beata	29 de octubre
Cirilo de Jerusalén, san	18 de marzo
Cirilo y Metodio, santos	14 de febrero
Clara de Asís, santa	11 de agosto
Claudio de la Colombiére, san	15 de febrero
Clotilde, santa	22 de diciembre
Conversión de san Pablo	25 de enero
Cornelio y Cipriano, santos	16 de septiembre
Cosme y Damián, santos	26 de septiembre
Crispín de Viterbo, san	19 de noviembre
Cristóbal de Magallanes, san	21 de mayo
Cuarenta mártires de Sebaste, santos	10 de marzo
Dalmacio Moner, san	24 de septiembre
Dámaso, san	11 de diciembre
Damián de Veuster, san	15 de abril

Santo	Día de fiesta
Dimas, san	25 de marzo
Dionisio, obispo de Corinto, san	8 de abril
Domingo de Guzmán, santo	8 de agosto
Domingo de la Calzada, santo	12 de mayo
Domingo de Silos, santo	20 de diciembre
Domingo Savio, santo	6 de mayo
Dosteo, san	29 de febrero
Eduardo, san	13 de octubre
Eleuterio, san	6 de septiembre
Enrique Ossó, san	27 de enero
Enrique Susso, beato	28 de marzo
Epafrodito, san	22 de marzo
Estanislao Koska, san	13 de agosto
Esteban de Hungría, san	16 de agosto
Esteban de Zudaire, san	30 de agosto
Esteban, san	26 de diciembre
Etelberto de Kent, san	24 de febrero
Eufrasia, santa	13 de marzo
Eugenio III, san	8 de julio
Eulalia, santa	12 de febrero
Eusebia Palomino Yenes, beata	9 de febrero
Eusebio de Vercelli, san	2 de agosto
Fabián y Sebastián, santos	20 de enero
Felicidad y sus siete hijos, santa	10 de julio
Felipe Benizi, san	22 de agosto
Felipe Neri, san	26 de mayo
Félix de Nicosia, san	2 de junio
Félix de Valois, san	20 de noviembre
Félix, san	12 de octubre
Fernando III, san	30 de mayo

Santo	Día de fiesta
Fidel de Sigmaringa, san	24 de abril
Florián, san	4 de mayo
Francesco Giovanni Bonifacio, beato	11 de septiembre
Francisca de Roma, santa	9 de marzo
Francisca Javier Cabrini, santa	13 de noviembre
Francisco Caracciolo, san	4 de junio
Francisco de Asís, san	4 de octubre
Francisco de Borja, san	3 de octubre
Francisco de Camporroso, san	17 de septiembre
Francisco de Jerónimo, san	11 de mayo
Francisco de Paula, san	2 de abril
Francisco de Sales, san	24 de enero
Francisco Fernández de Capillas, san	15 de enero
Francisco Gárate, beato	10 de septiembre
Francisco Javier Seelos, beato	5 de octubre
Francisco Javier, san	3 de diciembre
Francisco Palau, beato	7 de noviembre
Francisco Solano, san	18 de abril
Fundadores de la orden de los servitas, santos	17 de febrero
Fusca y Maura, santas	13 de febrero
Gabriel de la Dolorosa, san	27 de febrero
Gabriel Taurin, san	14 de septiembre
Gelasio, san	21 de noviembre
Gema Galgani, santa	11 de abril
Genoveva Torres, santa	5 de enero
Genoveva, santa	3 de enero
Germán de París, san	28 de mayo
Gianna Beretta Molla, santa	28 de abril
Gil, san	1 de septiembre
Gildas, san	29 de enero

Santo	Día de fiesta
Giuseppe Moscati, san	12 de abril
Giuseppe Puglisi, beato	15 de septiembre
Gregorio III, san	10 de diciembre
Gregorio Magno, san	3 de septiembre
Gregorio Nacianceno, san	2 de enero
Gregorio Taumaturgo, san	29 de noviembre
Gúdula, santa	8 de enero
Guido, san	12 de septiembre
Hilario de Poitiers, san	13 de enero
Hormisdas, san	6 de agosto
Ignacio de Antioquía, san	17 de octubre
Ignacio de Loyola, san	31 de julio
Inés de Montepulciano, santa	20 de abril
Inés, santa	21 de enero
Inocentes, santos	28 de diciembre
Irene Stefani, beata	31 de octubre
Irineo, san	28 de junio
Isaac Jogues y compañeros, mártires, san	19 de octubre
Isabel de Hungría, santa	17 de noviembre
Isidoro, obispo de Sevilla, san	4 de abril
Isidro Labrador, san	15 de mayo
Iván Merz, beato	10 de mayo
Ivon Helory, san	19 de mayo
Jacinta y Francisco, santos	20 de febrero
Jacobo de Persia, san	27 de noviembre
Jerónimo, san	30 de septiembre
Joaquín y Ana, santos	26 de julio
Jonás y Baraquicio, santos	29 de marzo
Jorge, san	23 de abril
Josafat, san	12 de noviembre

Santo	Día de fiesta
José Cafasso, san	23 de junio
José de Anchieta, san	9 de junio
José de Calasanz, san	25 de agosto
José del Rosario Brochero, san	16 de marzo
José Obrero, san	1 de mayo
José Pignatelli, san	14 de noviembre
José Sánchez del Río, san	10 de febrero
José, san	19 de marzo
Josefina Bakhita, santa	8 de febrero
Josep Guardiet Pujols, san	3 de agosto
Juan Bautista de la Salle, san	7 de abril
Juan Bautista Rossi, san	23 de mayo
Juan Bautista Scalabrini, beato	1 de junio
Juan Bautista, san	24 de junio
Juan Bosco, san	31 de enero
Juan Cancio, san	23 de diciembre
Juan Clímaco, san	30 de marzo
Juan Crisóstomo, san	13 de septiembre
Juan Damasceno, san	4 de diciembre
Juan de Capistrano, san	23 de octubre
Juan de Dios, san	8 de marzo
Juan de Egipto, san	27 de marzo
Juan de la Cruz, san	14 de diciembre
Juan de Matera, san	20 de junio
Juan de Ribera, san	6 de enero
Juan de Sahagún, san	12 de junio
Juan Diego, san	9 de diciembre
Juan Evangelista, san	27 de diciembre
Juan Fisher y Tomás Moro, santos	22 de junio
Juan Francisco Regis, san	16 de junio

Santo	Día de fiesta
Juan I, san	18 de mayo
Juan Macias, san	18 de septiembre
Juan María Vianney, san	4 de agosto
Juan Nepomuceno, san	16 de mayo
Juan Pablo II, san	22 de octubre
Juan XXIII, san	11 de octubre
Juana de Lestonnac, santa	2 de febrero
Juana de Valois, santa	4 de febrero
Judas Tadeo, san	28 de octubre
Julia Úrsula Ledochowska, santa	29 de mayo
Julián y Basilisa, mártires, santos	9 de enero
Juliana Falconieri, santa	18 de junio
Junípero Serra, san	1 de julio
Justa y Rufina, santas	19 de julio
Kateri Tekakwitha, santa	14 de julio
Ladislao de Hungría, san	27 de junio
Laura de Montoya, santa	21 de octubre
Laura Vicuña, santa	22 de enero
León IX, papa, san	19 de abril
León Magno, san	10 de noviembre
Leonardo, san	6 de noviembre
Liduina Meneguzzi, beata	2 de diciembre
Liduvina, santa	14 de abril
Lodovico Pavoni, san	1 de abril
Longinos, san	15 de marzo
Lorenzo de Brindisi, san	21 de julio
Lorenzo, san	10 de agosto
Lucas Evangelista, san	18 de octubre
Lucía, santa	13 de diciembre
Ludgero, san	26 de marzo

Santo	Día de fiesta
Luis Beltrán, san	9 de octubre
Luis Gonzaga, san	21 de junio
Luis María Monti, beato	22 de septiembre
Luis Martín y Celia Guerin, santos	12 de julio
Luis Orione, san	12 de marzo
Luis Versiglia y Calixto Caravario, santos	25 de febrero
Luisa de Marillac, santa	9 de mayo
Macrina la Mayor, santa	14 de enero
Madre María de san José, beata	7 de mayo
Magdalena Sofía Barat, santa	25 de mayo
Marana y Cira, santas	28 de febrero
Marcelino Champagnat, san	6 de junio
Marcos, papa, san	7 de octubre
Marcos, san	25 de abril
Margarita Bourgeoys, santa	12 de enero
Margarita de Cortona, santa	22 de febrero
Margarita María de Alacoque, santa	16 de octubre
María de Egipto, santa	3 de abril
María de Jesús Sacramentado Venegas, santa	30 de julio
María de la Pasión, beata	15 de noviembre
María de la Providencia, santa	6 de marzo
María de la Rosa, santa	15 de diciembre
María Francisca de las Cinco Llagas, santa	21 de marzo
María Goretti, santa	6 de julio
María Guadalupe García Zavala, santa	27 de abril
María Magdalena, santa	22 de julio
María Mazzarello, santa	13 de mayo
María Romero Menesses, beata	7 de julio
María visita a su prima Isabel	31 de mayo
Mariana Cope, santa	23 de enero

Santo	Día de fiesta
Mariana de Jesús, beata	17 de abril
Marta, santa	29 de julio
Martín de Braga, san	20 de marzo
Martín de Porres, san	3 de noviembre
Martín de Tours, san	11 de noviembre
Martín, papa, san	13 de abril
Mártires claretianos de Barbastro, beatos	19 de agosto
Mártires colombianos de San Juan de Dios, beatos	10 de abril
Mártires de Compiegne, beatas	17 de julio
Mártires de Córdoba, santos	14 de junio
Mártires de la primera Iglesia romana, santos	30 de junio
Martirio de san Juan Bautista	29 de agosto
Mateo, san	21 de septiembre
Matías, san	14 de mayo
Matilde, santa	14 de marzo
Matilde, santa	17 de diciembre
Maximiliano Kolbe, san	14 de agosto
Micaela del Santísimo Sacramento, santa	15 de junio
Michal Kozail, san	26 de enero
Miguel Pro, beato	23 de noviembre
Miguel, Gabriel y Rafael, santos	29 de septiembre
Modesto, san	18 de diciembre
Mónica, santa	27 de agosto
Natal Chabanel, san	8 de diciembre
Natividad del Señor	25 de diciembre
Nicolás de Gésturi, san	8 de junio
Nicolás, san	6 de diciembre
Nuestra Señora de las Nieves	5 de agosto
Nuestra Señora del Carmen	16 de julio
Odrano, san	27 de octubre

Santo	Día de fiesta
Onésimo, san	16 de febrero
Óscar Romero, san	24 de marzo
Pantaleón, san	27 de julio
Paolina do Corazao Agonizante de Jesús, santa	9 de julio
Pascual Bailón, san	17 de mayo
Patricio, san	17 de marzo
Paulino de Aquileya, san	11 de enero
Pedro Canisio, san	21 de diciembre
Pedro Claver, san	9 de septiembre
Pedro de Alcántara, san	20 de octubre
Pedro de Tarentaise, san	8 de mayo
Pedro de Verona, san	6 de abril
Pedro Nolasco, san	28 de enero
Pedro Poveda, san	28 de julio
Pedro y Pablo, santos	29 de junio
Perpetua y Felicidad, santas	7 de marzo
Piedad de la Cruz Ortiz Real, beata	26 de febrero
Pier Giorgio Frassati, beato	4 de julio
Pío de Pietrelcina, san	23 de septiembre
Pío V, papa, san	30 de abril
Pío IX, beato	7 de febrero
Pío X, san	21 de agosto
Policarpo, san	23 de febrero
Próspero de Aquitania, san	25 de junio
Rafael Arnáiz Barón, san	26 de abril
Raimundo de Peñafort, san	7 de enero
Ramón Nonato, san	31 de agosto
Regina, santa	7 de septiembre
Rita de Cascia, santa	22 de mayo
Romualdo, san	19 de junio

Santo	Día de fiesta
Roque de la Santa Cruz y compañeros, mártires, san	16 de noviembre
Rosa de Lima, santa	23 de agosto
Rosa Filipina Duchesne, santa	18 de noviembre
Rosalía, santa	4 de septiembre
Sabas, san	5 de diciembre
Santiago Alberione, beato	26 de noviembre
Santiago Apóstol	25 de julio
Severiano, san	21 de febrero
Silvestre, san	31 de diciembre
Simeón, san	18 de febrero
Simplicio, san	2 de marzo
Sofronio, san	11 de marzo
Tais y Pelagia, santas	8 de octubre
Telémaco, san	1 de enero
Teresa Benedicta de la Cruz, santa	9 de agosto
Teresa de Ávila, santa	15 de octubre
Teresa de Calcuta, santa	5 de septiembre
Teresa de Jesús de los Andes, santa	13 de julio
Teresa Jornet, santa	26 de agosto
Teresita del Niño Jesús, santa	1 de octubre
Timoteo y Maura, santos	3 de mayo
Tito, san	6 de febrero
Todos los Fieles Difuntos	2 de noviembre
Todos los santos	1 de noviembre
Tomás Becket, santo	29 de diciembre
Tomás de Cori, santo	19 de enero
Tomás de Villanueva, santo	10 de octubre
Tomás de Villanueva, santo	8 de septiembre
Tomás Green y Gualterio Pierson, beatos	10 de junio
Tomás, Apóstol, santo	3 de julio

Santo	Día de fiesta
Toribio de Mogrovejo, santo	23 de marzo
Urbano V, san	19 de diciembre
Valerio, san	16 de enero
Viator, san	24 de diciembre
Vicenta López y Vicuña, santa	18 de enero
Vicente de Lérins, san	24 de mayo
Vicente de Paúl, san	27 de septiembre
Vicente Ferrer, san	5 de abril
Wenceslao de Bohemia, san	28 de septiembre
Zacarías e Isabel, santos	5 de noviembre

Acerca de la autora

Carmen F. Aguinaco es miembro de la Institución Teresiana, una asociación de fieles laicos con la misión de evangelizar por medio de la promoción humana y la educación. Por más de 24 años, trabajó para el Centro de Recursos del Ministerio Hispano de Publicaciones Claretianas en Chicago y en la actualidad es especialista multicultural para el Secretariado de Culto Divino de la Conferencia de Obispos Católicos de los Estados Unidos en Washington, D.C.

Otros títulos en español

Desafío

Desafío, con sus más de 250 reflexiones diarias, le ofrece la oportunidad de dedicar tiempo a la oración. Es un programa de reflexión diaria basado en los Ejercicios Espirituales de San Ignacio de Loyola.

Rústica I 978-0-8294-3300-5 I $9.95

Santos Americanos

La fe vivificante de 30 santos nacidos en el continente americano se ilustra en un diálogo vivo y actual que los autores establecen con los santos y santas a quienes se honran como tales en la Iglesia, pueblo de Dios.

Rústica I 978-0-8294-2479-9 I $13.95

Para hacer sus pedidos:
llame al **800.621.1008** o visite **loyolapress.com/libros.**